वाल्मीकि रामायण

रूपान्तरकार

आनन्द कुमार

स्थापित 1912
100 वर्षों की
श्रेष्ठ प्रकाशन परम्परा
राजपाल

₹ 225

ISBN : 9788170284901

VALMIKI RAMAYAN (Sanskrit Epic) by Valmiki

मुद्रक : जी. एस. ऑफसेट, दिल्ली

राजपाल एण्ड सन्ज़

1590, मदरसा रोड, कश्मीरी गेट, दिल्ली-110006

फोन: 011-23869812, 23865483, 23867791

website : www.rajpalpublishing.com

e-mail : sales@rajpalpublishing.com

www.facebook.com/rajpalandsons

वाल्मीकि रामायण

(वाल्मीकि रामायण का हिन्दी रूपान्तर)

महर्षि वाल्मीकि

राजपाल

क्रम

परिशिष्ट

रामायण की प्रस्तावना

(बालकाण्ड से)

आदर्श पुरुष कौन है?—तपस्वियों और वक्ताओं में श्रेष्ठ तथा वेद शास्त्र, इतिहास, पुराण आदि के अधिकारी विद्वान् देवर्षि नारद से एक बार महर्षि वाल्मीकि ने यह प्रश्न किया...भगवन्! समस्त संसार में ऐसा कौन है जो अनुपम, गुणवान्, वीर्यवान्, धर्मज्ञानी, कृतज्ञ, सत्यवक्ता तथा दृढ़व्रती हो? कौन ऐसा पुरुष है जो ईर्ष्या-द्वेष आदि से रहित, प्रशान्तात्मा, मनस्वी, तेजस्वी, विद्वान्, सच्चरित्र, अतिशय रूपवान् तथा अन्यतम लोक-हितैषी हो? ऐसा सामर्थ्यवान् कौन है जिसके रण में क्रुद्ध होने पर देवता भी भयभीत हो जाते हों? आप जैसे बहुश्रुत और सर्वदर्शी महामुनि के मुख से किसी आदर्श पुरुष का वृत्तान्त सुनने की मेरी बड़ी इच्छा है।

ज्ञानवृद्ध नारद प्रसन्न होकर बोले—मुनिवर! संसार में सर्वगुण-सम्पन्न पुरुष दुर्लभ हैं। जहां तक हमें ज्ञात है। इक्ष्वाकु-वंशोत्पन्न, जगद्विख्यात राम ही एकमात्र ऐसे व्यक्ति हैं, जिनमें सभी गुण एकसाथ मिलते हैं। ऐसे यशस्वी महापुरुष के विषय में आप बहुत कुछ जानते ही होंगे। फिर भी, मैं आपको उनकी कुछ विशेषताएं बताता हूं; ध्यान से सुनिए:

राम स्वरूप से चन्द्र के समान अभिराम, बल वीर्य सम्पन्न, महा तेजस्वी और सर्व शुभ लक्षणयुक्त हैं। उनके अंग-प्रत्यंग सम, सुदृढ़, सुविभक्त और सुविकसित हैं। स्वभाव से वे और भी सौम्य, सुसंस्कृत तथा महान् हैं।

राम की प्रकृति अत्यन्त शान्त, सरल और सुकोमल है। वे बड़े ही सहृदय, विनयी, उदार, सहनशील और समदर्शी तथा क्षमावान् पुरुष हैं। उनके चित्त में किसी के प्रति कोई दुर्भाव नहीं रहता। लोक-रंजन के लिए वे बड़े से बड़ा त्याग करने को उद्यत रहते हैं।

सर्व समर्थ सत्ताधारी होकर भी राम प्रमादी, अहंकारी या स्वेच्छाचारी नहीं हैं। वे अन्यतम मर्यादावान् हैं, किसी भी परिस्थिति में लोकधर्म की मर्यादा का उल्लंघन नहीं करते, सदा सत्य और न्याय के मार्ग पर ही चलते हैं। आत्म संयम, इन्द्रिय-निग्रह, सदाचार-पालन तथा धर्मसत्य के अनुशीलन में उनकी समता करने वाला व्यक्ति लोक में कोई नहीं है।

राम बड़े स्वाभिमानी, स्वावलम्बी, दृढ़निश्चयी तथा कर्मशूर हैं। भयंकर परिस्थितियों में भी वे कर्त्तव्य-विमुख नहीं होते और अपने पौरुष पराक्रम से प्रबलतम वैरी को भी परास्त करने का उत्साह रखते हैं। संसार में उनके जोड़ का धुरन्धर वीर और शत्रुहन्ता दूसरा नहीं है। वे महारथियों के भी महारथी माने जाते हैं। देवता, दानव, मनुष्य सभी उनका लोहा मानते हैं।

विद्या-बुद्धि में भी राम की सर्वमान्यता निर्विवाद है। ये अत्यन्त प्रतिभाशाली, मेधावी, देश-काल-ज्ञानी, आचार-कोविद तथा सर्वशास्त्रविशारद हैं।

जिस दृष्टि से भी देखा जाए, राम एक आदर्श नर-नेता, पूर्ण पुरुष ही प्रतीत होते हैं। बल-पराक्रम, धर्म-उत्साह, मनस्विता-तेजस्विता, विद्या-बुद्धि, शील-सौजन्य, संयम-सदाचार, त्याग, उदारता और कर्मवीरता आदि में उनकी बराबरी करने वाला कौन है! सार रूप में यही समझिए कि वे गम्भीरता में समुद्र के समान, धैर्य में हिमाचल के समान, पराक्रम में विष्णु के समान, क्षमा में पृथ्वी के समान, प्रजा-पालन में प्रजापति के समान तथा सत्य-पालन में दूसरे धर्म के समान हैं। अपनी ऐसी ही विशेषताओं के कारण राम आज जगत् में सर्वपूज्य तथा सर्वप्रिय हैं। सज्जनों के बीच में वे सरिताओं से सेवित समुद्र के समान लगते हैं।

ऐसे महिमावान् पुरुष के विशिष्ट गुणों का पूरा परिचय उनके जीवन-चरित्र से ही मिल सकता है। इसलिए हम आपको संक्षेप में राम का इतिहास सुनाते हैं।

इसके उपरान्त नारद मार्मिक ढंग से सर्वगुणनिधान राम का गौरवपूर्ण वृत्तान्त सुनाने लगे। महर्षि वाल्मीकि को वह हृदयहारी एवं लोकोपयोगी वार्ता बहुत ही प्रिय लगी। उन्होंने मन्त्र-मुग्ध होकर एक-एक प्रसंग को ध्यान से सुना और कथा के तत्त्व-तथ्य को भली भांति हृदयंगम किया। एक आदर्श जननायक, आदर्श पुत्र, आदर्श पति, आदर्श वीर और आदर्श महामानव की कीर्ति-कथा सुनकर वे कृतार्थ हो गए।

काव्य की उत्पत्ति–महर्षि वाल्मीकि को राम के जन्म से लेकर उनके राज्याभिषेक तक का इतिहास सुनाकर देवर्षि नारद वहां से चले गए। उसके बाद वाल्मीकि अपने प्रधान शिष्य भारद्वाज को साथ लेकर गंगा के समीप तमसा नदी

के किनार गए। तटवर्ती वन का दृश्य अति नयनाभिराम था। महर्षि इधर-उधर घूमकर प्रकृति की मनोरम छटा देखने लगे। वहां क्रौंच पक्षियों का एक सुन्दर जोड़ा आनन्दपूर्वक विहार कर रहा था। सहसा एक व्याध ने उन क्रीड़ासक्त जीवों पर बाण चला दिया। नरपक्षी रुधिर बहाता हुआ गिर पड़ा और छटपटाकर मर गया। अनाथिनी क्रौंची अपने चिरसंगी को निहत देखकर अत्यन्त करुण स्वर में विलाप करने लगी।

एक सीधे-सादे प्रेमी जीव की हत्या और उसकी वियोगिनी के करुण क्रन्दन से महर्षि का कोमल हृदय द्रवित हो गया। उनके मुख से सहसा यह शोकोद्‌गार निकल पड़ा—रे निषाद! तुझे अनन्त काल तक कहीं भी सद्‌गति न प्राप्त हो; क्योंकि तूने इस जोड़े में से एक काममोहित जीव को (अकारण) मार डाला हैः

मा निषाद प्रतिष्ठां तवमगमः शाश्वतीः समाः।
यत्क्रौञ्चमिथुनादेकमवधीःकाममोहितम्॥

शोक की तीव्रता में मुनि के मुख से यह वाक्य अपने-आप निकल पड़ा था। बाद में, इसके अर्थ पर विचार करके वे पछताने लगे। साधु पुरुष अपने द्रोहियों के अपराधों को भी क्षमा कर देते हैं; लेकिन वाल्मीकि ने क्षणिक आवेश में उस व्याध को घोर शाप दे डाला। इसके लिए उनका पश्चात्ताप करना स्वाभाविक ही था। वे मन ही मन भांति-भांति के तर्क-वितर्क करते हुए अपने शिष्य भारद्वाज से बोले—"भारद्वाज! तुमने मेरा हृदयोद्‌गार तो सुना ही होगा! वह साधारण वाक्य नहीं है। वह तो चार पदों से युक्त, सम अक्षर-वाली, गीतिलय-बद्ध विलक्षण रचना है। मेरा शोकजनित वाक्य निश्चय ही श्लोक (काव्य; छन्द; यशःस्वरूप) होगा; अन्यथा नहीं होगा।"

भारद्वाज ने गुरु के उस मनोहर वाक्य को कंठस्थ कर लिया। तदनन्तर महर्षि तमसा में स्नान करके आश्रम में आए। बहां उन्होंने अपने शिष्यों को सारा हाल बताया। भावुक हृदय के लिए वह साधारण घटना नहीं थी। क्रौंच-वध और क्रौंच-क्रन्दन का करुणाजनक दृश्य बार-बार उनकी आंखों के आगे आ जाता था और अन्तःकरण में वही वेदनाजनित वाक्य गूंजने लगता था। देर तक मनो मन्थन करते-करते उन्हें उक्त वाक्य का एक दूसरा ही अर्थ सूझ गया। वह यह था—हे श्रीमान् (राम), आप अनन्त काल तक लोक में प्रतिष्ठित रहेंगे, क्योंकि आपने कुटिल, कुचाली, नीच राक्षस-दम्पती में से एक का, जो महाकामी था, संहार किया है।

इस सूक्ष के साथ महामनापी वाल्मीकि एक नई विचारधारा में बह चले। उनकी हृत्तन्त्री झंकृत हो उठी, हृदय की सरस वृत्तियां जाग गईं। उन्हें ऐसा प्रतीत हुआ मानो क्रौंच-वध एक महान् कार्य के लिए दैवी संकेत था और उनके कंठ से जो छन्द स्वतः प्रस्फुटित हुआ था, वह मनोरमा मुखवासिनी सरस्वती का सन्देश या कवि-हृदय का उच्छ्वास था। उनका अन्तर्ब्रह्म उन्हें राम का जीवन-काव्य लिखने के लिए प्रेरित करने लगा।

महर्षि वाल्मीकि राम-विषयक लोक-कथाओं के अतिरिक्त नारद के मुख से उनका क्रमबद्ध-जीवन-चरित सुन चुके थे। श्लोक का आविर्भाव स्वयं उन्हीं के मुख से हुआ था। उन्होंने दोनों का सुन्दर समन्वय करके सुसंस्कृत भाषा में एक सर्वोपयोगी, सरस, सजीव महाकाव्य प्रस्तुत करने का दृढ़ संकल्प किया। उनका शोकजन्य श्लोक संसार के सर्वप्रथम और सर्वश्रेष्ठ महाकाव्य का बीज बन गया।

कवि की साधना—महर्षि वाल्मीकि ने बड़े मनोयोग से राम-विषयक सम्पूर्ण मौखिक साहित्य का संकलन अध्ययन और विबेचन किया। वे काव्य में राम का सुन्दर से सुन्दर, किन्तु सच्चा और प्रभावशाली चित्र उपस्थित करना चाहते थे। इसलिए उन्होंने प्रत्येक घटना के सम्बन्ध में अच्छी तरह छानबीन करके जो कुछ सत्य था, उसी को ग्रहण किया।

शुभ मुहूर्त में महर्षि वाल्मीकि शुद्धभाव से पूर्व की ओर मुख करके पवित्र कुशासन पर बैठे और गम्भीरतापूर्वक मनन करने लगे। उस समय वे वर्ण्य विषय में ऐसे तन्मय हो गए कि राम के जीवन की सारी घटनाएं उनकी आँखों के आगे नाचने लगीं। उन्हें अतीत का उज्ज्वल चित्र और राम का लोकोत्तर चरित्र स्पष्ट दिखाई पड़ने लगा। वाल्मीकि के हृदय का रस-स्रोत उमड़ पड़ा। वे रसमग्न होकर काव्य-रचना में लग गए। उन्होंने मधुर और संयत भाषा तथा सरस-जीवन्त-शैली में राम का, जन्म से राज्यारोहण तक का इतिहास ऐसी उत्तमत्ता से लिखा कि प्राचीन विषय भी नवीन और सर्वसामयिक प्रतीत होने लगा। अर्थ-गाम्भीर्य और पदलालित्य से युक्त तथा नवरसों से ओतप्रोत उस मनोहर, ऐतिहासिक काव्य को सहस्त्रों श्लोकों में लिखकर महर्षि ने छः कांडों में विभाजित किया। पहले उन्होंने उसका नाम पौलस्त्य-वध (रावण-वध) रखा था। बाद में वह रामायण नाम से विख्यात हुआ। जिस समय वह ग्रन्थ लिखा गया, राम अयोध्या के राजसिंहासन पर विराजमान थे। संसार के आदिकाव्य की रचना रामराज्य ही में हुई थी।

रामायण का प्रचार—भगवान वाल्मीकि रामायण की रचना करके ही सन्तुष्ट नहीं हुए। उन्होंने लोक-कल्याण की भावना से प्ररित होकर लोक-रंजक साहित्य

की सृष्टि की थी। जनता में उसके प्रचार की आवश्यकता थी। महर्षि के शिष्यों में लव और कुश उसके लिए सबसे अधिक उपयुक्त थे। दोनों अत्यन्त मेधावी तथा कुशल गायक थे। उनकी शिक्षा भी समाप्त हो चुकी थी। अतः महर्षि ने उन्हीं को सम्पूर्ण रामायण महाकाव्य कण्ठस्थ करा दिया।

तदननतर गुरु की आज्ञा से दोनों कुमार जन-समाज में घूम-घूमकर रामायण का गान करने लगे। जहां कहीं भी कोई सार्वजनिक समारोह होता, दोनों पहुंच जाते और मधुर कण्ठ में रामायण का पाठ करके श्रोताओं को आकर्षित कर लेते थे। इस प्रकार जनसाधारण में वाल्मीकि की रचना का प्रचार होने लगा।

एक दिन लव-कुश अयोध्या नगरी में गाते हुए घूम रहे थे। उसी समय उनपर राम की दृष्टि पड़ी। वे उन्हें अपने महल में ले गए। वहां दोनों ने राज-सभा में मीठे स्वर से रामायण का गान किया। कथा के माधुर्य, काव्य के माधुर्य और कंठ के माधुर्य ने मिलकर श्रोताओं को रसमग्न कर दिया। वाल्मीकि की रचना इतनी सजीव थी कि भूतकाल की सभी घटनाएं सबकी आंखों के आगे आ गईं। सब एक स्वर से 'धन्य-धन्य' कह उठे। स्वयं राम भी काव्य पर मुग्ध हो गए। उन्होंने लव-कुश के मुख से उसे आद्योपान्त सुना।

बालकाण्ड

अयोध्या का वैभव–पूर्वकाल में सरयू नदी के किनारे कोसल नाम का एक धन-जन सम्पन्न सुविशाल राज्य था। अयोध्या नामक विश्व-विख्यात नगरी उस राज्य की राजधानी थी। उसका निर्माण स्वयं प्रजापति मनु ने किया था। वह बारह योजन[1] लम्बी और तीन योजन चौड़ी थी। उसके चारों ओर ऊंची दीवार और गहरी खाई थी। दुर्ग की दीवारों पर यत्र-तत्र सैकड़ों शतघ्नियाँ[2] रखी हुई थीं। राजसेना के अगणित शस्त्रधारी सैनिक और महारथी बाहर-भीतर से उसकी रक्षा में तत्पर रहते थे। उसका अयोध्या[3] नाम वास्तव में सार्थक था क्योंकि बाहरी शत्रु उसमें कहीं से, किसी भी प्रकार प्रवेश नहीं कर सकता था।

शोभा और समृद्धि में अयोध्यापुरी इन्द्र की अमरावती से स्पर्धा करती थी। उसमें अनेक प्रशस्त मार्ग, गगनस्पर्शी भव्य भवन, रमणीक उद्यान-सरोवर और क्रीड़ा-गृह आदि बने थे। सारी पुरी सहस्त्रों मनुष्यों से भरी हुई थी। उसमें एक से बढ़कर एक कितने ही तपस्वी, विद्वान्, शूरवीर, शिल्पी, कलाकार और व्यवसायी निवास करते थे। सभ्य सुशिक्षित और धनी-मानी नागरिकों का वैभव देखते ही बनता था। घर-घर में राजलक्ष्मी का वास था। हाट भांति-भांति की उत्तमोत्तम वस्तुओं से भरे-पूरे थे। सड़कों पर दिन-भर चहल-पहल रहती थी। वाणिज्य-व्यवसाय का वह बहुत बड़ा केन्द्र था।

अयोध्या के नागरिक धनधान्यपूर्ण गृहों में रहते थे, उत्तम भोजन करते थे और सुन्दर वस्त्र-आभूषण पहनते थे। उनके पास दूध-दही के लिए अच्छी से अच्छी

---

1. एक योजन : चार कोस
2. तोपें
3. अजेय; जिससे युद्ध कर कोई न जीत सके।

गौएं थीं। सब सदा हृष्ट-पुष्ट और दीर्घजीवी रहकर जीवन का पूरा आनन्द भोगते थे। समय-समय पर वहां यज्ञ महोत्सव और भांति-भांति के आमोद-प्रमोद होते रहते थे। जनता सब प्रकार से सुखी और सन्तुष्ट थी।

अयोध्या अपनी सम्पन्नता के लिए ही नहीं, अपनी सभ्यता के लिए भी संसार में प्रसिद्ध थी। वहां के स्त्री-पुरुष अत्यन्त शिष्ट, विनयी, सुशिक्षित और सदाचारी थे। एक-एक व्यक्ति लोक-धर्म, कुल-मर्यादा और सर्वहित का ध्यान रखता था। संयम-सदाचार में तो साधारण नागरिक भी महर्षियों की बराबरी करते थे। समाज में गुणी, सुशील और चरित्रवान व्यक्ति ही दिखाई पड़ते थे। द्रोही, दम्भी, क्रूर, कापुरुष, स्वार्थी, स्वेच्छाचारी, मूर्ख, निर्लज्ज, आलसी, प्रमादी, मिथ्यावादी, निन्दित और नास्तिक मनुष्यों के लिए अयोध्या में स्थान नहीं था। सार्वजनिक जीवन में वर्णाश्रम धर्म की पूर्ण प्रतिष्ठा थी। सर्वत्र एकता, शान्ति और पवित्रता का वातावरण मिलता था।

दशरथ का ऐश्वर्य—सभी दृष्टियों से संसार में अयोध्या के जोड़ की दूसरी नगरी नहीं थी। उसी महापुरी में बहुत पहले कोसल देश के शासक राजा दशरथ बड़े ठाट से रहते थे। वे उसी प्राचीन और प्रतिष्ठित इक्ष्वाकु वंश के रत्न थे, जिसमें सगर और रघु जैसे प्रतापी नर-नेता हो चुके थे।

राजा दशरथ आठ सुयोग्य मन्त्रियों की सहायता से धर्म के अनुसार राजकाज चलाते थे। उनकी राजसमिति में मन्त्रियों के अतिरिक्त वसिष्ठ, वामदेव, जाबालि, कात्यायन और गौतम आदि भी सम्मिलित थे। महत्त्वपूर्ण विषयों में राजधर्म का निश्चय इन्हीं की सम्मति से होता था। कोसल नरेश दशरथ इन सबके सहयोग से इन्द्र की भांति शासन करते थे। एक समृद्धिशाली राष्ट्र का सम्पूर्ण वैभव उनके चरणों पर पड़ा रहता था। अन्य देशों के बड़े-बड़े सत्ताधारी भी उनकी महत्ता को स्वीकार करते थे।

पुत्रेष्टि-यज्ञ—राजा दशरथ ने बहुत दिनों तक राजलक्ष्मी का भलीभांति उपभोग किया। उन्हें किसी वस्तु की कमी नहीं थी; धन, मान, यश, ऐश्वर्य और सुख के सभी साधन सुलभ थे। फिर भी राजा को अपना जीवन सूना-सा और सारा भव-विभव फीका लगता था; क्योंकि वे जीवन के एक बहुत बड़े सुख—सन्तान-सुख—से वंचित थे। उनकी तीन रानियां थीं, लेकिन एक से भी कोई पुत्र नहीं था। आयु के साथ-साथ उनकी पुत्र-लालसा भी बढ़ती ही जाती थी।

राजा दशरथ धीरे-धीरे वृद्ध हो चले, पर उनकी यह कामना पूरी नहीं हुई। एक दिन उन्होंने इस विषय में अपने मन्त्रियों और धर्मगुरुओं से परामर्श किया।

सबने उन्हें पुत्र-प्राप्ति के निमित्त कोई उत्तम यज्ञ करने की सम्मति दी। यह कार्य किसी सिद्ध, तपस्वी और कर्मकाण्डी विद्वान् की अध्यक्षता में ही सम्पन्न हो सकता था। अतः राजसचिव सुमन्त्र ने सोच-विचार कर ऋष्यशृंग को यज्ञ का आचार्य बनाने का प्रस्ताव किया। राजा ने इसे सहर्ष स्वीकार कर लिया।

ऋष्यशृंग उन दिनों अंगदेश में निवास करते थे। दशरथ स्वयं वहां गए और बड़े आग्रह से उन्हें अयोध्या ले आए। ऋष्यशृंग ने अथर्ववेद के अनुसार पुत्रेष्टि-यज्ञ करने का निश्चय किया। उनके आदेश से सरयू नदी के किनारे एक सुन्दर यज्ञशाला का निर्माण हुआ और सभी आवश्यक वस्तुएं इकट्ठी हो गईं। दशरथ ने पत्र और दूत भेजकर देश-विदेश के गणमान्य व्यक्तियों को उस यज्ञ में आमन्त्रित किया।

नियत समय पर विविध देशों के अनेक राजा, विद्वान् और ऋषि-मुनि वहां आ पहुंचे। तपस्वी विद्वान् ऋष्यशृंग ने शुभ मुहूर्त में यज्ञ प्रारम्भ कर दिया। यज्ञ-मण्डल वेद-मन्त्रों की मंगल ध्वनि से गूंज उठा। मन्त्रोच्चारण के साथ ही अग्नि में आहुतियां पड़ने लगीं। सभी शास्त्रोक्त अनुष्ठान उत्तम रीति से किए गए। राजा दशरथ ने जब अन्तिम आहुति डाली तो ऐसा प्रतीत हुआ मानो अग्निदेव स्वयं एक स्वर्णपात्र में खीर लेकर उनके सामने प्रकट हो गए।

अन्त में, महातेजस्वी ऋष्यशृंग ने राजा को यज्ञावशेष चरु समर्पित करके कहा—महाराज, यह दिव्य पायस परम आरोग्यदायक और पुत्रदायक है। आपकी पत्नियां इसका सेवन करके शीघ्र ही उत्तम सन्तान उत्पन्न करने में समर्थ होंगी।

निस्सन्तान राजा के लिए वह पुत्रदायक योग एक प्रकार से दैवी वरदान ही था। उन्होंने महात्मा के प्रसाद को सिर से लगा लिया। ऋष्यशृंग तथा सम्मानित अतिथिगण यज्ञ-समाप्ति के बाद वहां से आदर-सहित विदा हो गए।

राम-जन्म—राजा उस खीर को लेकर अन्तःपुर में गए। वहां उन्होंने उसमें से आधी खीर अपनी ज्येष्ठ रानी कौशल्या को दी, शेष का आधा भाग दूसरी रानी सुमित्रा को दिया और बचे हुए हिस्से में से दो भाग करके एक सबसे छोटी रानी कैकेयी को तथा दूसरा फिर सुमित्रा को दिया। रानियों ने प्रसन्न मन से अपने-अपने हिस्से का प्रसाद खाया। उसके प्रभाव से वे कुछ ही दिनों में गर्भवती हो गईं।

यज्ञ के बाद बारहवें महीने में चान्द्रमास के शुक्ल पक्ष की नवमी तिथि को बड़ी रानी कौशल्या के गर्भ से दिव्य लक्षणसम्पन्न शोभाधाम राम ने जन्म लिया। कुछ समय के अनन्तर कैकेयी के गर्भ से भरत और सुमित्रा के गर्भ से

लक्ष्मण तथा शत्रुघ्न उत्पन्न हुए। चारों कुमार जन्म से ही अत्यन्त स्वस्थ, सुन्दर तथा तेजस्वी थे। दशरथ का सूना घर चारों ओर से भर गया। राजा-प्रजा के हर्ष का ठिकाना न रहा। सारे राज्य में धूमधाम से राजकुमारों का जन्मोत्सव मनाया गया।

कुमारों की शिक्षा-दीक्षा–कुमारों का लालन-पालन बड़े यत्न से होने लगा। धीरे-धीरे वे बड़े हुए और साथ-साथ खेलने-कूदने लगे। बचपन से ही उनमें परस्पर बड़ी प्रीति थी। यों तो राम को उनके सभी भाई पिता के तुल्य मानते थे, लेकिन लक्ष्मण की श्रद्धा-भक्ति सबसे बढ़-चढ़कर थी। वे राम के अनुज ही नहीं, अन्यतम सखा, सेवक, सहायक और सच्चे अनुयायी थे। राम भी उनके प्रति सहोदर से बढ़कर आत्मीयता दिखाते थे। भरत और शत्रुघ्न में भी ऐसी ही घनिष्ठता थी। राम-लक्ष्मण की तरह उन दोनों की भी एक अलग जोड़ी थी। दोनों जोड़ियों में किसी प्रकार का द्वेष-भाव नहीं था। सभी बड़े मेल से रहते थे।

चारों राजकुमार जब कुछ बड़े हुए तो राजा दशरथ ने उनकी शिक्षा-दीक्षा का उत्तम से उत्तम प्रबन्ध कर दिया। वे सुयोग्य शिक्षकों से वेद-शास्त्र, इतिहास, पुराण, राजनीति आदि के साथ-साथ धनुर्विद्या का भी अध्ययन और अभ्यास करने लगे। कुछ ही वर्षों में उन्होंने विविध विद्याओं और कलाओं में पूर्ण योग्यता प्राप्त कर ली। ज्ञानी और गुणी होने के साथ ही वे सिद्धहस्त सूरमा भी हो गए। उनमें राम सबसे अधिक मेधावी, तेजस्वी और शूरवीर थे। भाइयों में जन्म से ज्येष्ठ होने के अतिरिक्त वे गुणों और चरित्र से भी सर्वश्रेष्ठ थे। अपने पुत्रों के रूप-गुण, शील-स्वभाव और बल-तेज का सुन्दर विकास देखकर राजा दशरथ को अपरम्पार हर्ष हुआ।

विश्वामित्र का आगमन–चारों कुमार अब सुशिक्षित और नवयुवक हो गए थे, अतः राजा को उनके विवाह की चिन्ता हुई। एक दिन वे महलों में अपने मन्त्रियों और धर्माचार्यों से इसी विषय में बातचीत कर रहे थे। सहसा द्वारपाल ने महार्षि विश्वामित्र के आगमन की सूचना दी। राजा ने स्वयं दौड़कर उनका स्वागत किया। उन्हें उत्तम आसन पर बिठाया। महर्षि को सेवा-सत्कार से सन्तुष्ट करके वे अत्यन्त नम्रतापूर्वक बोले–भगवन्, आज आप स्वयं अनुग्रह करके पधारे। इससे हम अपने को धन्य मानते हैं। कृपया अपने आने का प्रयोजन कहें। हम सब प्रकार से आपकी सेवा के लिए उद्यत हैं।

तपोनिधान विश्वामित्र प्रसन्न होकर बोले–राजन्! हम एक विशेष प्रयोजन से आपके पास आए हैं। बहुत दिनों से हम यज्ञ करना चाहते हैं, लेकिन महाबली

राक्षसेन्द्र रावण की प्रेरणा से उसके दो अनुयायी—मारीच और सुबाहु—बार-बार उसमें विघ्न डाल देते हैं। उस यज्ञ की रक्षा के लिए हम आपके वीर पुत्र राम को अपने साथ ले जाना चाहते हैं। मेरे साथ जाने में उनका अहित नहीं, हित ही होगा। कृपया उन्हें आज ही मेरे साथ जाने दीजिए।

इसको सुनते ही राजा का सिर चकराने लगा। वे पुत्र स्नेह से विह्वल होकर विश्वामित्र से बोले—ऋषिराज! यह आपने क्या कहा? जो रावण बड़े-बड़े बलवानों के दर्प को भी चूर कर देता है, जिसको देवता, दानव, गंधर्व आदि भी नहीं जीत सकते, उसका विरोध कौन करेगा? स्वयं उससे लड़कर पार पाना तो दूर रहा, मैं तो उसकी सेना से भी युद्ध करने में असमर्थ हूं। मेरा राम अभी पन्द्रह वर्ष का बालक है, कराल-विकराल राक्षसों से लड़ने-भिड़ने की क्षमता उसमें कहां है! मैं स्वयं चतुरंगिणी सेना लेकर चलूंगा और आपके यज्ञ की रक्षा करूंगा। कृपा करके मेरे प्राणप्यारे राम को न ले जाइए। मैं इस साठ वर्ष के बुढ़ापे में उसका वियोग नहीं सह सकूंगा।

विश्वामित्र कुछ रुष्ट होकर बोले—राजा दशरथ, आपका यह आचरण रघुवंशियों की रीति-नीति के विरुद्ध है। आप अपने वचन का पालन नहीं करना चाहते। अब मैं यहां से जाता हूं...

राजा बड़ी उलझन में पड़ गए। तब राजगुरु वसिष्ठ ने उन्हें समझाते हुए कहा—महाराज! आप महर्षि विश्वामित्र को वचन दे चुके हैं, अतः राम को उनके साथ जाने दीजिए। महर्षि विश्वामित्र एक सिद्ध, तपस्वी और अनेक गुप्त विद्याओं के पण्डित हैं। वे कुछ सोच-समझकर ही राम को अपने साथ ले जाना चाहते हैं—

वशिष्ठ के कहने से दशरथ ने राम को विश्वामित्र के हाथों में सौंप दिया। लक्ष्मण भी स्वेच्छा से बड़े भाई के साथ जाने को तैयार हो गए। गुरु-जनों के आशीर्वाद लेकर दोनों धनुष-बाण सहित विश्वामित्र के साथ चल पड़े। सरयू के किनारे-किनारे वे अयोध्या से तीन कोस दूर निकल गए! वहां विश्वामित्र ने राम से कहा—वत्स! तुम्हें मैं सब प्रकार से सुपात्र मानकर बला-अतिबला नामक योग की दो गुप्त विद्याएं सिखाना चाहता हूं। उनके प्रभाव से तुम्हारा आत्मबल बढ़ जाएगा, कठिन से कठिन कार्य में भी तुम्हें विफलता का अनुभव न होगा और तुम आसुरी शक्तियों के आक्रमण से सुरक्षित रहोगे। शीघ्र आचमन करके मुझसे इन दिव्य विद्याओं को ग्रहण करो।

राम ने तुरन्त आचमन करके महर्षि से उन विद्याओं को विधिवत् ग्रहण

किया। उससे उनका आत्मपौरुष उदीप्त हो गया। वे अपने भीतर नूतन शक्ति-स्फूर्ति का अनुभव करने लगे। उस दिन तीनों सरयू नदी के किनारे टिक गए, दूसरे दिन आगे बढ़े। मार्ग में विश्वामित्र उन्हें अनेक रोचक और उत्साहवर्द्धक वृत्तान्त सुनाते जाते थे।

ताड़का-वध—चलते-चलते वे सरयू-गंगा के संगम पर पहुंचे। वहां पर उन्होंने नाव से गंगा को पार किया। सामने एक भयंकर वन मिला। उसे देखकर राम विश्वामित्र से बोले—आर्य! यह वन तो अति घना और भयावना जान पड़ता है। यत्र-तत्र हाथी, सिंह, सूअर दिखाई पड़ रहे हैं, अनेक हिंसक जीवों के शब्द सुनाई पड़ते हैं...

विश्वामित्र ने कहा—हां राम! यह स्थान सचमुच बड़ा भयानक है। पहले यहां मलद और करूष नामक दो समृद्धिशाली जनपद थे। ताड़का नाम की एक दुष्टा राक्षसी ने अपने ऊधमी पुत्र मारीच की सहायता से दोनों बसे-बसाए जनपदों को उजाड़ दिया। मैं चाहता हूं कि तुम अपने बाहुबल से इस स्थान का पुनरुद्धार करो। ताड़का यहां से दो कोस की दूरी पर रहती है। तुम उसे आज ही मारो। स्त्री-वध के पाप का विचार न करना। जिसके कन्धों पर राज्य की रक्षा का भार हो, उसे लोकोपयोगी कार्यों में व्यक्तिगत पाप या दोष का विचार त्यागकर साहस के साथ अपना कर्त्तव्य करना चाहिए, यही सनातन राजधर्म है।

मनस्वी राम ने उत्तर दिया—आर्य! मैं ताड़का को अवश्य मारूंगा।

ऐसा कहकर उन्होंने धनुष की डोर खींची। उसकी टंकार से दिशाएं गूंज उठीं, वन में जीव-जन्तु भयभीत होकर इधर-उधर भागने लगे। महा-राक्षसी ताड़का उसे सुनकर घबरा गई और जिधर से ध्वनि आई थी उसी ओर गरजती हुई दौड़ी। पलमात्र में वह राम के समीप आ पहुंची और हाथों से पहले धूल उड़ाकर फिर पत्थरों की वर्षा करने लगी। राम ने बाणों से पत्थरों को रोक दिया। वह अपनी दीर्घ भुजाओं को फैलाकर राम की ओर आंधी की तरह झपटी। राम ने उसे बाणों से आहत कर दिया। वह तत्क्षण अदृश्य हो गई और चारों ओर से पत्थर बरसाने लगीं। राम ने शब्दवेधी बाणों से आकाश को भर दिया। बाणों से घिरी ताड़का उन पर बिजली की तरह टूट पड़ी। राम ने संभलकर उसकी छाती में एक ऐसा तीक्ष्ण बाण मारा कि वह चिंघाड़ती हुई गिर पड़ी और तड़पकर मर गई। विश्वामित्र ने राम को गले से लगा लिया और उनके बल-शौर्य की मुक्त कण्ठ से सराहना की।

तीनों ने वह रात वहीं बिताई। दूसरे दिन प्रातःकाल विश्वामित्र ने राम को दण्डचक्र, कालचक्र, वज्रास्त्र, ब्रह्मशिरा ऐषीक, ब्रह्मास्त्र, वरुणपाश, नारायणास्त्र,

प्रस्वापनास्त्र, मोहनास्त्र, आग्नेयास्त्र आदि अनेकानेक सिद्ध दिव्यास्त्र प्रदान किए और सबका प्रयोग-विज्ञान भी बता दिया।

सिद्धाश्रम-यात्रा—इसके बाद विश्वामित्र दोनों भाइयों को लेकर आगे बढ़े और चलते-चलते एक सुन्दर-शान्त तपोवन के निकट पहुंचे। राम ने उस रमणीक स्थान का परिचय पूछा।

विश्वामित्र बोले—वत्स! यह सिद्धाश्रम[1] नाम से विख्यात वह तपोभूमि है, जहां किसी समय वामन ने अपना तप सिद्ध किया था। मैं इसी आश्रम में निवास करता हूं। इसको तुम अपना ही समझो। राक्षस लोग यहां मेरे यज्ञ में निरन्तर विघ्न डालते हैं। उनका दमन करने के लिए ही मैं तुम्हें साथ ले आया हूं...

विश्वामित्र दोनों राजकुमारों को सिद्धाश्रम में ले गए। आश्रमवासियों ने उनका यथोचित सत्कार किया। कुछ देर विश्राम करने के उपरान्त राम ने विश्वामित्र से निवेदन किया—आर्य! हम दोनों भाई अब आश्रम की रक्षा के लिए तैयार हैं, आप निश्चिन्त होकर यज्ञ आरम्भ करें।

विश्वामित्र ने उसी दिन यज्ञ आरम्भ कर दिया। वह छः दिनों तक लगातार चलता रहा, उस बीच में दोनों भाइयों ने एक क्षण के लिए भी विश्राम नहीं किया। छठे दिन आकाश में सहसा गर्जन-तर्जन का घोर शब्द सुनाई पड़ा। देखते-देखते दो काले बादल जैसे भीषण शरीरधारी राक्षस वहां आ धमके। उनमें से एक तो ताड़का-पुत्र मारीच था और दूसरा उसका साथी सुबाहु। उनके पीछे और भी बहुत-से राक्षस थे। सब रक्त-मांस आदि दूषित पदार्थ लेकर यज्ञ को विध्वंस करने आए थे।

राम ने तत्काल मारीच पर वायव्यास्त्र चलाया। उसके आघात से वह महादानव मूर्च्छित होकर वहां से दूर जा गिरा। सचेत होते ही वह चुपचाप दक्षिण की ओर भाग गया। इधर दूसरे महाराक्षस सुबाहु को राम ने आग्नेयास्त्र से मार गिराया। इसके बाद उन्होंने वायव्यास्त्र से सारी राक्षस मण्डली को नष्ट कर डाला।

विश्वामित्र का यज्ञ बिना किसी विघ्न-बाधा के समाप्त हो गया। वे परम कृतार्थ होकर राम से बोले—महाबाहु राम! तुमसे मुझे ऐसी ही आशा थी। आज तुम्हारे प्रताप से इस सिद्धाश्रम का नाम सार्थक हो गया। ऋषि-समाज को तुमने एक बहुत बड़े संकट से मुक्त कर दिया। तुम धन्य हो।

मुनि-मण्डली में चारों ओर राम की बड़ाई होने लगी। राम ने वह रात वहीं बड़े सुख से बिताई। दूसरे दिन वे विश्वामित्र से हाथ जोड़कर बोले—देव! हमारे लिए अब आपकी क्या आज्ञा है?

---

1. वर्तमान बक्सर

विश्वामित्र स्नेह पूर्वक बोले—सौम्य! मिथिला के यशस्वी राजा जनक ने एक विराट यज्ञ का आयोजन किया है। हम लोग आज ही उसमें सम्मिलित होने के लिए जा रहे हैं। तुम दोनों भी हमारे साथ चलो। वहां यज्ञ महोत्सव तो देखोगे ही, राजा जनक का एक विचित्र धनुष भी देखना, जिस पर आज तक कोई भी वीर प्रत्यञ्चा नहीं चढ़ा सका है। वैसा भारी धनुष तुमने नहीं देखा होगा।

मिथिला की यात्रा—विश्वामित्र के साथ-साथ दोनों राजकुमारों ने भी मिथिला के लिए प्रस्थान किया। मार्ग से स्थान-स्थान पर रमते-विरमते और महामनीषी के मुख से अनेक दिव्याख्यान सुनते हुए वे कई दिनों की यात्रा के बाद मिथिला पहुंचे। नगर के बाहर सूना-सा आश्रम दिखाई पड़ा। राम ने कौतूहलवश विश्वामित्र से उसका इतिहास पूछा।

विश्वामित्र बोले—राम! किसी समय महर्षि गौतम अपनी पत्नी अहल्या के साथ इसी आश्रम में रहते थे। तब इसकी शोभा कुछ और ही थी। अब वे इसको त्यागकर चले गए हैं। इसका एक दुःखद इतिहास है, उसे सुनो! इन्द्र बहुत दिनों से अहल्या के रूप पर आसक्त था। एक दिन गौतम बाहर गए थे। इन्द्र उनका कपट वेश बनाकर आश्रम में आया ओर अहल्या से प्रेम की बातें करने लगा। अहल्या को कुछ सन्देह तो हुआ, लेकिन वह कपटी इन्द्र की बातों में आ गई। इन्द्र उसका सतीत्व भंग करके जैसे ही आश्रम से निकला, महर्षि गौतम आ पहुंचे। उसका रंग-ढंग देखकर वे सब-कुछ समझ गए। उन्होंने उसी क्षण इन्द्र को भीषण शाप देकर अहल्या का परित्याग कर दिया। उसे छोड़कर वे यहां से चले गए। तब से वह दुःखिनी लज्जा-ग्लानि से गड़ी हुई, निश्चेष्ट-निर्जीव-सी आश्रम के एक कोने में पड़ी रहती है। संसार में उसे पूछने वाला कोई नहीं हैं।

अहल्योद्धार—राम इसको सुनकर दया-करुणा से द्रवित हो गए और महर्षि विश्वामित्र के साथ उस अबला को देखने गए, जिसे संसार ने पतिता मानकर त्याग दिया था। वह पत्थर की मूर्ति की तरह निश्चल बैठी थी। राम ने आगे बढ़कर ऋषि-पत्नी के पैर छुए। जिसे समाज पत्थर की तरह ठुकरा चुका था, उसकी राम ने पूजा की। अहल्या का भाग्य जग गया। उसकी जड़ता और उदासी मिट गई। वह सचमुच धन्य हो गई। इतने दिनों तक अपनी भूल का कठोर प्रायश्चित्त करके अहल्या अपने-आप शुद्ध हो गई थी। इन्द्र के पाप-अत्याचार के कारण उसके चरित्र पर जो कलंक लगा था, वह पवित्रात्मा राम की कृपा से धुल गया।

सभ्य समाज में राम के इस कार्य की बड़ी सराहना हुई। अहल्या हर्ष से विह्वल होकर अपने उद्धारक के चरणों पर गिर पड़ी। उसने अतिथियों को आदर से बिठाया और फल-मूल आदि से उनका यथोचित सत्कार किया।

महामहिम विश्वामित्र और कौशलकुमार राम के उधर आने का समाचार सुनकर महर्षि गौतम भी वहां आ पहुंचे। उन्होंने सब के आगे अहल्या को शुद्ध हृदय से फिर अपना लिया।

इसके उपरान्त विश्वामित्र सबको साथ लेकर राजधानी की ओर बढ़े। राजा जनक ने दल-बल सहित आगे बढ़कर उनका स्वागत किया और दोनों राजकुमारों का परिचय तथा कुशल-प्रश्न पूछा। विश्वामित्र ने कुल के नाम से उनका परिचय दिया और उनके शौर्य-पराक्रम का वृत्तान्त भी कह सुनाया। जनक ने सबको यज्ञ भूमि के निकट ही एक रमणीय उद्यान में ठहरा दिया।

दूसरे दिन विश्वामित्र सबको साथ लेकर यज्ञ-मण्डप में पधारे। देश-देश के विद्वानों और महर्षियों की उपस्थिति में वह यज्ञ धूमधाम से सम्पन्न हुआ। इसके अनन्तर ऋषिवर विश्वामित्र राम-लक्ष्मण को राजा जनक के पास ले गए और उनसे बोले—राजन्! ये दोनों आपके सुनाभ नामक धनुष के विषय में कुछ जानना चहते हैं और उसे देखने की इच्छा करते हैं।

जनक प्रसन्न होकर बोले—मुनिवर! सुनाभ, वास्तव में शिव का धनुष है। मेरे पूर्वज राजा देवराज ने उसको देवताओं से पाया था। उस भारी धनुष को न तो कोई उठा सकता है और न उस पर प्रत्यञ्चा ही चढ़ा सकता है। मेरी कन्या सीता जब छोटी थी, तभी मैंने यह प्रण किया था कि जो वीर पुरुष शिव-धनुष को उठाकर उसपर डोरी चढ़ा देगा, उसी के साथ मैं सीता का विवाह करूंगा। मेरी कन्या के रूप-गुण की प्रशंसा सुनकर अनेक राजाओं ने उसके साथ विवाह की कामना प्रकट की। मैंने प्रण के अनुसार प्रत्येक के सामने उस धनुष को रखवाया, लेकिन आज तक कोई उसे उठा ही नहीं सका। मैं उसे इन कुमारों को देखने के लिए यहीं मंगा देता हूं।

धनुर्भंग—जनक की आज्ञा से बहुत से-सेवक एक आठ पहियोंवाली पेटी खींचकर ले आए। उसी में सुनाभ धनुष रखा था। राम-लक्ष्मण उसको कौतूहल-भरी दृष्टि से देखने लगे। राम ने देखते-देखते उसे सहज ही में उठा लिया और उसपर डोरी भी चढ़ा दी। प्रत्यंचा को खींचते ही वह पुराना महाचाप बीच से टूटकर दो टुकड़े हो गया। धनुर्भंग का भूकम्प या वज्रपात जैसा शब्द सुनकर सब घबरा गए।

राजा जनक का हृदय हर्ष से उछल पड़ा। वे राम के अद्भुत रूप-गुण, शौर्य-वीर्य पर मुग्ध होकर विश्वामित्र से बोले—मुनीन्द्र! सीता के लिए मुझे मनचाहा

वर मिल गया। यदि आप स्वीकृति दें तो मैं आज ही महाराजा दशरथ के पास राम-सीता के विवाह का प्रस्ताव भेज दूं।

विश्वामित्र की अनुमति से राजा जनक ने दशरथ के नाम एक पत्र लिखा और अपने विश्वस्त मन्त्रियों को उसके साथ तुरन्त अयोध्या जाने का आदेश दे दिया।

मन्त्रिगण शीघ्रगामी रथ में बैठकर चल पड़े और मार्ग में तीन रातें बिताकर अयोध्या पहुंचे। वहां उन्होंने राजा दशरथ को जनक का विशेष पत्र दिया और राम-लक्ष्मण का कुशल समाचार बताया।

राजा उस प्रिय सम्वाद से अत्यन्त प्रसन्न हुए। उन्होंने मन्त्रियों, पुरोहितों और स्नेही जनों से परामर्श करके जनक के प्रस्ताव को मान लिया। विवाह का शुभ योग निकट था, इसलिए दूसरे ही दिन वहां से प्रस्थान करने का निश्चय किया गया। विवाह-यात्रा की सारी तैयारी एक ही दिन में हो गई।

राम-सीता का विवाह—दूसरे दिन कोसलनरेश राजा दशरथ अपनी राज़-मण्डली और चतुरंगिणी सेना के साथ धूमधाम से राम का विवाह करने चल पड़े। पांचवें दिन वे दल-बल सहित मिथिला जा पहुंचे। राजा जनक ने योग्य रीति से बरात का स्वागत और ठहरने आदि का सुप्रबन्ध किया।

दूसरे दिन विवाह-सम्बन्धी प्रारम्भिक अनुष्ठान किए गए। विश्वामित्र की प्रेरणा से जनक ने लक्ष्मण के साथ अपनी दूसरी कन्या उर्मिला के विवाह की चर्चा चलाई। दशरथ ने इसे स्वीकार कर लिया। उसी अवसर पर विश्वामित्र ने भरत-शत्रुघ्न के साथ जनक के भाई राजा कुशध्वज की दो कन्याओं के विवाह का भी प्रस्ताव किया। दोनों पक्ष वालों ने इसे सहर्ष स्वीकार कर लिया उसके तीसरे दिन एक साथ ही चारों राजकुमारों का विवाह करना निश्चित हो गया।

विवाह के पूर्व ही भरत के मामा केकय-राजकुमार युधाजित भी वहां आ गए। उन्हें केकय-नरेश ने भरत को लाने के लिए अयोध्या भेजा था। वहां राम-विवाह का समाचार पाकर वे जनकपुरी चले आए। राजा दशरथ ने उन्हें अपने पास ठहरा लिया।

विवाह के दिन जनक की महापुरी उत्सवमयी हो गई। एक-एक घर, एक-एक द्वार और एक-एक मार्ग तोरण-बन्दनवारों से सजाया गया था। चारों ओर मंगलवाद्यों और मंगलगीतों की ध्वनि गूंज रही थी। महल और राजमार्ग दर्शकों से भरे थे। शुभ मुहूर्त में एक ओर से पुरोहितों के साथ अयोध्या के चारों सुन्दर राजकुमार विवाह-मण्डप में पधारे; दूसरी ओर से मिथिला की चारों सर्वविभूषिता सुन्दरी

राजकन्यायें आईं। वैदिक विधान से सभी मंगलकृत्य किए गए। जनक ने अग्नि के समक्ष सीता को राम के हाथों में सौंपते हुए कहा—राजकुमार राम! आज से मेरी यह प्रिय पुत्री सीता तुम्हारी धर्मपत्नी बन रही है। छाया की भांति सदा-सर्वदा तुम्हारी सहगामिनी होकर रहेगी। तुम इसका पाणिग्रहण करो!

इसी प्रकार अन्य तीनों का भी पाणिग्रहण कराया गया। विवाह के दूसरे दिन विश्वामित्र सबसे विदा लेकर वहां से चले गए। जनक ने कन्याओं को भांति-भांति की मूल्यवान वस्तुएं दीं और वर पक्ष वालों को प्रचुर भेंट-उपहार से संतुष्ट कर दिया। इसके बाद बरात नव-वधुओं के साथ विदा हो गई।

राम-परशुराम विवाद—अयोध्या का दल कुछ ही दूर गया था कि इतने में सहसा भयंकर आंधी आई। उसके साथ ही प्रसिद्ध क्षत्रिय-संहारक, कोपमूर्ति परशुराम हाथ में फरसा और धनुष-बाण लिए आ पहुंचे। ऐसा प्रतीत हुआ, मानो स्वयं प्रलयंकर रुद्र ही प्रकट हो गए।

जिस धुरंधर सूरमा के नाम से ही संसार के बड़े-बड़े योद्धा कांपते थे उसी को प्रत्यक्ष देखकर सारे अयोध्यावासी अधमरे हो गए।

परशुराम सबका रास्ता रोककर राम से कर्कश स्वर में बोले—राम! तुम्हारे बल-पराक्रम की आजकल बड़ी चर्चा है; सुना है तुमने जनकपुरी में शिव के पुराने धनुष को तोड़ डाला। इससे तुम्हारा मन और मान निश्चय ही बहुत बढ़ गया होगा। मैं तुमसे युद्ध करूंगा और अभी तुम्हारा अहंकार चूर कर दूंगा।

राजा दशरथ इसे सुनते ही गिड़गिड़ाते हुए बोले—हे प्रतापी परशुराम! आप ब्राह्मण हैं, तपस्वी हैं, ब्रह्मज्ञानी हैं, कृपा करके मेरे बच्चों को न मारिए। अब तो आप क्षात्रव्रत त्याग चुके हैं, अतः ब्राह्मण धर्म के अनुसार हम सब पर दया कीजिए, देव!

विप्रवीर परशुराम भयभीत राजा की उपेक्षा करते हुए राम से फिर बोले—राम! तुमने महादेव का जीर्ण-शीर्ण धनुष तोड़ा है। अब मेरे इस सुदृढ़ वैष्णव चाप पर प्रत्यंचा चढ़ाओ। मैं तुम्हारे बल की परीक्षा करके तब युद्ध का निश्चय करूंगा।

मनस्वी युवक राम को वयोवृद्ध परशुराम का दर्प असह्य हो गया। वे निर्भय होकर बोले—परशुरामजी! मैं आपके गौरव को जानता हूं और मानता भी हूं। लेकिन आप अकारण मुझे असमर्थ मानकर नीचा दिखाना चाहते हैं। अब मेरा पौरुष-पराक्रम देखिए।

यह कहकर राम ने परशुराम के हाथ से धनुष-बाण ले लिया और देखते-देखते उस वैष्णव चाप को प्रत्यंचायुक्त करके उस पर बाण भी चढ़ा दिया। राम की

विलक्षण क्षमता देखकर परशुराम चकित-हतप्रभ हो गए। राम ने उनके आगे ही उस बाण को आकाश में मुक्त कर दिया। उसके साथ ही परशुराम का मान भी चला गया। वे राम को अनेकानेक आशीर्वाद देकर उनकी भूरि-भूरि प्रशंसा करते हुए वहां से तत्काल लौट गए।

इधर दशरथ भय से अचेत पड़े थे। राम ने उन्हें सचेत करके कहा—पिताजी, परशुराम चले गए। अब आगे बढ़ना चाहिए।—'परशुराम चले गए,' यह सुनकर दशरथ ने मानो पुनर्जीवन पाया। इसके बाद वे सबको लेकर आगे बढ़े और शीघ्र अयोध्या पहुंच गए।

बरात के आते ही महापुरी में हर्ष का समुद्र उमड़ पड़ा। पुरवासियों ने शंख-मृदंग बजाकर, गीत गाकर, लाजा-पुष्प बरसाकर राजदल का स्वागत किया। घर-घर में, स्थान-स्थान पर मंगलोत्सव मनाए गए।

एक साथ चार कुल लक्ष्मियों के शुभागमन से राजा दशरथ के घर की शोभा चौगुनी हो गई। रानियां देवकन्याओं जैसी पुत्रवधुओं को पाकर अत्यन्त प्रसन्न हुईं।

चारों राजकुमार आनन्द से दाम्पत्य-सुख भोगने लगे। नवदम्पतियों में मुख्यतः राम-सीता में परस्पर बड़ा अनुराग था। सीता एक आदर्श पत्नी और आदर्श कुलवधु थी। उसने अपने अनुपम रूप-गुण, सद्व्यवहार से राम को ही नहीं, सारे परिवार को वशीभूत कर लिया।

राजकुल में दिनों-दिन सुख-सौभाग्य की वृद्धि होने लगी।

अयोध्याकाण्ड

विवाह के कुछ समय बाद भरत पिता के कहने से शत्रुघ्न के साथ ननिहाल चले गए। केकय-देश में मामा-नाना ने उन्हें बड़े-स्नेह से रखा और अधिक काल तक वहीं रोक लिया। अयोध्या में केवल राम-लक्ष्मण रह गए।

जनगणमन-अधिनायक राम–राम राज-काज में वृद्ध पिता की सहायता करने लगे। उनमें कुछ ऐसी विशेषताएं थीं, जिनके कारण वे थोड़े ही समय में पूर्णिमा के चन्द्रमा के समान सर्वप्रिय हो गए।

शरीर से राम अतिशय रूपवान्, बल-वीर्यशाली तथा सर्व शुभ लक्षण सम्पन्न थे। उनका व्यक्तित्व ऐसा प्रभावशाली था कि लोग सहज में दर्शनमात्र से उनके प्रति अनुरक्त हो जाते थे।

स्वभाव से वे और भी सौम्य तथा देवतास्वरूप थे। उनका अन्तःकरण अत्यन्त विशाल, पवित्र और क्षमा-दया-प्रेम-उदारता जैसी सरस सात्त्विक भावनाओं से ओतप्रोत था। वे बड़े ही सहृदय तथा प्रशान्तात्मा थे; सदा सबका भला ही सोचते थे और सुख-दुःख में कभी हर्ष-विषाद से मोहित नहीं होते थे।

संयम और सदाचार-पालन में राम की बरावरी करनेवाला कोई नहीं था। राजपुत्र होकर भी वे तपस्वी की भांति नियम-संयम से रहते थे। सत्य, धर्म और लोक तथा कुल की रीति-नीति में उनकी असीम श्रद्धा थी। लोक-धर्म की मर्यादा का उल्लंघन न तो वे स्वयं करते थे और न दूसरों को करने देते थे। नीच और निन्दित आचार-विचार से उन्हें घृणा थी।

राम विलक्षण प्रतिभाशाली, सर्वशास्त्र-विशारद्, कुशल राजनीतिज्ञ, श्रेष्ठ वक्ता और पुरुषान्तरकोविद (मनुष्य के मन की बात को भांपने वाले, आदमी पहचानने वाले) थे। उन्होंने सांगोपांग वेदों का अध्ययन किया था और धर्म के सूक्ष्म तत्वों को भली भांति समझा था। उन्हें वयोवृद्ध, ज्ञान-वृद्ध और शीलवृद्ध सज्जनों की संगति विशेष प्रिय थी।

राम जैसे ज्ञानी थे, वैसे ही स्वात्माभिमानी, वीर, कठोर, सत्यव्रती और महान कर्मोद्योगी भी थे। उनमें शक्ति-सामर्थ्य, साहस-उत्साह, धैर्य-आत्मविश्वास आदि समस्त वीरोचित गुण थे। उनके हर्ष-क्रोध कभी निष्फल नहीं होते थे। सज्जनों का उपकार और दुर्जन का दमन करने में वे सर्वथा समर्थ थे और किसी भी परिस्थिति में कभी आत्मदीनता या पौरुषहीनता नहीं दिखाते थे।

राम युद्धविद्या के पूर्ण पण्डित और धुरंधर महारथी तथा अद्वितीय धनुर्धर थे। उनके शौर्य-वीर्य पर प्रजा को बड़ा भरोसा था।

लोक में प्रतिष्ठा प्राप्त करने के लिए किसी व्यक्ति में इतने ही गुण बहुत हैं, लेकिन राम में कुछ और भी विशेषताएं थीं। वे सच्चे हृदय से प्राणिमात्र के हितैषी थे, सभी वर्णों के और प्रत्येक अवस्था के मनुष्यों से प्रेम करते थे, उनके घरों पर जाकर कुटम्बी की भांति कुशल समाचार पूछते थे और सबके पारिवारिक हर्ष-शोक में सम्मिलित होते थे। जनसाधारण के प्रति उनमें इतनी आत्मीयता थी कि सुखी जनों से मिलकर वे सुख अनुभव करते थे और किसी को दुःखी देखकर स्वयं भी दुःखी हो जाते थे। उन्होंने अपना सारा जीवन ही जनता को समर्पित कर दिया था। लोक अनुरंजन उनका सर्वोच्च ध्येय था और उसके लिए वे बड़े से बड़ा कष्ट झेल लेते थे।

सामान्य व्यवहार में राम अत्यन्त शिष्ट, सरल और सरस थे। वे सबके आत्म-सम्मान का ध्यान रखते थे और किसी को नीचा न दिखा कर सबको ऊपर उठाने का प्रयत्न करते थे। शक्ति-प्रभुत्व के प्रदर्शन की प्रवृत्ति उनमें नहीं थी। राम किसी भी अवस्था में शील-सौजन्य नहीं त्यागते थे। छोटे-बड़े सबसे वे प्रेमपूर्वक मिलते थे और मिलने पर पहले ही प्रसन्नमुख से कुशल-प्रश्न पूछकर तब मधुर तथा हृदयस्पर्शी शब्दों में बात करते थे। उनके मुख से क्रोध की दशा में भी कभी दुर्वचन नहीं निकलते थे। बातचीत में वे आत्म-प्रशंसा, परनिन्दा, कुतर्क, दुराग्रह और मिथ्याभाषण से दूर रहते थे।

राम परम गुणग्राही थे—किसी के अवगुण न देखकर उसके गुणों पर ही दृष्टि रखते थे। कोई उनका साधारण-सा भी काम कर देता तो उसे वे बहुत मानते और उसके उपकार को सदैव याद रखते थे, लेकिन दूसरों के अपकारों को तुरन्त भूल जाते थे, क्षमा कर देते थे।

इसी प्रकार की राम में सैकड़ों विशेषताएं थीं। लोकरंजन में वे चन्द्रमा के समान, क्षमा-सहिष्णुता में पृथ्वी के समान और बल-पराक्रम में इन्द्र के समान थे। कोसल की प्रजा ऐसे जनानुरागी महापुरुष को शीघ्र अपने शासक के रूप में देखना चाहती थी। वे कोसलेश न होकर भी जनता के हृदयेश थे।

पुत्रवानों में श्रेष्ठ राजा दशरथ राम का आत्मोत्कर्ष देखकर हर्ष से फूले नहीं समाते थे। वे अब अति वृद्ध हो चले थे, अतएव अपने जीवनकाल ही में ऐसे सर्वगुणसम्पन्न पुत्र को राज्य के समस्त अधिकार सौंप देना चाहते थे। अपने परामर्शदाताओं की सम्मति से उन्होंने राम को शीघ्र युवराज का पद देने का निश्चय कर लिया।

राज्याभिषेक का प्रस्ताव–राजा यद्यपि स्वतन्त्र थे, फिर भी इस विषय में सबकी सम्मति से ही कार्य करना आवश्यक समझते थे। उन्होंने कैकय और मिथिला के राजाओं को छोड़कर शेष सभी मित्र राजाओं को यथाशीघ्र अयोध्या आने का निमन्त्रण भेजा, साथ ही, चुपचाप राम के अभिषेक की तैयारी भी आरम्भ कर दी।

निश्चित तिथि पर सभी आमन्त्रित राजागण तथा कोसल राष्ट्र के चारों वर्णों के प्रजा-प्रतिनिधि अयोध्या के सभा-भवन में उपस्थित हुए। राजा दशरथ ने सबके आगे अपने वृद्धत्व और असमर्थता का वर्णन करके, अपने तथा लोक के हित लिए राम को युवराज बनाने का प्रस्ताव रखा और सबसे इस सम्बन्ध में स्पष्ट विचार प्रकट करने का अनुरोध किया।

राजा के मुख से वास्तव में, लोकमत ही ध्वनित हुआ था। प्रजाजनों और नरनायकों ने राम की भूरि-भूरि प्रशंसा करके एक स्वर से इस प्रस्ताव का समर्थन किया। राम के पीछे ऐसा सुसंगठित लोकबल देखकर दशरथ को बड़ी प्रसन्नता हुई। उन्होंने उपस्थित सज्जनों को इस सुन्दर निर्णय के लिए हृदय से धन्यवाद दिया और भरी सभा में मन्त्रियों तथा पुरोहितों से कहा—सर्वसम्मति से राम को युवराज बनाने का निश्चय हो गया। मैं इस पवित्र चैत्र मास में कल ही राम का अभिषेक करना चाहता हूं। कल प्रातःकाल शुभ मुहूर्त में यह मंगलकार्य प्रारम्भ हो जाएगा।

इस घोषणा के बाद राजा ने अपने परम विश्वासपात्र मन्त्री सुमन्त्र द्वारा राम को सभा में बुलवाया। उन्हें अपने पास श्रेष्ठ आसन पर बैठा कर वे बोले—राम! तुम मेरे ज्येष्ठ पुत्र हो। तुमने अपने लोकोत्तर गुण-चरित्र से मुझे तथा सारी प्रजा को मोहित कर लिया है। तुम इस राज्य के स्वामी होने के सर्वथा योग्य हो। जनता ने स्वेच्छा से तुम्हें अपना शासक निर्वाचित किया है। अतएव मैं कल ही तुम्हें युवराज-पद पर प्रतिष्ठित करूंगा। तुम सावधानी से राजधर्म का पालन करना और कुल की परम्परा के अनुसार प्रजा-पालन में नित्य तत्पर रहना।

इसके बाद सभा विसर्जित हुई। राज्य के अधिकारी और कर्मचारीगण महोत्सव के प्रबन्ध में व्यस्त हो गए। राजा दशरथ महल में पधारे। वहां उन्होंने राम को एकान्त में बुलाकर उनसे कहा—वत्स! मेरी अब एक ही लालसा शेष है कि मैं अपनी आंखों से तुम्हें ऐश्वर्य भोगते देखूं। मेरे जीवन का अब कोई भरोसा नहीं है, इसीलिए तुम्हारा अभिषेक शीघ्र हो जाना चाहिए। इस समय भरत ननिहाल में है। मैं चाहता हूं कि उसके दूर रहते-रहते यह कार्य हो जाए। कारण यह है कि भरत यद्यपि सज्जन है, पर सज्जनों का मन भी कभी-कभी चंचल हो जाता है। अतएव मैं कल ही तुम्हें युवराज बनाकर राज्य के समस्त अधिकार तुम्हें सौंप दूंगा। तुम आज विशेष सावधान रहना, क्योंकि ऐसे कार्यों में नाना विघ्न-बाधाओं की सम्भावना रहती है।

यह कहकर राजा मन्त्रियों के साथ अभिषेक सम्बन्धी कार्यों पर विचार करने लगे। राम उठकर कौशल्या के महल में गए। वहां उन्होंने माता को शुभ संवाद सुनाया। स्नेहमयी कौशल्या ने आनन्दवर्द्धक राम को हृदय से लगा लिया। उनके घर में उसी क्षण से मंगलगान और दान-पुण्य आदि होने लगे।

राम के राज्याभिषेक का समाचार राज्य-भर में विद्युत की गति से फैल गया। महापुरी अयोध्या महासागर की भांति तरंगित हो उठी। घर-द्वार, हाट-बाट तोरण-बन्दनवारों से सजाए जाने लगे। घरों में स्त्रियों और सड़कों पर बालकों की टोलियां आनन्दित होकर वधाई के गीत गाने लगीं।

मन्थरा की कुमन्त्रणा—एक ओर तो राजनगरी का मनोरम शृंगार और स्थान-स्थान पर मंगलाचरण हो रहा था, दूसरी ओर रंग में भंग डालने का गुप्त कुचक्र चल पड़ा। इसकी संयोजिका थी—कैकेयी की एक मुंहलगी, कुबड़ी-कुरूपा दासी मन्थरा।

कैकेयी को उस समय तक अभिषेक-सम्बन्धी बातों का पता नहीं था। वह अपने रंगभवन में आराम से सो रही थी। मन्थरा ने छज्जे से नगरी का साज-बाज देखा और नीचे आकर एक दूसरी दासी से आकस्मिक हर्षोत्सव का कारण पूछा।

दासी नें सब-कुछ बता दिया। उसे सुनते ही मन्थरा का हृदय बैठ गया। वह तुरन्त कौशल्या के महल की ओर दौड़ी। वहां राम-माता बड़े हर्ष से भांति-भांति के मंगल-कृत्य कर रही थी। कुबड़ी मन ही मन कुढ़ती हुई तत्काल लौटकर कैकेयी के शयनागार में आई और कर्कश स्वर में बोली—अरी मूढ़ रानी! उठ जाग, अचेत क्यों पड़ी है, घोर अनर्थ होने वाला है।

कैकेयी ने चौंककर पूछा—मन्थरे, कुशल तो है! तू इस तरह व्यग्र क्यों है?

मन्थरा और भी अधिक व्यग्रता प्रकट करके बोली--रानी! तुमने कुछ सुना कि नहीं? तुम्हारे सुख-सौभाग्य का अन्त होने वाला है। महाराज कल ही राम का अभिषेक करेंगे। भरत को यहां से दूर भेजकर वे कौशल्या के बेटे को गद्दी देने जा रहे हैं। तुम सावधान हो जाओ।

कैकेयी इसे सुनते ही उठ बैठी और मन्थरा को एक सुन्दर आभूषण भेंट करके बोली--मन्थरे! तूने आज मुझे अत्यन्त प्रिय संवाद सुनाया है। बता, मैं तुझे क्या पुरस्कार दूं? क्या सचमुच कल राम का अभिषेक होगा? मेरे लिए इससे बढ़कर प्रसन्नता की बात और क्या होगी? मैं राम और भरत में कोई अन्तर नहीं मानती।

मन्थरा तिलमिला उठी और उस गहने को फेंककर रोषपूर्वक बोली—रानी! तुम्हारी तो बुद्धि ही मारी गई है, इसी से शोक के स्थान पर तुम्हें हर्ष हो रहा है। भला कोई समझदार स्त्री अपनी सौत के लड़के की उन्नति देखकर प्रसन्न होती है! सोचो तो, आगे तुम्हारी क्या दशा होगी! राम अधिकार पाते ही सबसे पहले अपने प्रतिद्वन्द्वी भरत का सर्वनाश करेंगे। भरत को उन्होंने मार डाला या दूर भगा दिया, तो तुम कहीं की न रहोगी। तुम कौशल्या की तुच्छ दासी बन जाओगी। तुम्हारी पुत्रवधू को सीता की चेरी बनकर रहना होगा। और मैं? मैं तो दासी की दासी बनकर ही रह सकूंगी। इन बातों को अच्छी तरह समझ लो रानी! मुझ से कौशल्या का मान न देखा जाएगा।

इतने पर भी कैकेयी विचलित नहीं हुई और राम की प्रशंसा करती हुई बोली—मन्थरे! राम का कल्याण हो। उसके राज्य में सबका भला होगा। भाइयों में वे सबसे ज्येष्ठ और श्रेष्ठ हैं, अतः वही राज्य के सच्चे अधिकारी हैं। उनके अभ्युदय से तुझे क्या सन्ताप हो रहा है? मैं तो राम को भरत से भी अधिक मानती हूं। वे मेरी सेवा कौशल्या से अधिक ही करते हैं। उनके राजा होने से भरत का भी राजा होना ही समझो, क्योंकि राम भाइयों को अपने समान ही मानते हैं और उन्हें अपना सर्वस्व अर्पण करने को उद्यत रहते हैं।

मन्थरा लम्बी सांसें लेकर फिर बोली—ओह! क्या कहूं! अभाग्यवश तुम्हें कुछ का कुछ सूझ रहा है पगली रानी! सिंहासन पर एक ही व्यक्ति बैठता है। राम के राजा होते ही भरत के सारे अधिकार समाप्त हो जाएंगे। वे मारे-मारे घूमेंगे। और सुनो, तुमने सौभाग्य के मद में चूर होकर कौशल्या के साथ अब तक जो दुर्व्यवहार किया है, उसका पूरा बदला वह राजमाता होते ही लेगी। इसलिए तुम सावधान हो जाओ और ऐसा उपाय करो कि राम वन को चले जाएं और

उनके स्थान पर भरत का अभिषेक हो। अब अधिक सोचने-विचारने का समय नहीं है...

मन्थरा की कुमन्त्रणा से कैकेयी की मति कुछ ही क्षणों में पलट गई। वह चिंतित होकर बोली—मन्थरा, तू ठीक ही कहती है, लेकिन यह कार्य कैसे सिद्ध होगा?

दुष्टा दासी इतनी देर में बहुत-कुछ सोच चुकी थी। उसने शीघ्र उत्तर दिया—रानी! इसका सहज उपाय सुनो। तुम्हें याद होगा कि एक बार महाराज शम्बरासुर के विरुद्ध इन्द्र की सहायता करने गए थे। तुम भी पति के साथ गई थीं। युद्ध में महाराज दानवों के भीषण प्रहार से आहत-अचेत होकर रथ में गिर पड़े थे। तुम उन्हें रण-क्षेत्र से बाहर उठा ले गईं, तब उनके प्राण बचे। याद करो रानी! उस दिन इस महान् उपकार के बदले में महाराज ने तुमसे दो इच्छित वर मांगने को कहा था। तुमने उस समय यही कहा था कि आगे जब आवश्यकता होगी, वर मांग लूंगी। तुम्हीं ने वहां से लौटने पर यह सब मुझे बताया था। अब वर मांगने का अच्छा अवसर है। तुम कोप-भवन में जाकर अपने ये गहने-कपड़े उतारकर फेंक दो और मैले-कुचैले कपड़े पहनकर ज़मीन पर लेट जाओ। राजा तुम्हें मनाने आएंगे, लेकिन उनके लाख मनाने पर भी जब तक वे तुम्हारी मनोकामना पूर्ण करने का वचन न दें प्रसन्न न होना। उन्हें प्रतिज्ञाबद्ध करके पहले तो उस युद्धवाली घटना की याद दिलाना, फिर एक वर से राम के लिए चौदह वर्ष का वनवास और दूसरे से भरत का राज्याभिषेक मांग लेना। चौदह वर्षों में प्रजा राम को भूल जाएगी और भरत की प्रभुता सदा-सर्वदा के लिए स्थापित हो जाएगी...

रंग में भंग—मन्थरा की प्रेरणा से कैकेयी उसी समय कोप-भवन में पहुंची और अपने बहुमूल्य वस्त्राभूषण फेंककर मलिन वेश में भूमि पर लेट गई।

राजा दशरथ तीसरे पहर के बाद अन्तःपुर में पधारे। कैकेयी को वे सबसे अधिक चाहते थे, इसलिए पहले उसी के महल में गए। वहां प्रतिहारी से पता चला कि रानी कोप-भवन की ओर गई है। राजा व्यग्र होकर कोप-भवन में पहुंचे। कैकेयी अशुभ वेष में मुंह ढंके रूठी पड़ी थी। उसके मूल्यवान् वस्त्राभूषण इधर-उधर बिखरे थे।

वृद्ध राजा को वह परम सुन्दरी तरुणी प्राणों से भी अधिक प्रिय थी। वे पास बैठकर धीरे-धीरे उसके शरीर पर हाथ फेरते हुए बोले—प्राणप्रिये! तेरा यह क्या हाल देख रहा हूं? सच-सच बता, तुझे क्या क्लेश है? तू क्या चाहती है? तेरी प्रसन्नता के लिए हम अपने प्राण तक देने को तैयार हैं। तेरे कहने से हम

क्षणमात्र में किसी धनी को निर्धन, निर्धन को धनी और राजा को रंक और रंक को राजा बना सकते हैं। देवी! तेरी इच्छा के विरुद्ध कुछ भी करने की शक्ति हममें नहीं है। तू प्रसन्न हो जा और हमें अपनी मनोकामना बता दे...

राजा के बहुत मनाने पर कैकेयी धीरे से बोली—महाराज! यदि आप यह प्रतिज्ञा करें कि मैं जो कहूंगी, उसे आप मान लेंगे, तो मैं अपनी इच्छा आपको बता दूंगी, नहीं तो व्यर्थ के लिए क्यों कहूं!

काममोहित राजा ने कहा—मानिनी! मैं अपने जन्म-जन्मान्तर के पुण्यों की तथा प्राणप्यारे राम की शपथ लेकर कहता हूं कि तू जो कहेगी, वही करूंगा।

तब कैकेयी प्रसन्न होकर बोली—सूर्य, चन्द्र, पृथ्वी, आकाश, देवता आदि इसके साक्षी रहें। महाराज! आपने शम्बरासुर के युद्ध में मुझसे दो वर मांगने को कहा था। मैंने उस समय कुछ नहीं मांगा लेकिन आज मांगती हूं। एक वर तो मैं चाहती हूं कि राम के स्थान पर मेरे पुत्र भरत का अभिषेक हो; और दूसरा यह कि राम तपस्वी के वेश में तुरन्त यहां से चले जाएं और चौदह वर्ष वन में निवास करें।

कैकेयी के मुख से ऐसे दारुण वचन सुनकर राजा स्तब्ध हो गए। उनके मुख से उस समय केवल यही उद्‌गार निकले—मुझे धिक्कार है! इसके बाद शोक की तीव्रता के कारण वे मूर्च्छित हो गए। मूर्च्छा भंग होने पर उन्होंने कैकेयी को तिरस्कार-भरी दृष्टि से देखा और कहा—पापिनी! कुलघातिनी! जिस राम ने तेरी इतनी सेवा की है, जिसने तुझे अपनी जननी से भी अधिक माना, उसके लिए तेरे मन में ऐसा दुर्भाव क्यों उत्पन्न हुआ? तू तो अब तक नित्य उसकी प्रशंसा करती थी, उसी को अपना ज्येष्ठ पुत्र कहती थी; फिर तेरी बुद्धि आज इस तरह क्यों पलट गई कि तू मुझे प्रतिज्ञाबद्ध करके उसे घर से निकलवाना चाहती है? कैकेयी! मैं अपना सर्वस्व त्याग सकता हूं, पर जीते-जी अपने हृदय-धन राम को विलग न होने दूंगा। मैं तेरे चरणों पर सिर रखकर विनती करता हूं कि इस हठ को छोड़ दे। इस वृद्धावस्था में मेरे ऊपर दया कर। मैं हाथ जोड़ता हूं, तेरे पैरों पड़ता हूं, तू राम को वन भेजने के लिए मुझे बाध्य न कर।

राजा रोते हुए कैकेयी के पैरों पर गिर पड़े। कैकेयी उनकी प्रार्थना को ठुकराकर बोली—महाराज! आप नामी सत्यव्रती होकर भी प्रतिज्ञा से विमुख होना चाहते हैं! यह घोर लज्जा और कलंक की बात होगी। आप अपने धर्म और यश की रक्षा कीजिए। यदि आप मेरी बात न मानेंगे तो मैं विष खाकर आत्महत्या कर लूंगी।

राजा उस अप्रियवादिनी के मुख की ओर देखकर 'हा राम! हा राम!' कहते हुए गिर पड़े। उनकी दशा पागलों जैसी हो गई। कुछ देर में वे फिर संभलकर बोले—दुष्टे! तू यह नहीं सोचती कि यदि मैं धर्मात्मा राम को घर से निकाल दूंगा तो संसार मुझे क्या कहेगा? मैं तो समाज में मुंह दिखाने के योग्य भी नहीं रहूंगा। जो कौशल्या दासी, मित्र, पत्नी, बहन और माता के समान मेरी संभाल करती है और केवल तेरी प्रसन्नता के लिए जिसका मैं अब तक अनादर ही करता रहा, उसे क्या कहकर सान्त्वना दूंगा? कैकेयी! मैं राम के बिना जीवित नहीं रह सकूंगा। जिसने तेरा इतना भला किया, उसी को तू आज जाल में फंसाकर मारना चाहती है! वास्तव में, यह मेरे ही कुकर्मों का फल है। तेरे जैसी पापिनी को गले लगाकर मैंने अपने हाथ से अपने गले में फांसी की रस्सी डाल ली है। मेरे लिए यह घोर दुःख और लज्जा की बात होगी कि मेरे जीते-जी राम जैसा सुपुत्र अनाथ की तरह मारा-मारा घूमे। अतएव कैकेयी! मैं तेरे पैरों पड़ता हूं, मेरे ऊपर दया कर; मेरे और मेरे महान् कुल की मानमर्यादा को मिट्टी में मत मिला...

राजा इसी तरह देर तक रोते-गिड़गिड़ाते रहे, लेकिन कैकेयी का हृदय द्रवित नहीं हुआ। धीरे-धीरे दिन बीत गया। रात में दशरथ की मनोव्यथा और भी तीव्र हो गई। वे प्रतिज्ञापाश से छुटकारा पाने के लिए बहुत छटपटाए, लेकिन कैकेयी अपने हठ पर अड़ी ही रही। जागते-रोते रात बीत गई, पर राजा के दुःखों का अन्त नहीं हुआ। सवेरे तक उनका शरीर शिथिल और पीला पड़ गया। उस दशा में कैकेयी ने फिर कहा—महाराज! अब शीघ्रातिशीघ्र राम को चौदह वर्ष का बनवास और भरत को राजगद्दी देकर मेरी अभिलाषा पूर्ण कीजिए, अन्यथा मैं आत्महत्या करने जा रही हूं...

दशरथ 'क्रोध से कांपते हुए बोले—अनार्ये! मैंने विवाह में अग्निदेव के समक्ष मन्त्र पढ़कर तेरे जिस हाथ को पकड़ा था, उसे मैं आज छोड़ता हूं। साथ ही, मैं तेरे गर्भ से उत्पन्न भरत का भी परित्याग करता हूं। तेरे या भरत के हाथों से मैं अपना प्रेतकर्म भी नहीं होने दूंगा। राम-द्रोहियों से मेरा कोई सम्बन्ध नहीं है...

महल के एक कोने में यह सब हो रहा था; बाहर का दूसरा ही रंग-ढंग था। सारी महापुरी सुन्दर ढंग से सज गई थी, स्थान-स्थान पर तोरण-बन्दनवार बने थे, घर-घर पर रंग-बिरंगी ध्वजाएं फहरा रही थीं, भांति-भांति के मंगलवाद्य बज रहे थे, चारों ओर अद्भुत उल्लास छाया था। अभिषेकोत्सव देखने के लिए बाहर से भी झुंड के झुंड मनुष्य गाते-बजाते चले आ रहे थे। महल के आसपास दर्शकों का विशाल समुदाय प्रत्येक क्षण बढ़ता ही जा रहा था।

धीरे-धीरे अभिषेक का शुभ मुहूर्त निकट आ गया। राज्य के गणमान्य नागरिक, आमन्त्रित राजागण तथा अनेक ऋषि-मुनि और पुरोहित आदि सभाभवन में आ गए। ऐसे अवसर पर जिसे सबसे आगे रहना चाहिए था, उसको वहां पर न देखकर सबको आश्चर्य हुआ।

महर्षि वसिष्ठ ने सुमन्त्र द्वारा राजा दशरथ के पास शीघ्र पधारने का सन्देश भेजा। उस समय तक किसी को कैकेयी के कुचक्र का पता नहीं था, सुमन्त्र शीघ्रता से महल में राजा के पास गए।

राजा दशरथ सिर नीचा किए उदास बैठे थे। वृद्ध मन्त्री ने जाते ही अभिवादन करके उनसे अभिषेकोत्सव में पधारने का अनुरोध किया। राजा उत्तर में एक शब्द भी नहीं बोले और सुमन्त्र की तरफ एकटक देखने लगे। तब कैकेयी बोली—सुमन्त्र! महाराज रात-भर अभिषेक के विषय में चिन्तन करते-करते थक गए हैं, उन्हें झपकी आ रही है; तुम शीघ्र राम को बुलाओ!

सुमन्त्र राजाज्ञा की प्रतीक्षा में वहीं खड़े रहे। कुछ देर बाद राजा ने स्वयं कहा—सुमन्त्र! मेरे प्यारे राम को शीघ्र बुला लाओ...

सुमन्त्र रथ लेकर राम के भवन में गए। राम अभिषेक के लिए सुसज्जित होकर बैठे थे। पिता का सन्देश पाते ही वे लक्ष्मण को साथ लेकर तुरन्त चल पड़े। मार्ग में दर्शनात्सुक जनता ने बड़े हर्ष से उनका अभिनन्दन किया, अटारियों से स्त्रियों ने उनके ऊपर फूल और लाजा बरसाई।

जनता को आनन्द से आन्दोलित करके लोकाभिराम राम राजधाम में पहुंचे। जाते ही उन्होंने माता-पिता के चरणों में प्रणाम किया। उत्तर में दशरथ केवल 'राम' कहकर चुप हो गए। वे न तो कुछ बोल सके और न राम की ओर देखने का ही साहस कर सके। राम ने राजा की ओर ध्यान से देखा। उनके मुख पर घोर उदासी छाई हुई थी, अंगों की कान्ति और चेतना मन्द हो गई थी। वे अत्यन्त व्याकुल और विक्षिप्त-से दिखाई देते थे। राम को यह सब देखकर बड़ा आश्चर्य हुआ। उन्होंने कैकेयी से राजा की व्यथा का रहस्य पूछा।

कैकेयी धृष्टतापूर्वक बोली—राम! महाराज तुम्हारे ही सम्बन्ध में एक बात को लेकर बड़े धर्म-संकट में पड़ गए हैं। संकोचवश वे तुमसे उचित बात कहने में हिचक रहे हैं। यदि तुम इनके वचन का मान रख सको तो मैं सब कुछ तुम्हें स्पष्ट बता दूं।

राम ने सविनय कहा—देवि! मैं पिता की आज्ञा का पालन अवश्य करूंगा; यदि वे मुझे आग में कूदने को भी कहेंगे तो मैं सहर्ष कूद पड़ूंगा। आप मेरा विश्वास कीजिए; राम दो तरह की बात नहीं बोलता।

तब कैकेयी राम को देवासुर-संग्राम की सारी घटना सुनाकर बोली—राम! तुम्हारे प्रतिज्ञाबद्ध पिता से मैंने एक वर यह मांगा कि तुम आज ही तपस्वी के वेश में यहां से चले जाओ और चौदह वर्ष तक वन में निवास करो। अब तुम अपने और उनके सत्य-धर्म की रक्षा करो। इस विषय में महाराज की आज्ञा की प्रतीक्षा न करो। वे मोहवश ऐसे किंकर्त्तव्यविमूढ़ हो गए हैं कि उनसे कुछ भी कहते नहीं बनता।

कैकेयी के मुख से मृत्यु-तुल्य दुःखद वचन सुनकर भी राम व्यथित नहीं हुए। उन्होंने प्रसन्न मन से कहा—माता! मैं पिताजी की प्रतिज्ञा की रक्षा के लिए आज ही यहां से चला जाऊंगा। आप भरत को बुलवा लीजिए; मैं अपना सर्वस्व उन्हें देने को तैयार हूं।

इस पर कैकेयी पुनः बोली—राम, जब तक तुम नहीं जाओगे, महाराज इसी तरह मोह-शोक में डूबते-उतराते रहेंगे, इसलिए तुम यशाशीघ्र दंडक वन को चले जाओ।

राजा दशरथ इसे सुनते ही 'धिक्कार है' कहकर शोक से मूर्च्छित हो गए। राम कैकेयी को वन जाने का वचन देकर अपनी माता से विदा लेने गए। उस समय उनका चित्त माया-मोह-मुक्त सन्यासी की भांति शान्त और विकार-रहित था। मार्ग में उन्होंने अभिषेक के लिए सुसज्जित मंडप की तरफ देखा तक नहीं। अपने छत्र-चमर आदि त्यागकर वे प्रसन्नतापूर्वक कौशल्या से मिलने गए। लक्ष्मण भी साथ थे।

कौशल्या उस दिन बहुत प्रसन्न थीं, क्योंकि उस दिन उनके पुत्र का अभिषेक होने वाला था। राम ने जाकर उन्हें अपने वन-गमन का संवाद सुनाया। उस हृदय-विदारक समाचार को सुनते ही वे मूर्च्छित होकर गिर पड़ीं। चैतन्य होकर उन्होंने राम से सारा हाल पूछा और अपने कर्मों को दोष देते हुए कहा—बेटा! इससे बढ़कर दुःख की बात और क्या होगी! मेरे भाग्य में तो सुख था ही नहीं। सोचा था कि पुत्र होने पर मेरे दिन पलटेंगे, सो वह भी नहीं हुआ। मैं निरंतर कैकेयी की सेवा में लगी रहती थी, लेकिन उसकी दासी के बराबर भी मेरा मान नहीं था। अब तो कोई मुझे और भी न पूछेगा। मेरे व्रत-अनुष्ठान आज निष्फल हो गए।

तेजस्वी लक्ष्मण उस समय तक चुप थे। कौशल्या की बात सुनकर वे बोले—माता! राजा एक तो कामी हैं, दूसरे अति वृद्ध, इससे उनकी बुद्धि भ्रष्ट

हो गई है। भाई राम ने कोई अपराध नहीं किया है, जिसके लिए उन्हें राज्य से निर्वासित किया जाए। कौन धर्मात्मा पिता ऐसे सत्पुत्र का परित्याग करेगा!

इसके बाद वे और भी अधिक क्षुब्ध होकर राम से बोले—भैया! आप अभी चलकर अपना अभिषेक कराइए। हमारे रहते कौन आपको सिंहासन पर बैठने से रोकेगा। पिता भी यदि कैकेयी के कहने से इसमें बाधक होंगे तो मैं उस बूढ़े, कामी, निर्लज्ज, अधर्मी, अविवेकी को आज अवश्य मारूंगा। मैं अपने बाणों से भरत के हित-साधकों का सर्वनाश कर डालूंगा!

बीच ही में कौशल्या ने राम से फिर कहा—बेटा! तुम्हारे पिता को कैकेयी ने बहका लिया है, तुम उनकी अनुचित बात मत मानो तुम्हारे ऊपर मेरा भी कुछ अधिकार है। मैं तुम्हें वन जाने से रोकती हूं।

राम ने विनयपूर्वक उत्तर दिया—मां! पिताजी की आज्ञा का उल्लंघन करने की शक्ति मुझमें नहीं है। उनकी आज्ञा मेरे लिए ही नहीं, तुम्हारे लिए भी मान्य है; वे मेरे पिता और तुम्हारे पति हैं। अब तुम मुझे आज ही वन जाने की अनुमति दो।

इसके बाद वे लक्ष्मण से बोले—लक्ष्मण! तुम मेरी बुद्धि के अनुसार चलो। क्रोध-शोक से क्षणिक आवेश में धर्म की हानि करना उचित नहीं है। अब तुम मेरे वन-गमन की तैयारी करो। इसमें महाराज और माता कैकेयी का कुछ दोष नहीं है। यह सब भाग्य का खेल है। जीवन में ऐसा उलट-फेर, चढ़ाव-उतार होता ही रहता है।

लक्ष्मण पुनः दर्प से बोले—भैया! भाग्य के भरोसे रहना तो कापुरुषों का काम है। मैं अपने पौरुष-पराक्रम से आपको राजसिंहासन पर बैठाऊंगा। यदि किसी ने विरोध किया तो मैं अपने बाहुबल से अयोध्या को मनुष्य-रहित बना दूंगा।

राम गम्भीर होकर बोले—लक्ष्मण! अधर्म और अपवाद से युक्त राज्य मुझे नहीं चाहिए। मैं पिता के सत्य-धर्म की रक्षा के लिए आज ही वन को जाऊंगा। मेरे जैसे व्यक्ति के लिए राज्य-लाभ और वनवास में कोई विशेष अन्तर नहीं है। मुझे तो इनमें से वनवास ही महान अभ्युदयकारक जान पड़ता है। तुम अनार्योचित विचार त्याग दो और शीघ्र मेरी यात्रा की तैयारी करो।

लक्ष्मण चुप हो गए। कौशल्या रोती हुई राम से लिपट गई और स्वयं भी उनके साथ वन जाने का आग्रह करने लगीं। राम ने उन्हें समझा-बुझाकर वन जाने की आज्ञा मांगी। कौशल्या उन्हें एकटक देखती हुई बोलीं—अच्छा राम! जाना

ही चाहते हो तो जाओ। होनहार का कौन टाल सकता है। मैं चौदह वर्ष तक तुम्हारी राह देखती बैठी रहूंगी। तुम सकुशल लौटना। जिस धर्म का तुम नित्य पालन करते हो, वही तुम्हारी रक्षा करे, माता-पिता के पुण्य तुम्हारे सहायक हों, सभी दिशाएं तुम्हारे लिए मंगलमयी हों, देवता-मनुष्य, पशु-पक्षी, पृथ्वी-आकाश, जल-वायु, सूर्य-चन्द्र सभी तुम्हारे प्रति कल्याणकारी हों। मेरे व्रत-पूजन का समस्त फल तुम्हें मिले; तुम्हारा शास्त्र-अध्ययन सफल हो! लोक की दैवी शक्तियां तुम्हारे अनुकूल हों! बेटा! जाओ, मैं रोम-रोम से तुम्हें आशीर्वाद देती हूं। तुम्हारी वनयात्रा तुम्हारे लिए और सभी के लिए शुभ हो।

धर्मशील कौशल्या ने शुभ यात्रा के निमित्त अनेक धार्मिक अनुष्ठान किए, और फिर राम को हृदय से लगाकर विदा कर दिया। राम वहां से सीता के पास गए। सीता को इन बातों का कुछ भी पता नहीं था। राम ने उन्हें भी सारा हाल बताया और अन्त में विदा मांगते हुए कहा—सीता! अब हम लोग चौदह वर्ष बाद ही फिर मिलेंगे। तुम मेरी वृद्धा माता की संभाल रखना और सदा भरत की इच्छा के अनुकूल ही चलना, क्योंकि अब वे एक तो कुल के स्वामी, दूसरे देश के राजा भी हैं। तुम उनके सामने भूलकर भी मेरी प्रशंसा न करना, क्योंकि ऐश्वर्यशाली पुरुषों को दूसरे की प्रशंसा असह्य होती है।

सीता अत्यन्त व्याकुल होकर बोलीं—आर्यपुत्र! यह कैसे संभव है कि आप तो वन में रहें और मैं अयोध्या के महलों में निवास करूं। आपके बिना मेरे लिए स्वर्ग का वैभव भी तुच्छ है। मैं छाया की भांति आपके साथ रहूंगी। मैं आपकी अर्द्धांगिनी और सहगामिनी हूं। मुझे आपके साथ रहने का अधिकार है। वन में आपके साथ दुःख भोगने पर भी मुझे महलों से अधिक सुख मिलेगा। आप मुझे भी साथ ले चलिए, अन्यथा आपके जाते ही मैं प्राण त्याग कर दूंगी।

राम ने वन के क्लेशों का वर्णन करके सीता को रोकना चाहा, पर वह बोली—स्वामी! यह आपकी बड़ी कायरता है कि आप भयवश मुझे यहां छोड़कर अकेले जाना चाहते हैं। यदि मेरे पिता यह जानते कि आप पुरुष के रूप में वस्तुतः स्त्री हैं तो वे मुझे आपके हाथों में न सौंपते! आप अपने पौरुष की लाज रखने के लिए मुझे साथ लेते चलिए। आपका संग मेरे लिए स्वर्ग है और आपका वियोग नरक! मैं आपका साथ न छोडूंगी।

सीता रोती हुई राम से लिपट गई। राम ने विवश होकर उन्हें भी अपने साथ चलने की स्वीकृति दे दी। उसी समय लक्ष्मण ने भी साथ चलने का हठ किया। बहुत समझाने पर भी वे नहीं माने औ. बड़े भाई के पैर पकड़कर रोने

लगे। अन्त में राम ने कहा—अच्छा लक्ष्मण! यदि कुटुम्बीजन तुम्हें मेरे साथ जाने की अनुमति दें तो गुरुवर वसिष्ठ के घर से मेरे सुरक्षित दिव्य अस्त्र-शस्त्र ले आओ और शीघ्र वन-गमन की तैयारी करो।

लक्ष्मण ने शीघ्र जाकर माता और पत्नी से वन जाने की स्वीकृति ली; फिर वे वसिष्ठ के घर से अस्त्र-शस्त्र लेकर राम की सेवा में उपस्थित हो गए। राम ने अपना और सीता का सब सामान ब्राह्मणों और सेवकों को दान कर दिया। तदन्तर वे अपने सेवकों से विदा लेकर सीता-लक्ष्मण के साथ राजा दशरथ के पास गए।

राम के वन-गमन का समाचार सारी अयोध्या में फैल चुका था। चारों तरफ हर्ष के स्थान पर शोक छा गया। लोग बार-बार कैकेयी और दशरथ को धिक्कारते हुए राम के गुणों को याद करके रोने लगे। राम को राजा के महल की ओर जाते देखकर सब हाहाकार कर उठे।

राजा दशरथ उस समय घोर मानसिक व्यथा से तड़प रहे थे। उन्होंने कौशल्या-सुमित्रा को भी वहां बुलवा लिया था। राम उनसे अन्तिम विदा लेने आए। राजा उन्हें देखते ही उठ खड़े हुए और प्रेम से विह्वल होकर उनकी ओर दौड़े लेकिन बीच ही में मूर्च्छित होकर गिर गड़े। राम-लक्ष्मण ने उन्हें उठाकर पलंग पर लिटाया।

राजा के चैतन्य होने पर राम ने हाथ जोड़कर उनसे निवेदन किया—पिताजी! आप कृपा करके मुझे दण्डकवन जाने की अनुमति दीजिए। सीता और लक्ष्मण भी मेरे साथ जाने का आग्रह कर रहे हैं और आपकी आज्ञा लेने आए हैं। आप हम लोगों के लिए किसी प्रकार का शोक न करें...

राजा राम की ओर अनिमेष दृष्टि से देखकर बोले—राम! कैकेयी ने मेरी मति हर ली। तुम मुझे पकड़कर बन्दीगृह में डाल दो और स्वयं आज ही अयोध्या के राजा बन जाओ।

राम ने बड़ी नम्रता से कहा—पिताजी! मुझे राज्य का लोभ नहीं है। मैं आपके वचन की रक्षा के लिए अब चौदह वर्ष वन में ही निवास करूंगा। आप मुझे जाने की आज्ञा दें।

राजा से कुछ कहते नहीं बनता था। कैकेयी उन्हें बार-बार फटकारकर कहने लगी—महाराज! शीघ्र जाने को कहिए न! अब अधिक विलम्ब न होना चाहिए।

राम स्वयं शीघ्र जाने के लिए आग्रह कर रहे थे। ऐसी परिस्थिति में राजा दशरथ विवश होकर बोले—राम! तुम धर्मव्रती हो; कोई तुम्हें कर्तव्य-मार्ग से

विचलित नहीं कर सकता। अतः वत्स! तुम कल्याण के लिए, आत्मवृद्धि के लिए और सकुशल लौट आने के लिए प्रसन्न मन से वन को जाओ। मैं सत्य की शपथ खाकर कहता हूं कि मैं अपनी स्वतन्त्र इच्छा से तुम्हें वन जाने को नहीं कह रहा हूं, पापिनी कैकेयी मुझे अपने जाल में फंसाकर ऐसा अनर्थ करवा रही है। राम! तुम मेरे धर्म और सत्य की रक्षा के लिए बड़ा दुष्कर कर्म करने जा रहे हो। मैं तुम्हें रोम-रोम से आशीर्वाद देता हूं, तुम्हारा मार्ग भयरहित हो। बेटा! अब तुम संभवतः सदा के लिए मुझ से बिछुड़ रहे हो, क्योंकि तुम्हारे लौटने तक मैं जीवित नहीं रहूंगा। इसलिए मेरे साथ एक रात और बिता लो, तब जाओ। मैं तुम्हें एक दिन जी भरकर देख लूं, तुम्हारे साथ बैठकर भोजन कर लूं, यही मेरी अन्तिम लालसा है। मुझे और अपनी दुःखिनी माता को देखो; आज हम दोनों के लिए रुक जाओ, कल सवेरे चले जाना।

राजा का यह करुणाजनक वचन सुनकर राम ने उत्तर दिया—पिताजी! मैं माता कैकेयी को आज ही जाने का वचन दे चुका हूं। अतएव मुझे आज ही जाने दीजिए। आपके धर्म और यश की रक्षा के लिए मैं बड़े हर्ष ने वन को जा रहा हूं; चौदह वर्ष बीतते ही पुनः लौटकर आपके दर्शन करूंगा।

दशरथ इसके आगे क्या कहते! वे राम को छाती से लगाकर मूर्च्छित हो गए। वहां के सभी लोग रोने लगे। थोड़ी देर में राजा चैतन्य हुए और पास में खड़े सुमन्त्र से बोले—सुमन्त्र! राम की वनयात्रा का यथोचित प्रबन्ध करो। उनके साथ धन-धान्य का भंडार जाएगा, चतुर सेवक और मार्गदर्शक जाएंगे और मेरी चतुरंगिणी सेना भी जाएगी।

कैकेयी इसे सुनते ही चट-पट बोल उठी—महाराज! सब कुछ तो आप राम को दे रहे हैं, फिर भरत इस निस्सार राज्य को लेकर क्या करेगा! राम को तपस्वी की तरह जाना चाहिए।

राजा तथा सभी उपस्थित लोग कैकेयी को धिक्कारने लगे। तब राम ने स्वयं निवेदन किया—पिताजी! जब मैंने राज्य त्याग ही दिया तो सेना और राज सम्पदा से मुझे क्या प्रयोजन! अब मैं सब कुछ भरत के लिए छोड़ जाता हूं। मुझे तो अब वल्कल-वस्त्र चाहिए...।

कैकेयी तुरन्त वल्कल-वस्त्र ले आई और उन्हें राम को देकर बोली—लो राम, इन्हें पहनकर शीघ्र जाओ।

राम ने उन्हें लेकर पहन लिया। फिर कैकेयी ने सीता को भी तपस्विनी का वस्त्र दिया। सीता उन्हें पहनना नहीं जानती थीं, राम ने उसको उनकी रेशमी

साड़ी के ऊपर लपेट दिया। यह दृश्य देखते ही सब चिल्ला उठे—दशरथ, तुम्हें धिक्कार है। रानियां सीता को लिपटाकर रोने लगीं। कुलगुरु वसिष्ठ की आंखों में आंसू आ गए। राजा दशरथ बहुत ही दुःखी होकर कैकेयी से बोले—कैकेयी! तूने तो राम को ही वनवास का वर मांगा था, फिर सीता के साथ ऐसा दुर्व्यवहार क्यों कर रही है। मैं अपनी पुत्रवधू को इस वेश में नहीं देख सकता।

इसके बाद राजा सिर नीचा करके बैठ गए। राम ने उनसे अन्तिम विदा मांगी। राजा कुछ देर तो 'राम-राम' करते हुए विलाप करते रहे; फिर सुमन्त्र से बोले—सुमन्त्र! राम को उत्तम रथ में बैठाकर अयोध्या से बाहर पहुंचा आओ। संसार में भले आदमियों को भलमनसाहत का बुरा फल ही मिलता है; तभी तो सदाचारी पुत्र माता-पिता द्वारा घर से निर्वासित कर दिए जाते हैं।

सुमन्त्र शीघ्र ही एक सुन्दर रथ ले जाए। राजा ने उसमें सीता के लिए उत्तम वस्त्र आदि रखवा दिए। इसके अनन्तर राम-लक्ष्मण-सीता ने माता-पिता और गुरुजनों के पैर छुए। रानियां तीनों को हृदय से लगाकर रोने लगीं।

लक्ष्मण ने अपनी माता सुमित्रा से जब अन्तिम विदा मांगी तो उस मनस्विनी ने पुत्र का सिर सूंघकर कहा—बेटा! बड़े भाई की सेवा के लिए मैं सहर्ष तुम्हें वन जाने की आज्ञा देती हूं। छोटा भाई बड़े भाई के अनुशासन में रहे, यही लोक का सनातन धर्म और उच्च कुल की परम्परा है। राम के लिए तुम्हें अपना प्राण भी देना पड़े तो अवश्य दे देना, घर का मोह न करना; राम को पिता, सीता को माता और वन को अयोध्या समझना। जाओ वीर पुत्र! निश्चिन्त होकर राम के साथ जाओ...जाओ...

अन्त में, वहां से चलने के पूर्व राम सबके आगे हाथ जोड़कर बोले—आप सबसे मेरी यह प्रार्थना है कि इतने दिनों तक एकसाथ रहने के कारण यदि जाने या अनजाने में मुझसे कोई अपराध हुआ हो, अथवा मैंने किसी को भी कभी अप्रिय वचन कहा हो तो उसके लिए आप लोग मुझे क्षमा कर दें। अब मैं आप सबसे विदा मांगता हूं।

सारा राज-भवन रुदन-क्रन्दन से गूंज उठा। राम सीता और लक्ष्मण के साथ महल से बाहर निकले। अन्तःपुर की स्त्रियां भी रोती-बिलखती बाहर चली आईं।

ऋषिपथ पर प्रस्थान—रथ में राम-लक्ष्मण के अस्त्र-शस्त्र रखे गए; फिर सीता को उसमें बैठाकर दोनों भाई भी बैठ गए। इसके उपरान्त सुमन्त्र ने घोड़ों को आगे बढ़ाया।

राम के प्रस्थान करते ही राजधानी में हलचल मच गई। मनुष्य ही नहीं, पशु-पक्षी भी शोक विकल होकर चिल्लाने लगे। सारी जनता क्षुब्ध हो गई। कितने ही लोग राम का वन-गमन देखकर मूर्च्छित हो गए। पुरवासीगण अपने-अपने शरीर और घर-बार की सुध-बुध भूलकर रथ के पीछे दौड़ पड़े। लोग बार-बार सुमन्त्र को पुकारकर कहते थे—मन्त्रिवर! घोड़ों को धीरे चलाइए, हमें जी भरकर राम को देख लेने दीजिए; अब हमें राम कहां मिलेंगे? सबकी दशा पागलों जैसी हो गई थी।

राजपरिवार की दशा और भी शोचनीय थी। राजा दशरथ रानियों के साथ महल से बाहर निकले और पैदल ही राम के रथ के पीछे दौड़े। उनके मुख से बार-बार यही निकलता था—राम, मेरे राम! मुझे छोड़कर कहां जाते हो! कौशल्या का भी यही हाल था। वे रथ के पीछे-पीछे 'हा राम, हा लक्ष्मण, हा सीता, कहती हुई पूरी शक्ति से दौड़ी चली जाती थी। राम उस हृदय-विदारक दृश्य को अधिक नहीं देखना चाहते थे। उन्होंने रथ को वेग से आगे बढ़ाने की आज्ञा दी। इतने में दूर से राजा दशरथ ने पुकारा-सुमन्त्र! रथ को खड़ा कर दो।

राजा और राम के परस्पर विरोधी आदेशों से सुमन्त्र दुविधा में पड़ गए। राम उनके मनोभाव को समझकर तुरन्त बोले—मन्त्रिवर इस समय आप मेरी ही आज्ञा के अनुसार कार्य कीजिए। लौटने पर यदि राजा अपनी आज्ञा के उल्लंघन का कारण पूछें तो कह दीजिएगा कि उस कोलाहल में कुछ बात सुनाई ही नहीं पड़ी। यह मैं इसलिए कहता हूं कि इस परिस्थिति में हमें जिस उपाय से भी हो सके, दुःख को घटाने का ही प्रयत्न करना चाहिए। मेरे रुकने से राजा का क्लेश और भी बढ़ जाएगा अतः रथ को शीघ्र बढ़ाइए।

सुमन्त्र ने शीघ्रगामी घोड़ों को वेग से हांका। राजा दशरथ ने रथ के पीछे फिर भागने की चेष्टा की, लेकिन मन्त्रियों ने उन्हें पकड़ लिया। वे अश्रुपूर्ण नेत्रों से एकटक उस वेगगामी रथ को देखने लगे। जब वह आँखों से ओझल हो गया तो मोही राजा उसके पीछे की उड़ती हुई धूल को उचक-उचककर देखने लगे। उस समय उसका शरीर पुत्रदर्शन के लिए ऊपर बढ़ता-सा जान पड़ता था। कुछ देर में जब धूल का दीखना बन्द हो गया तो वे हताश होकर पृथ्वी पर गिर पड़े। रानियां उन्हें उठाने दौड़ीं। कैकेयी को सामने देखकर राजा तिरस्कारपूर्वक बोले—दूर हट कुलनाशिनी, हम तुझे अपना शरीर नहीं छूने देंगे।

अन्य रानियां उन्हें उठाकर महल में ले गईं। भीतर पहुंचकर राजा बोले—मुझे राम-माता के भवन में ले चलो, मेरे चित्त को और कहीं शान्ति न मिलेगी।

उन्हें कौशल्या के भवन में ले जाया गया, पर वहां भी उनकी अन्तर्व्यथा शान्त नहीं हुई। वे चिल्लाकर कहने लगे—राम, बेटा राम! तुम हमें इस तरह त्यागकर जा रहे हो! अब हम इस जीवन में तुम्हें नहीं देख सकेंगे, तुम जब लौटोगे तो हम नहीं रहेंगे...। राजा का चित्त राम में लगा था। उन्हें आसपास कुछ सूझता ही नहीं था। सारा घर काटने को दौड़ता था। दिन तो किसी प्रकार बीत गया; राम के वियोग की पहली रात राजा को काल-रात्रि जैसी भयंकर प्रतीत हुई। वे राम की एक-एक बात को याद करके तड़पने लगे।

उस दिन अयोध्या में सन्नाटा छाया था। राम के बिना नगरी सूनी और उदास लगती थी। वहां की सड़कें सूनी थीं, घर-बाजार-चौपाल सूने थे; मन्दिरों के कपाट बन्द थे; उस दिन किसी ने भी सन्ध्या-पूजन आदि नहीं किया। किसी भी घर में चूल्हा नहीं जला। पशुओं ने दाना-पानी और चिड़ियों ने दाना चुगना छोड़ दिया। दिशाएं दिन में भी काली, भयावनी लगती थीं। लोगों को अपने तन, मन और बाल-बच्चों की भी सुध नहीं रही। सब राम के विरह से व्याकुल थे।

उधर अयोध्यावासियों की एक भारी भीड़ राम के रथ के पीछे दौड़ी जा रही थी। राम उनसे बार-बार लौट जाने की प्रार्थना करते थे, लेकिन सब उनके साथ खिंचे से जा रहे थे। उनमें अनेक वृद्ध भी थे। उन्हें दौड़ते-हांफते देखकर राम को बड़ी दया आई। वे रथ को रोककर सीता-लक्ष्मण सहित पैदल ही आगे बढ़े और सन्ध्या होते-होते तमसा नदी के किनारे पहुंचे। सब थककर चूर हो गए थे, इसलिए राम ने वहीं डेरा डाल दिया। सुमन्त्र और लक्ष्मण ने मिलकर राम-सीता के लिए कोमल पत्रों की एक शय्या बना दी। पुरवासी-गण भूमि पर लेट गए।

रात्रि में तमसा नदी के किनारे राम लक्ष्मण से बोले—सौम्य! आज प्रवास की पहली रात्रि है। वन में चारों ओर सन्नाटा है, दिशाएं मलिन हो गई हैं। यह स्थान रोता हुआ-सा प्रतीत होता है। यहां तुम अयोध्या के राजसुखों की आकांक्षा मत करना। आज अयोध्यापुरी में मेरे लिए हाहाकार मचा होगा। लोग मुझे बहुत मानते थे। पिताजी की न जाने क्या दशा होगी। कहीं वे रोते-रोते अन्धे न हो जाएं। धर्मात्मा भरत उनकी संभाल करेगा...।

इस प्रकार बातें करते-करते वे केवल जल पीकर तृणशय्या पर लेट गए। उस दिन किसी ने कुछ नहीं खाया। धनुर्धारी लक्ष्मण दूर बैठकर पहरा देने लगे। सुमन्त्र भी उन्हीं के पास बैठे रहे।

राम रात रहते ही उठ बैठे और निद्रित नागरिकों की ओर संकेत करके लक्ष्मण से बोले—लक्ष्मण! कोसल राज्य के धनी-मानी नागरिकों को भूमि पर पड़े

देखकर मुझे बड़ा दुःख होता है; ये लोग मेरे लिए घर-बार त्यागकर कितना कष्ट भोग रहे हैं। इनमें से एक भी स्वेच्छा से अथवा मेरे कहने से नहीं लौटेगा; अतएव इनके जागने से पहले ही हमें चुपचाप चल देना चाहिए। मैं प्रेमवश ही इन्हें त्यागना चाहता हूं; इनका कष्ट मुझसे नहीं देखा जाता।

पुरवासियों को वहीं सोते छोड़कर राम-लक्ष्मण-सीता रथ-सहित तमसा के पार चले गए। वहां राम ने सुमन्त्र से कहा—मन्त्रिवर! आप रथ को पहले उत्तर की ओर कुछ दूर तक ले जाइए, फिर घूमा-फिराकर इधर ही लौटा लाइए—ऐसा कीजिए कि इन नागरिकों को जागने पर हमारे मार्ग का ठीक-ठीक पता न चले।

सुमन्त्र ने ऐसा ही किया। इसके बाद राम-लक्ष्मण-सीता रथ में बैठे और अयोध्या के दक्षिण तपोवन की ओर चल पड़े।

इधर जब लोगों की आंखें खुलीं तो राम को वहां न देखकर सब चकित एवं खिन्न हो गए और चारों ओर दौड़कर खोजने लगे। नदी के किनारे भिन्न-भिन्न दिशाओं में रथ चिह्न देखकर उनकी बुद्धि भ्रम में पड़ गई। बहुत देर तक इधर-उधर भटकने के बाद सब रोते-पछताते अपने-अपने घरों को लौटे। महापुरी उजड़ी-सी लगती थी। सन्ध्या होने पर भी किसी ने दीपक नहीं जलाया। अंधेरी नगरी में सर्वत्र हाहाकार मचा था।

उधर सूर्योदय होते-होते राम बहुत दूर निकल गए। दिन में कोसल राज्य के सुखी-सम्पन्न गांवों के हरे-भरे खेतों तथा पुष्पित वनों को देखते-देखते वे शीतल जलवाली गोमती नदी के किनारे पहुंचे। उसके पार आगे जाने पर स्यन्दिका (सई) नदी मिली। वहां कोसल राज्य की दक्षिणी सीमा समाप्त होती थी। स्यन्दिका को पार करके राम ने अश्रुपूर्ण नेत्रों से अपनी जन्मभूमि को देखा और सुमन्त्र से कहा—सुमन्त्र! वह दिन कब आयेगा जब मैं वन से लौटकर माता-पिता से मिलूंगा और सरयू के किनारे सुपुष्पित वनों में विहार करूंगा।

इसके बाद वे अयोध्या की ओर मुख करके खड़े हो गए और हाथ जोड़कर बोले—इक्ष्वाकुवंशीय राजाओं से परिपालित पुरिश्रेष्ट अयोध्या! हम तुमसे विदा मांगते हैं; अब तो चौदह वर्ष बाद वन से लौटकर ही हम पुनः तुम्हारा दर्शन करेंगे...।

सीमाप्रान्त के बहुत से लोग राम के पास इकट्ठे हो गए और उनके वनगमन का वृत्तान्त सुनकर रोने लगे। चारों ओर से यही ध्वनि आती थी—कामी राजा दशरथ को धिक्कार है! इस राज्य को छोड़कर चलो, राम के साथ वन में रहें।

अपने प्रति ग्रामवासियों की ऐसी प्रीति-सहानुभूति देखकर राम की आंखों में आंसू आ गए। वे सबसे विदा लेकर पुनः आगे बढ़े और सन्ध्या होते-होते

गंगा के किनारे शृंगवेरपुर नामक स्थान पर पहुंचे। वहां उन्होंने एक इंगुदी वृक्ष के नीचे डेरा डाला।

शृंगवेरपुर में नीच जाति के निषादों का राजा गुह निवास करता था। दशरथ और राम से उसकी बड़ी घनिष्ठता थी। राम के शुभागमन की सूचना पाते ही वह बन्धु-बान्धवों और सेवकों को साथ लेकर स्वागतार्थ दौड़ पड़ा। निषादराज को आते देखकर राम स्वयं उठकर आगे बढ़े और उससे प्रेमपूर्वक गले मिले। गुह अयोध्या के यशस्वी राजकुमारों को मुनिवेश में देखकर खिन्न हो गया और अत्यन्त नम्रता से बोला—राम! आज यह मेरा परम सौभाग्य है कि आप हमारे जनपद में पधारे! अयोध्या की भांति शृंगवेरपुर को भी आप अपना ही समझें और मेरे निवास-स्थान पर चलकर सुख से ठहरें। हम लोग यथाशक्ति आपकी सेवा करेंगे।

इतने में निषादराज के बहुत से-सेवक नाना प्रकार के व्यंजन लेकर आ पहुंचे। राम ने गुह का दृढ़ आलिंगन करके कहा—निषादराज! मैं तो पिता की आज्ञा से राजपाट तयागकर तपस्वी का जीवन व्यतीत करने निकला हूं; इसलिए किसी ग्राम या पुर में जाना और राजसी वस्तुओं का उपभोग करना मेरे लिए अनुचित होगा। मुझे किसी वस्तु की आवश्यकता नहीं है।

राम के राज्य-निर्वासन से गुह को बहुत दुःख हुआ। वह हाथ जोड़कर बोला—राम! मैं बड़ी प्रसन्नता से अपना सम्पूर्ण राज्य आपके चरणों में अर्पित करता हूं। आप राजा होकर यहीं निवास करें।

राम ने मुनिव्रत का परित्याग नहीं किया। उस दिन भी वे केवल जल पीकर इंगुदी वृक्ष के नीचे तृणशय्या पर सो गए। लक्ष्मण भाई-भाभी के शयन का प्रबन्ध करके रात में पहरा देने लगे। गुह और सुमन्त्र उन्हीं के पास बैठ गए और रात-भर राम के ही विषय में बातें करते रहे।

प्रातःकाल राम ने एक सुन्दर नाव में अपना सामान रखवाया। उसके बाद वे सुमन्त्र से हाथ जोड़कर बोले—मन्त्रिवर! अब हम लोग आपसे विदा मांगते हैं। आप अयोध्या लौट जाइए और जिस प्रकार भी हो सके महाराज के दुःख को दूर करने की चेष्टा कीजिए...पिताजी के चरणों में प्रणाम कहिए और यह बता दीजिएगा कि हमें राज्य-त्याग और वनवास का कुछ भी क्लेश नहीं है; हम लोग चौदह वर्ष बाद पुनः उनकी सेवा में उपस्थित होंगे। हमारी माताओं से भी ऐसा ही कह दीजिएगा। भरत से मेरा यह सन्देश कहिएगा कि वे सब माताओं के साथ एक-सा व्यवहार करें और महाराज को सब प्रकार से प्रसन्न रखें।

उस अवसर पर लक्ष्मण भी सुमन्त्र से बोले—मन्त्रिवर! आप मेरी ओर से राजा से पूछिएगा कि उन्होंने राम जैसे निरपराध ज्येष्ठ पुत्र का परित्याग क्यों किया! जिसके चरित्र से पितृ-भाव नहीं प्रकट होता, उसे मैं पिता नहीं मानता; मेरे भ्राता, पिता, स्वामी सब कुछ एकमात्र राम हैं। सर्वप्रिय राम को घर और राज्य से निर्वासित करके राजा ने लोक-विरुद्ध आचरण किया है। ऐसे लोकद्रोही व्यक्ति को राजा होने का अधिकार नहीं है...

राम ने बीच ही में सुमन्त्र से कहा—आर्य सुमन्त्र! इन बातों को महाराज से न कहिएगा। उनके चित्त को दुःखी करना उचित नहीं है। अब आप अयोध्या के लिए प्रस्थान करें।

वयोवृद्ध सुमन्त्र बालकों की तरह रोते हुए बोले--राम, अपने इस वृद्ध सेवक पर कृपा कीजिए; मुझे भी अपने साथ लेते चलिए। मैं इस खाली रथ को लेकर अयोध्या नहीं जाऊंगा...।

राम ने कहा—मन्त्रिवर! मुझे भी आपसे बिछुड़ने में दुःख हो रहा है, लेकिन राजा और राज्य के लिए आपका यहां से लौट जाना ही श्रेयस्कर है। आपके जाने से कैकेयी को मेरे वन-गमन का पूर्ण विश्वास हो जाएगा और वह मेरे पिता को इस सम्बन्ध में अधिक कष्ट न देगी।

सुमन्त्र मौन हो गए। राम ने वहीं बरगद का दूध मंगवाया। उससे दोनों भाइयों ने अपनी-अपनी जटाएं बनाईं। फिर वे गुह तथा सुमन्त्र से विदा लेकर सीता के साथ नाव में बैठे और गंगा पार करके वत्सदेश में पहुंचे। आगे-आगे राम, बीच में सीता और पीछे लक्ष्मण—इस क्रम से तीनों वन के दुर्गम मार्ग पर पैदल ही चल पड़े।

दिन-भर चलने के बाद वे शाम को एक पेड़ के नीचे टिक गये। लक्ष्मण ने राम-सीता के लिए कोमल पत्तों की सुन्दर शय्या बना दी। सबने साथ बैठकर वन के कंद-मूल खाए।

उस निर्जन वन में राम अपने एकमात्र साथी लक्ष्मण से बोले—लक्ष्मण! आज सुमन्त्र भी चले गए। हम लोग अकेले हैं। मुझे अयोध्या की याद आ रही है। पिताजी हम लोगों के वियोग में कितने दुःखी होंगे। कोई मूर्ख भी स्त्री के कहने से ऐसा अनर्थ न करेगा, जैसा कि उन्होंने किया है। प्रमादासक्त कामियों की ऐसी ही दुर्गति होती है। लक्ष्मण! मैं अपने बाहुबल से अभी अयोध्या का राज्य ले सकता हूं, किन्तु अधर्म और अपयश के भय से ऐसा नहीं करता। मुझे राज्यहानि का कुछ भी दुःख-शोक नहीं है। मैं सबसे अधिक उस माता के लिए चिन्तित

हूं, जिसे मुझसे सुख की जगह दुःख ही मिला। मैं उसके किसी काम नहीं आया। मुझे धिक्कार है! लक्ष्मण! तुम कल ही अयोध्या चले जाओ और माता कौशल्या और सुमित्रा की संभाल करो। कैकेयी बड़े तुच्छ स्वभाव की स्त्री है; वह भरत का बल पाकर हमारी-तुम्हारी माता पर बड़ा अत्याचार करेगी...

इतना कहते-कहते राम की आंखों में आंसू आ गए। लक्ष्मण देर तक पास बैठकर उनको सान्त्वना देते रहे। कुछ देर बाद राम सीता के साथ पर्णशय्या पर सो गये; लक्ष्मण धनुष-बाण लेकर पहरा देने लगे।

प्रातःकाल तीनों आगे बढ़े और संध्या होते-होते गंगा-यमुना के समीप महर्षि भारद्वाज के आश्रम में पहुंचे। भारद्वाज ने उन्हें सम्मानपूर्वक अपने आश्रम में ठहराया।

दूसरे दिन राम महर्षि से आज्ञा लेकर आगे बढ़े और यमुना को पार करके दो दिनों की यात्रा के बाद चित्रकूट पहुंचे। वहां की शोभा देखकर उनका चित्त प्रसन्न हो गया। लक्ष्मण ने मन्दाकिनी नदी के किनारे एक सुन्दर पर्णकुटी बना दी! महात्मा राम उसी में सीता-लक्ष्मण के साथ बड़े सुख से रहने लगे। प्रकृति के सुखद, शान्त, मनोरम वातावरण में वे राज्य-त्याग और प्रियजनों के वियोग से तनिक भी व्यथित नहीं हुए और लक्ष्मण से बोले—लक्ष्मण! मेरा वनवास सफल हो गया; उससे मुझे दो फल मिले—एक तो पिता के धर्म की रक्षा, दूसरा भरत का उपकार।

अयोध्या में हाहाकार—इधर सुमन्त्र खाली रथ लेकर अयोध्या लौटे। उस समय तक लोगों को यह आशा थी कि राजमन्त्री कदाचित् राम को समझा-बुझाकर लौटा लाएंगे। उस आशा पर भी पानी फिर गया। लोग दौड़-दौड़कर सुमन्त्र से पूछते थे—मन्त्रिवर, राम कहां हैं, उन्हें आप कहां छोड़ आए?

सुमन्त्र क्या कहते! वे मुंह लटकाए हुए सीधे राजमहल में गए। उन्हें अकेले आते देखकर रानियां हाहाकार कर उठीं। राजा ने व्यग्र होकर पूछा—सुमन्त्र! राम कहां गए? मेरा बेटा राम इस समय कहां होगा, क्या खाता होगा? सुमन्त्र! उसने विदा होते समय तुमसे कुछ कहा हो तो बताओ!

सुमन्त्र ने रोते-रोते सारा हाल कह सुनाया। राजा अधीर होकर इस प्रकार प्रलाप करने लगे—हा राम, हा लक्ष्मण, हा सीता, तुम लोग कहां हो! तुम्हें पता नहीं होगा कि तुम्हारा पिता अनाथ की तरह तड़प-तड़पकर मर रहा है। आज मरते समय मैं अपने प्यारे बच्चों का मुंह देखना चाहता हूं, पर नहीं देख सकता—यह और कुछ नहीं, मेरे पापों का ही फल है।

कौशल्या का इससे भी बुरा हाल था। वे सिर-छाती पीट-पीटकर रो रही थीं और बार-बार सुमन्त्र से यही कहती थीं कि मुझे किसी तरह बेटे के पास पहुंचा दो। राजा उनकी दशा देखकर और भी खिन्न हो गए और उनसे अपने अपराध के लिए क्षमा मांगने लगे।

राम को अयोध्या से गए छः दिन हो गए थे। आधी रात के समय राजा दशरथ को रह-रहकर अपने पूर्व कर्मों का स्मरण होने लगा। वे कौशल्या के पास बैठकर आहें भरते हुए बोले—कौशल्या! मनुष्य जैसा भी शुभ या अशुभ कर्म करता है, उसे वैसा ही फल मिलता है। मैंने युवावस्था में एक दुष्कर्म किया था, उसी का दण्ड आज मुझे भोगना पड़ रहा है—पहले जो बीज बोया था, उसी के फलने का अब समय आ गया है।

राजा अपने पूर्वकृत अपराध को स्मरण करके कहने लगा—कौशल्या! मेरे हाथों से जो दुष्कर्म हुआ था, उसे ध्यान से सुनो। एक बार वर्षा ऋतु में मैं सरयू के किनारे शिकार खेलने गया था। उन दिनों मुझे शब्दवेधी बाण चलाने का व्यसन था। मैं अन्धेरे में शिकार की ताक में बैठा था; एकाएक नदी के किनारे से हाथी के गर्जन जैसा शब्द सुनाई पड़ा। मैंने उसी को लक्ष्य करके एक शब्दवेधी बाण चला दिया। क्षण ही भर बाद मुझे दूर पर किसी मनुष्य का हाहाकार सुनाई पड़ा। मैं घबराकर उस ओर गया। वहां एक तरुण तपस्वी घायल पड़ा तड़प रहा था, पास ही एक मिट्टी का घड़ा भी पड़ा था। मुझे देखते ही वह मरणासन्न तपस्वी बोला—हाय! तुमने मुझे अकारण क्यों मारा? मैं तो एक वनवासी था, अंधे मां-बाप के लिए पानी लेने आया था। वे प्यास से व्याकुल होकर मेरी प्रतीक्षा करते होंगे और अब तो पानी के बिना वे मर ही जाएंगे; उनका एकमात्र सहारा तुमने छीन लिया! अब इतनी कृपा करो कि उनके पास जाकर यह समाचार बता दो...।

...वह मुझे अपनी कुटी का रास्ता बताकर तड़पता हुआ मर गया। मैं कुछ देर तो वहीं स्तब्ध खड़ा रहा, फिर घड़े में जल लेकर उस मृत तपस्वी के आश्रम में गया। वहां उसके बूढ़े अन्धे मां-बाप बैठे थे। मेरे पैरों की आहट पाकर वे बोले—बेटा श्रवणकुमार! इतनी देर कहां रहे? हम प्यास से मर रहे हैं...बोलो, बेटा!

मैंने लड़खड़ाती जीभ से उत्तर दिया—महात्मन् मैं आपका पुत्र श्रवणकुमार नहीं, अयोध्या का राजा दशरथ हूं। इसके बाद डरते-कांपते हुए मैंने उन्हें श्रवण की मृत्यु का दुःख वृत्तान्त सुनाया और अपनी भूल के लिए क्षमा मांगी। उसे सुनते ही दोनों अधमरे-से हुए दारुण विलाप करने लगे। उनके कहने से मैं उन्हें उस तपस्वी के शव के पास ले गया। दोनों उस शव से लिपटकर बड़ी देर तक

रोते रहे, फिर अपने इकलौते पुत्र की हत्या से क्षुब्ध होकर मुझे शाप देते हुए बोले—राजन्, जिस तरह आज हम पुत्र के वियोग में तड़प-तड़पकर मर रहे हैं, उसी तरह एक दिन तुम भी मरोगे।

मुझे यह शाप देकर वे दोनों वहीं मर गए।

देवी! आज वह शाप प्रतिफलित होने जा रहा है। मेरी स्मृति क्षीण होती जा रही है, इन्द्रियां निर्जीव हो गई हैं, चित्त विकल है। मेरा प्राण अब इस शरीर से निकलना ही चाहता है। आज तो राम के स्पर्श से ही मेरी जीवन-रक्षा हो सकती है पर वह दुर्लभ है। मैंने राम के साथ कितना अनुचित व्यवहार किया, फिर भी उसने तो मेरा भला ही किया। मैंने उस निरपाराध पुत्र को घर से, राज्य से निकाल दिया, लेकिन उसने मेरे विरुद्ध एक शब्द भी नहीं कहा। राम मेरी प्रत्येक बात को सदा मानता ही रहा; कभी उसने मेरे सामने सिर नहीं उठाया। इससे अधिक दुःख की बात और क्या होगी कि मैं मरते समय अपने उस प्यारे पुत्र का मुंह भी नहीं देख सकता!

यह कहते-कहते राजा सहसा चिल्ला उठे—हा राम! हा मेरे शोकहर्ता राम, हा पितृवत्सल राम, मेरे लाल! मेरे कुलदीपक, मेरे नाथ, रघुनन्दन राम! तुम कहां चले गए! ...कौशल्या, सुमित्रा! अब मैं न बचूंगा, मेरा अन्तकाल आ गया।

'राम-राम' चिल्लाते हुए दशरथ ने आधी रात के बाद प्राण त्याग दिए। अन्तःपुर की स्त्रियां क्रौंची की भांति क्रन्दन करने लगीं। सारी अयोध्या अगाध शोक-सागर में डूब गई।

दूसरे दिन मन्त्रियों ने राजा के शव को एक तेल के भरे कड़ाह में रख दिया, क्योंकि उस समय उनके दाह-संस्कार के लिए वहां एक भी राजकुमार नहीं था। राजपरिषद ने राज्य की भावी व्यवस्था पर विचार करके भरत को शीघ्र बुलवाने का निश्चय किया। कई कुशल राजदूत शीघ्रगामी घोड़ों पर उसी दिन भेजे गए। उन्हें यह आदेश दिया गया कि केकय देश में पहुंचकर भरत से कोई दुःखद समाचार न बताएंगे, केवल यही कहेंगे कि राजगुरुओं ने उन्हें किसी आवश्यक कार्य से तुरन्त बुलाया है।

अयोध्या के राजदूत कई दिनों की कठिन यात्रा के बाद केकय देश पहुंचे। वहां उन्होंने भरत से राजगुरुओं का संदेश कहा। भरत स्वयं कई दिनों से अयोध्या के लिए चिन्तित थे। संदेश पाते ही वे ननिहाल से विदा लेकर शत्रुघ्न के साथ चल पड़े। आठवें दिन उन्होंने अयोध्यापुरी में प्रवेश किया। वहां का हाल विचित्र था। चारों ओर उदासी छाई थी। सड़कों पर झाड़ू तक नहीं लगी थी, हाट-बाज़ार

बन्द थे, सभी दिशाएं सूनी और भयानक लगती थीं। पुरवासीगण भरत को देखते ही मुंह फेर लेते थे। किसी के चेहरे पर प्रसन्नता नहीं दिखाई देती थी।

भरत घबराए हुए सीधे महाराज के भवन में गए। वहां उन्हें न देखकर वे कैकेयी के महल में गए। कैकेयी ने दौड़कर भरत को गले से लगा लिया और अपने भाई-बाप आदि का कुशल समाचार पूछा। भरत ने संक्षेप में उत्तर देकर पूछा—मां, पिताजी कहां हैं?

कैकेयी बोली—बेटा, जीव मात्र की जो अन्तिम गति होती है, तुम्हारे पिता उसी को प्राप्त हुए; अब वे इस संसार में नहीं रहे।

इसे सुनते ही भरत पछाड़ खाकर गिर पड़े और फूट-फूटकर रोने लगे। कुछ देर बाद उन्होंने फिर पूछा—मां, बड़े भाई राम कहां हैं?

कैकेयी ने कहा—बेटा! राम तो सीता-लक्ष्मण के साथ वन को चले गए। उन तीनों को घर से निकालकर तुम्हारे पिता ने उन्हीं के वियोग में प्राण त्याग दिया। अब तुम्हीं कौसल राज्य के स्वामी हो...।

यह सब सुनकर भरत को घोर दुःख तथा आश्चर्य हुआ। उन्होंने माता से सब कुछ स्पष्ट बताने का आग्रह किया। तब कैकेयी ने सारा हाल कह सुनाया। अन्त में वह धृष्टतापूर्वक बोली—बेटा भरत! मैंने यह सब तुम्हारे लिए ही किया है; अब तुम महाराज का दाह-संस्कार करके ठाठ से अयोध्या के राजसिंहासन पर बैठो और राज्यलक्ष्मी का उपभोग करो...।

इन बातों से भरत के मन में राज्य के प्रति अनुराग के स्थान पर वैराग्य उत्पन्न हो गया। वे कैकेयी को धिक्कारते हुए बोले—पापिनी! यह तूने क्या किया? तेरे कारण इक्ष्वाकुवंश का गौरव ही नष्ट हो गया। पितृ-तुल्य राम का स्थान कौन ले सकता है! वही इस कुल और राज्य के स्वामी होंगे। मैं उनका दास बनकर रहूंगा...।

भरत के आगमन का समाचार सुनकर राज्य के मन्त्रीगण भी वहां आ गए। सबके आगे भरत ने कैकेयी की भर्त्सना करके कहा—मन्त्रियो! मैं शपथपूर्वक कहता हूं कि मेरी मां ने जो कुछ किया, उसमें मेरा हाथ नहीं है; मैं इन सब बातों को जानता भी नहीं था।

वहां से भरत कौशल्या के पास गए और उनसे लिपटकर रोने लगे। सारी रात वे पिता और बड़े भाई की याद करके रोते ही रहे। दूसरे दिन राजा दशरथ का शव तेल में से निकाला गया। भरत ने चन्दन की चिता पर उनका दाह-संस्कार किया। उसके बाद धूमधाम से राजा का श्राद्ध हुआ।

श्राद्ध के दूसरे दिन मन्त्रियों और पुरोहितों ने भरत से सिंहासन पर बैठने की प्रार्थना की। भरत ने कहा—मैं कुल धर्म के विपरीत आचरण नहीं करूंगा। यह राज्य मेरे बड़े भाई राम का है। मैं भी उन्हीं का हूं। मेरे स्वर्गीय पिता के वही उत्तराधिकारी हैं। मैं समस्त लोक के कल्याण के लिए उन्हें वन से लौटा लाऊंगा।

इसके बाद मन्त्रियों से बोले—मैं कल ही भाई राम को मनाने जाऊंगा। मेरे साथ सभी कुटम्बीजन, पुरोहित और मन्त्रिगण जाएंगे। साथ-साथ अयोध्या की चतुरंगिणी सेना और प्रजा भी चलेगी। आप लोग यात्रा की तैयारी कीजिए।

भरत की चित्रकूट यात्रा—दूसरे दिन भरत राजसेना के साथ-साथ मन्त्रियों, राजपण्डितों और रानियों का दल तथा सहस्त्रों पुरवासियों का समूह लेकर चल पड़े। हाथी-घोड़ों और रथ-पालकियों का तांता लग गया।

चलते-चलते वे शृंगवेरपुर पहुंचे और रात बिताने के लिए टिक गए। निषादराज ने दूर से उनकी सेना का पड़ाव देखा। वह शंकित होकर अपने साथियों से बोला—देखो, तो यह अयोध्या की चतुरंगिणी सेना जान पड़ती है। मुझे तो ऐसा लगता है कि कैकेयीपुत्र भरत राज्य-लोभवश राम को मारने जा रहा है। राम मेरे स्वामी और मेरे मित्र हैं। मेरे रहते कोई उनका अनिष्ट कैसे करेगा? मेरे साथियों! युद्ध के लिए तैयार हो जाओ। हमारे पास पांच सौ नावें हैं। प्रत्येक नाव में सौ-सौ शस्त्रधारी युवक शीघ्र बैठ जाएं। मैं आगे बढ़कर भेद लेता हूं। यदि वे भातृ-भाव से राम के पास जाते होंगे तो हम उन्हें सहर्ष जाने देंगे; अन्यथा आज इस गंगा के किनारे हमारा उनका प्राणान्त संग्राम होगा। मेरा आदेश पाते ही तुम लोग भरत की सेना को आगे बढ़ने से रोक देना।

निषादराज गुह अपने सैनिकों को कछार में नियुक्त करके स्वयं भेंट सामग्री सहित भरत से मिलने गया। भरत उससे बड़े प्रेम से मिले। दोनों में बातें होने लगीं। भरत ने उससे राम का पता पूछा। गुह बोला—राजकुमार! मैं स्वयं आपको उनके पास पहुंचा दूंगा; लेकिन आप इतनी बड़ी सेना लेकर क्यों जा रहे हैं? राम के प्रति आपके मन में कोई दुर्भावना तो नहीं है?

भरत ने कहा—निषादराज! मैं पितृ-तुल्य भाई को सम्मानपूर्वक वन से लिवाने जा रहा हूं।

गुह की शंका मिट गई। वह भरत के पास बैठकर बातें करने लगा। भरत उसके साथ उस इंगुदी वृक्ष के नीचे गए, जहां राम ने एक रात व्यतीत की थी। उनकी तृणशय्या ज्यों की त्यों बनी थी। उसे देखते ही भरत का हृदय भर आया। रात में वे स्वयं उसी तृणशय्या पर लेटे।

प्रातःकाल गुह की आज्ञा से पाच सौ नावें घाट पर लगा दी गईं। भरत ने बरगद के दूध से अपनी जटा बनाई, वल्कल वस्त्र धारण किया। इसके बाद वे दल-बल सहित नदी के पार उतरे। वहां से उन्होंने गुह के साथ भरद्वाज के आश्रम की ओर प्रस्थान किया।

प्रयाग पहुंचकर भरत महर्षि भारद्वाज से मिले। उनके साथ विशाल सेना देखकर महर्षि को भी कुछ शंका हुई। उन्होंने पूछा—भरत! चतुरंगिणी सेना के साथ तुम्हें यहां आने की आवश्यकता क्यों पड़ी? तुम वनवासी राम का अपकार तो नहीं करना चाहते?

भरत ने आंखों में आंसू भरकर अपने आने का प्रयोजन बताया और उनसे राम के निवास-स्थान का पता पूछा। भारद्वाज का संदेह मिट गया। उन्होंने राम का पता बताकर भरत के सम्पूर्ण दल को उस दिन अपने पास ठहरा लिया। दूसरे दिन वे लोग चित्रकूट की ओर चले।

चलते-चलते वह महादल चित्रकूट के निकट पहुंचा। उसके कोलाहल से सारे वन में हलचल मच गई। वन के जीव-जन्तु इधर-उधर भागने लगे। दूर आकाश में धुआं उठता दिखाई पड़ा वहां पर किसी मनुष्य के होने का अनुमान करके भरत उसी ओर वेग से आगे बढ़े।

इधर से राम ने पशु-पक्षियों को सहसा भागते देखा। एक ओर आकाश में अपरम्पार धूल उड़ती हुई दिखाई पड़ी। धीरे-धीरे कोलाहल भी सुनाई पड़ने लगा। राम की आज्ञा से लक्ष्मण एक लम्बे वृक्ष पर चढ़ गए और दूर तक दृष्टि दौड़ाकर बोले—आर्य! सीता को किसी सुरक्षित स्थान में बैठाकर शीघ्र धनुष-बाण उइाइए। अयोध्या की चतुरंगिणी सेना ध्वजा फहराती चली आ रही है। जिस भरत के कारण इतना अनर्थ हुआ, वही हमें मारने आ रहा है। आज मैं उसको तथा कैकेयी और मन्थरा को भी मारकर चित्त की ज्वाला शान्त करूंगा...।

–यह कहकर उग्र वीर लक्ष्मण नीचे उतरे। कटु शब्दों में भरत की निन्दा करते हुए युद्ध के लिए सन्नद्ध हो गए। उन्हें अत्यन्त उत्तेजित देखकर राम ने कहा—लक्ष्मण! यदि मैं पिता की इच्छा के विरुद्ध भरत को मारकर स्वयं राजा बन जाऊं तो संसार में मेरी बड़ी निन्दा होगी। लोक-निन्दित राजा होने में क्या गौरव है! समुद्र-पर्यन्त पृथ्वी का राज्य मेरे लिए दुर्लभ नहीं है, पर मैं अधर्म से इन्द्र-पद की भी आकांक्षा नहीं करता। भरत स्वभाव से ही साधु है; वह निश्चय ही प्रेमवश मुझसे मिलने आता होगा। उसके साथ यदि तुम किसी प्रकार का दुर्व्यवहार करोगे तो उसे मैं अपना अपमान समझूंगा। यदि केवल राज्य के कारण

तुम्हारे मन में भाई के प्रति ऐसा दुर्भाव है तो स्पष्ट कहो। मैं भरत से तुम्हें सारा राज्य दिलवा दूंगा। वह मेरी बात नहीं टालेगा...।

लक्ष्मण शान्त हो गए। उधर भरत अपने दल को वन में खड़ा करके स्वयं शत्रुघ्न के साथ आगे बढ़े और इधर-उधर देखते हुए राम की कुटिया के सामने पहुंचे। महा तेजस्वी राम महर्षि की भांति एक चबूतरे पर विराजमान थे। पास ही सीता और लक्ष्मण भी बैठे थे। बड़े भाई को उस दशा में देखकर भरत को बड़ी ग्लानि हुई। वे प्रेम से विह्वल होकर उनके चरण छूने दौड़े, लेकिन बीच ही में मूर्च्छित होकर गिर पड़े। राम ने दौड़कर उन्हें उठाया और छाती से लगा लिया। दोनों की आंखों से आंसुओं की धारा बह चली। बड़े भाई का स्नेहालिंगन करके भरत और शत्रुघ्न सीता और लक्ष्मण से मिले।

राम ने मिलने के बाद ही भरत से पिता का हाल-चाल और उनके आने का प्रयोजन पूछा। भरत रोते हुए बोले—भैया! पिताजी तो आपके वियोग में इस संसार से चल बसे। यह सब मेरी दुष्टा माता के कारण हुआ। अब आप ही हम लोगों का सहारा हैं। आप अयोध्या चलकर परिवार और राज्य को संभालिए। हम लोग यही प्रार्थना करने आए हैं...।

पिता की मृत्यु का संवाद सुनकर राम कुछ क्षणों के लिए स्तब्ध रह गए, फिर रोते हुए बोले—भरत! यह मेरा दुर्भाग्य है कि मेरे कारण पिताजी को प्राण-त्याग करना पड़ा। अब तो मैं चौदह वर्ष बाद ही वहां जाऊंगा...।

इसके बाद राम अपने स्वर्गीय पिता को श्रद्धाञ्जलि देने मन्दाकिनी नदी के किनारे गए। वहां इंगुदी के फलों से पिण्डदान करके वे स्वतः बोले—पूज्य पिता! आज आपको देने के लिए मेरे पास केवल यही है। आपका वनवासी पुत्र स्वयं जिस वस्तु से जीवन-निर्वाह करता है, उसी से आपको भी तृप्त करना चाहता है।

इसके अनन्तर राम अपनी पर्णकुटी में लौटे तो भरत के कन्धों पर हाथ रखकर रोने लगे। उधर से वसिष्ठ के साथ राज-परिवार की स्त्रियां भी वहां आ गईं। राम दौड़कर गुरु तथा माताओं के चरणों पर गिर पड़े। सीता और लक्ष्मण ने भी सबका अभिवादन किया।

धीरे-धीरे वहां अयोध्या का पूरा दल आ पहुंचा। सबके बीच में भरत राम के चरणों पर सिर रखकर कैकेयी के अपराधों के लिए क्षमा मांगने लगे। उन्होंने अपने को निर्दोष बताते हुए राम से अयोध्या लौटने की प्रार्थना की। राम ने उन्हें हृदय से लगाकर कहा—भाई भरत! जो कुछ हुआ है, उसके लिए मैं तुम्हें अथवा

माता कैकेयी को दोषी नहीं मानता। मैं अब माता-पिता की आज्ञा के अनुसार चौदह वर्ष वन में ही निवास करूंगा। तुम भी पिताजी की आज्ञा का सत्कार करो...।

इसके बाद राम अपने कुटुम्बियों तथा पुरवासियों से स्नेहपूर्वक मिले। मिलते-मिलते रात बीत गई। दूसरे दिन भरत ने राम से लौटने का बड़ा आग्रह किया। वे उनके पैर पकड़कर मनाने लगे, राम नहीं माने। उन्होंने कहा—भरत! हमारे सत्यप्रतिज्ञ पिता ने जैसी व्यवस्था बांधी है, हमें उसी के अनुसार कार्य करना चाहिए। तुम जनसमुदाय के शासक बनो, मैं वन का राजा बनूंगा। तुम्हारे ऊपर राजछत्र की छाया हो, मैं वृक्षों की छाया से संतोष करूंगा; शत्रुघ्न तुम्हारी सेवा सहायता करेंगे और लक्ष्मण मेरी। हम चारों भाई अपना-अपना कर्त्तव्य करके पिता के सत्य-धर्म की रक्षा करें, इसी में हमारा गौरव है।

भरत ने पुनः निवेदन किया—भैया, जो कुछ हो रहा है, उससे लोक में मेरी बड़ी अपकीर्ति होगी। आप अयोध्या चलकर राज्य करें, मैं आपके स्थान पर चौदह वर्ष वन में निवास करूंगा। इसी विचार से मैं स्वयं जटा-चीर धारण करके यहां आया हूं...।

गुरुओं, आत्मीय जनों और पुरवासियों ने भी बहुत कहा, परन्तु राम लौटने के लिए तैयार नहीं हुए। भरत अन्त तक अपने हठ पर अड़े रहे। तब राम ने उनसे कहा—भरत! कदाचित् तुम्हें इस बात का पता नहीं है कि तुम्हारे नाना ने अपनी कन्या कैकेयी के विवाह के पूर्व पिताजी से यह वचन ले लिया था। कि उसके गर्भ से उत्पन्न पुत्र ही राजसिंहासन का अधिकारी होगा। इसके अतिरिक्त देवासुर-संग्राम में पिताजी ने माता कैकेयी को दो वर प्रदान किए थे। एक से उसने तुम्हारे लिए राज्य और दूसरे से मेरे लिए वनवास मांगा है। ऐसी दशा में महाराज के वचन का मान होना ही चाहिए। तुम अयोध्या जाकर राज्य करो; मैं तुम्हें शुद्ध हृदय से आशीर्वाद देता हूं...

सब लोग हताश हो गए। तब महानास्तिक विद्वद्वर जाबालि राम से बोले—राम! आप बुद्धिमान् होकर भी धर्म के ढकोसले में क्यों पड़ते हैं! राजा दशरथ के धर्म की रक्षा के लिए अपनी हानि करना, अपना राजपाट छोड़कर वन में कष्ट भोगना कोरी मूर्खता है। आप अपना स्वार्थ देखिए, धर्म और सत्य के पचड़े में न पड़िए। संसार में कोई किसी का माता-पिता, भाई या सगा-सम्बन्धी नहीं है। शुक्रशोणित के संयोग से जीव अकेला उत्पन्न होता है, अकेला ही मरता है। दशरथ से आप सर्वथा भिन्न हैं। उनका अब पृथ्वी पर कोई अस्तित्व नहीं है। इसलिए उनके प्रति श्रद्धा दिखाना, पिण्डदान करना व्यर्थ है। भला मरा हुआ

आदमी भी कहीं खा सकता है! आप जो कुछ प्रत्यक्ष है उसी को सत्य मानिए, परोक्ष में विश्वास न कीजिए। अब दशरथ के जीवन के साथ उनकी सभी बातें समाप्त हो गईं, उनका-आपका क्या नाता? आप इस झूठे सम्बन्ध को भूल जाइए और ठाठ से चलकर राज्य कीजिए, मनमाना सुख भोगिए। बार-बार यह शरीर नहीं मिलता...।

जाबालि का यह धर्म-विरुद्ध प्रलाप राम को प्रिय नहीं लगा। वे रुष्ट होकर बोले—महर्षे! मैं ऐसा मर्यादारहित आचरण नहीं कर सकता। यदि मैं ही स्वेच्छाचारी हो जाऊंगा तो मेरे पीछे सभी स्वछन्द हो जाएंगे, क्योंकि राजा का जैसा आचरण होता है, वैसा ही प्रजा का भी हो जाता है। आपके बताए हुए मार्ग पर चलने से मेरा ही नहीं, सारे लोक का पतन हो जाएगा। मैं विषम से विषम परिस्थिति में भी सत्य को नहीं छोड़ूंगा, क्योंकि सत्य पर ही यह लोक टिका है; सत्य में ही धर्म की स्थिति है और सत्य ही ईश्वर है। राज्य के लिए सत्य और धर्म को त्याग देने से संसार में मेरी क्या प्रतिष्ठा रहेगी? इस कर्मभूमि में आकर मनुष्य को सदा शुभ कार्य ही करने चाहिए...।

इसे सुनकर महर्षि जाबालि ने कहा—राम! अयोध्यावासियों को अत्यन्त दुःखी देखकर मैंने केवल आपको लौटाने के विचार से ही ऐसा कहा था; आप जैसा उचित समझें वैसा करें।

महर्षि वसिष्ठ ने भी राम से लौटने का अनुरोध किया। भरत अपने हठ पर ही अड़े थे। राम किसी तरह नहीं माने। अन्त में भरत उनकी पादुकाओं को पकड़कर बोले—अच्छा भैया! अपनी ये पादुकाएं मुझे दे दीजिए; मैं इन्हीं को लेकर यहां से चला जाऊंगा। जब तक आप नहीं लौटेंगे, मैं मुनिव्रत धारण करके नगर के बाहर रहूंगा और इन पादुकाओं को आगे रखकर वहीं से राजकाज चलाऊंगा। यदि आप चौदह वर्ष बीतते ही न आएंगे तो मैं अग्नि में जलकर प्राण दे दूंगा।

राम ने अपनी पादुकाएं दे दीं और भरत को छाती से लगाकर कहा—भरत! अब तुम सबको लेकर लौट जाओ। तुम्हें मेरी और सीता की शपथ है, कभी माता कैकेयी के साथ किसी प्रकार का दुर्व्यवहार न करना। मैं चौदह वर्ष बीतते ही अवश्य लौट आऊंगा।

इसके बाद राम ने माताओं और गुरुजनों को अन्तिम प्रणाम किया; सबको अश्रुपूर्ण नेत्रों से देखा। उनका गला ऐसा रुंध गया कि वे बिना बोले ही रोते हुए कुटी के भीतर चले गए। सीता और लक्ष्मण ने भी रोते हुए सबका अभिवादन किया। सब लोग वहां से रोते हुए लौट गए।

भरत दल-बल सहित अयोध्या लौटे। वे वहां से राम की पादुकाओं को सिर पर रखकर राजधानी के बाहर नन्दिग्राम नामक स्थान में निवास करने गए। मन्त्रियों, पुरोहितों और प्रजाजनों के आगे उन पादुकाओं को सिंहासन पर स्थापित करके उन्होंने कहा—अयोध्यावासियों! हमारे-आपके लिए ये पवित्र पादुकाएं राम के चरणों की भांति ही वन्दनीय हैं। इनके प्रभाव से राज्य में धर्म स्थापित रहेगा। यह राज्य मेरा नहीं, मेरे बड़े भाई राम का है। मैं इसे उनकी धरोहर मानकर यत्न से संभालूंगा। मेरी मां के कारण मेरे ऊपर जो कलंक लगा है, उसे मिटाने के लिए मैं इसी ग्राम में बैठकर चौदह वर्ष तक तप करूंगा। धर्मात्मा राम की चरण-पादुका मेरा पथ-प्रदर्शन करेंगी...।

राम की पादुकाओं पर छत्र-चंवर आदि लगाए गए। जटा-चीरधारी महात्मा भरत सांसारिक सुख-वैभव से सन्यास लेकर नन्दिग्राम में बस गए और वहीं से राम के नाम पर राज-काज चलाने लगे।

राम का चित्रकूट से प्रस्थान—भरत के चले जाने के बाद राम ने देखा कि वहां के बहुत-से तपस्वी अपना-अपना आश्रम छोड़कर कहीं और जाने की तैयारी में हैं। उन्होंने एक वृद्ध तपस्वी से इसका कारण पूछा। वह बोला—राम! आपके यहां रहने से राक्षसराज रावण का चचेरा भाई खर शंकित हो गया है और जनस्थान[1] के तपस्वियों पर घोर अत्याचार कर रहा है। हम लोग उसी के भय से भाग रहे हैं। आप यहां से चले जाते तो हम लोगों का बड़ा उपकार होता।

राम पहले से ही अन्यत्र जाने का विचार कर रहे थे क्योंकि वहां के एक-एक स्थान को देखकर उन्हें स्नेही जनों की याद आती थी और वे मोह से व्याकुल हो जाते थे। दूसरे, भरत की सेना के टिकने के कारण वह स्थान हाथी-घोड़ों के मल-मूत्र से वहुत गंदा हो गया था। इन सब कारणों से उन्हें वह स्थान छोड़ना पड़ा।

1. वर्तमान महाराष्ट्र

अरण्यकाण्ड

दण्डकारण्य में प्रवेश–सीता और लक्ष्मण के साथ राम ने दंडक[1] नामक महावन में प्रवेश किया। हरे-भरे कानन में भांति-भांति के पशु-पक्षी क्रीड़ा कर रहे थे। यत्र-तत्र ऋषियों के रमणीक आश्रम बने थे। सारा आकाश वेद-ध्वनि से शब्दायमान था। राम उस तपोवन को देखकर अत्यन्त प्रसन्न हुए।

राक्षसों के अत्याचार से पीड़ित ऋषि-मुनियों ने आगे बढ़कर दोनों धनुर्धर तपस्वियों का स्वागत किया। वे राम के वनवास का वृत्तान्त सुन चुके थे और बड़ी उत्सुकता से उनकी प्रतीक्षा कर रहे थे। उन्होंने अतिथियों का यथोचित सत्कार करके राम से कहा–रघुनन्दन राम! आप चाहे नगर में रहें या वन में, दोनों दशाओं में हमारे स्वामी और संरक्षक हैं। हम आपकी शरण में हैं; राक्षसों के अत्याचार से हमें बचाइए!

राम ने दण्डकारण्यवासियों के कष्ट को ध्यान से सुना और उन्हें सुरक्षा का आश्वासन दिया। एक रात वहीं बिताकर दूसरे दिन वे गहन वन में प्रविष्ट हुए।

विराध-वध–कुछ दूर जाने पर उन्हें यमराज-सा भयंकर एक विशालकाय दानव मिला। वह मुंह में रुधिर और चर्बी लपेटे गरज रहा था। उसने झपटकर सीता को पकड़ लिया और राम-लक्ष्मण से कहा–अरे ढोंगियो! मुनि का वेश बनाकर साथ में ऐसी सुन्दरी स्त्री क्यों रखे हो? यह तो मेरे काम की है, तुम लोग चुपचाप यहां से भाग जाओ...

राम ने उसका परिचय पूछा। वह कड़ककर बोला–मैं महावली विराध हूं। तुम दोनों यहां से अभी भाग जाओ, नहीं तो मैं फाड़कर खा जाऊंगा।

राम-लक्ष्मण ने तत्काल उस महादैत्य पर वाणों से प्रहार किया। विराध क्रोध से उन्मत्त हो गया। सीता को वहीं छोड़कर उसने उन दोनों भाइयों को अपनी

1. गंगा-गोदावरी के बीच का भाग

दीर्घ भुजाओं से पकड़ लिया। उन्हें पकड़कर वह एक ओर को चल पड़ा। सीता रोने-चिल्लाने लगीं।

राम-लक्ष्मण अधीर या निश्चेष्ट नहीं हुए। उन्होंने उसके दोनों हाथों को मरोड़कर तोड़ डाला। भुजाहीन राक्षस भूमि पर गिर पड़ा। दोनों भाइयों ने उसे अच्छी तरह से मार-पीटकर जीते-जी एक गहरे गड्ढे में गाड़ दिया।

दक्षिण के आश्रमों का निरीक्षण—तीनों वहां से आगे बढ़े और सन्ध्या होते-होते महा तपस्वी शरभंग के आश्रम में पहुंचे। अतिवृद्ध शरभंग उस समय स्वेच्छा से शरीर-त्याग करने जा रहे थे। राम को देखते ही वे बोले—पधारिए राम! मैं केवल आपसे मिलने के लिए ही रुका हूं। मेरी अन्तिम लालसा पूर्ण हो गई। आपसे मेरा यही अनुरोध है कि यहां के ऋषि-मुनियों का जो भी उपकार हो सके, अवश्य कर दीजिएगा...।

इसके बाद महर्षि शरभंग मन्त्रोच्चारण करते हुए प्रज्वलित चिता में समा गए। ऋषि-मुनियों ने स्वर्गीय आत्मा के प्रति श्रद्धांजलि अर्पित करके राम से राक्षसों के अत्याचार का हाल कहा और उन्हें ऐसे राक्षसों के हाथ से मारे गए ऋषियों के बहुत से कंकाल दिखाए। राम ने पीड़ितों के प्रति सहानुभूति प्रकट की। उन सबको अभयदान देकर वे वहां से दूर महर्षि सुतीक्ष्ण के आश्रम में गए।

महर्षि सुतीक्ष्ण ने उनका स्वागत-सत्कार किया; राक्षसों के अत्याचार का रोमांचकारी वृत्तान्त सुनाया और उन्हें आसुरी शक्ति के विनाश के लिए उत्साहित किया।

दूसरे दिन राम वहां से आगे बढ़े। मार्ग में सीता ने कहा—आर्यपुत्र! ऋषि-मुनियों के कारण वन में राक्षसों से वैर लेना ठीक नहीं जान पड़ता।

राम ने उत्तर दिया—सीता! ये निर्बल निस्सहाय साधुजन बहुत आशाविश्वास के साथ मेरी शरण में आए हैं। इनकी रक्षा करना मेरा धर्म है। क्षत्रिय लोग इसलिए शस्त्र धारण करते हैं कि संसार में कहीं पीड़ितों का शब्द न सुनाई पड़े।

राम ने दण्डकारण्य के विविध भागों में कहीं दस महीने, कहीं वर्ष-भर, कहीं तीन-चार मास और कहीं आठ-दस महीने निवास करके दस वर्ष बिता दिए। सभी स्थानों पर उन्होंने ऋषियों को राक्षसों से संत्रस्त और पीड़ित देखा। दस वर्ष बाद वह लौटकर फिर महर्षि सुतीक्ष्ण से मिले। सुतीक्ष्ण ने उन्हें महर्षि अगस्त्य[1] से मिलने की सम्मति दी।

---

1. अगस्त्य—पर्वत को स्तंभित करनेवाला।

राम-अगस्त्य मिलन—वहां से पांच योजन दूर दक्षिण दिशा में आर्य-जाति के प्रभावशाली नेता, आर्य सभ्यता के अग्रदूत महर्षि अगस्त्य निवास करते थे। सीता-लक्ष्मण सहित महात्मा राम उनके दर्शनार्थ चल पड़े। चलते-चलते वे अगस्त्याश्रम के समीप पहुंचे। दूर से उसकी ओर संकेत करके उन्होंने लक्ष्मण से कहा—सौम्य! इस भव्य आश्रम को देखने-मात्र से चित्त में नवीन स्फूर्ति आ जाती है। यह गुण-कर्म से विख्यात अगस्त्य ऋषि का आश्रम है। इस दुर्गम दक्षिण दिशा में पहले कोई आने का साहस नहीं करता था। क्योंकि एक तो यहां चारों ओर राक्षसों का घोर आतंक था, दूसरे बीच में विन्ध्याचल पहाड़ था। भगवान अगस्त्य ही सबसे पहले विन्ध्याचल को पार करके इधर आए। महा पर्वत उनके पैरों के नीचे आ गया; आर्यों के लिए दक्षिण दिशा का द्वार खुल गया। अन्य ऋषि-मुनि उन्हीं के दिखाए हुए मार्ग से यहां आए हैं। उनके प्रभाव से जंगली जातियों में भी आर्य-सभ्यता का थोड़ा-बहुत प्रचार हो गया है और राक्षसों का बल भी क्षीण होता जा रहा है। इस महापुरुष ने यहां इतना महत्त्वपूर्ण कार्य किया है कि यह दक्षिण दिशा अब अगस्त्य के नाम से ही प्रख्यात हो गई है। आज हमें ऐसे सिद्ध-प्रसिद्ध कर्मयोगी के दर्शन का सौभाग्य प्राप्त होगा। तुम आगे बढ़कर जाओ और ऋषिवर अगस्त्य को हमारे आगमन की सूचना दो।

लक्ष्मण ने आश्रम के द्वार पर जाकर महर्षि के एक शिष्य द्वारा राम-सीता के आने का संदेश कहलाया। अगस्त्य तत्काल उठ खड़े हुए और शिष्य से बोले—राम के लिए पूछने की आवश्यकता नहीं थीं; उन्हें आदरपूर्वक साथ ले आना चाहिए था।

सूर्य के समान तेजस्वी भगवान अगस्त्य शिष्य-मण्डली सहित तुरंत बाहर निकल आए। राम, सीता और लक्ष्मण उनके चरणों पर गिर पड़े। अगस्त्य उनको आशीर्वाद देकर बोले—पधारिए रघुनन्दन! आपका स्वागत है। आप इतनी दूर से मुझसे मिलने आए, यह मेरे लिए अत्यन्त प्रसन्नता की बात है। मैं तो स्वयं आपसे मिलना चाहता था। आपका सम्पूर्ण वृत्तान्त मैं सुन चुका हूं। आप सचमुच धन्य हैं। सीता और लक्ष्मण ने विपत्ति में भी आपका जैसा साथ दिया है, उसकी मैं सराहना करता हूं। आप तीनों आज हमारे अतिथि होकर पधारे हैं, अतः सब प्रकार से सम्मान्य हैं।

महर्षि के स्नेह-सौजन्य से राम गद्‌गद हो गए। दोनों में बातें होने लगीं। परस्पर कुशल-प्रश्न के उपरान्त राम ने महर्षि से पूछा—भगवन आप आर्यावर्त को त्यागकर इस जंगली प्रदेश में क्यों आए?

अगस्त्य ने उत्तर दिया—राम! राक्षसों ने इस देश को ऋषि-शून्य बना दिया था। आसुरी शक्ति दिन-प्रतिदिन बढ़ती जा रही थी। मुझसे यह नहीं देखा गया। मैं दक्षिणवासियों में सभ्यता का प्रचार करने का व्रत लेकर हिमालय से यहां चला आया। मेरे बाद बहुत-से अन्य ऋषि-मुनि भी यहां आकर बस गए हैं। राक्षसों की शक्ति थोड़ी-बहुत सीमित हो गई है, लेकिन अब भी उनका संगठन अत्यन्त प्रबल है। मेरी इच्छा है कि आप ऋषि-समाज के संरक्षक बनकर कुछ दिन दण्डकारण्य में ही निवास करें।

बातचीत के अन्त में अगस्त्य ने राम को विष्णु से प्राप्त एक महाधनुष, ब्रह्मा से प्राप्त एक अमोघ महाबाण और इन्द्र से प्राप्त दो ऐसे तूणीर भेंट किए जो सदा दिव्य बाणों से भरे ही रहते थे। इसके बाद वे बोले—वीराग्रणी राम! मैं आपको सब प्रकार से समर्थ मानकर दुर्दम राक्षसों पर विजय-प्राप्ति के निमित्त ये महास्त्र भेंट करता हूं; आप इन्हें स्वीकार करें।

राम ने उन दिव्यास्त्रों को सिर से लगा लिया। महर्षि ने पूछने पर उन्हें वहां से दो योजन दूर पंचवटी[1] नामक स्थान पर आश्रम बनाने की सम्मति दी।

पंचवटी-वास—दूसरे दिन महर्षि अगस्त्य का आशीर्वाद लेकर राम ने सीता-लक्ष्मण सहित पंचवटी की ओर प्रस्थान किया।

गोदावरी नदी के किनारे पंचवटी सचमुच एक परम रमणीक स्थान था। राम उसको देखकर अत्यन्त प्रसन्न हुए। उन्होंने लक्ष्मण से कहा—सौम्य! मैं तो वनवास की शेष अवधि यहीं बिताना चाहता हूं। तुम कोई अच्छा स्थान चुनकर वहीं एक सुन्दर पर्णशाला बना दो।

लक्ष्मण ने सविनय उत्तर दिया—आर्य! मैं तो आपका अनुचर हूं, जो स्थान आपको प्रिय लगे, वही मेरे लिए सर्वोत्तम होगा। मैं वहीं आपके लिए उत्तम पर्णशाला बना दूंगा।

राम ने घूम-घामकर एक स्थान पसन्द किया। लक्ष्मण ने भाई-भाभी के लिए बड़े परिश्रम से वहीं एक कुटी बना दी। राम को वह बड़ी सुन्दर और सुखदायक जान पड़ी। उन्होंने लक्ष्मण को हृदय से लगा लिया और कहा—लक्ष्मण! तुम्हारे साथ रहने से मुझे ऐसा ज्ञात होता है मानो मेरे पिता अभी जीवित ही हैं। जैसा प्रेम मुझे पिताजी से मिलता था वैसा ही तुमसे मिल रहा है। वे भी मेरे सुख का ऐसे ही ध्यान रखते थे। इन सेवाओं के बदले में मेरा प्रेमालिंगन ही तुम्हारा पुरस्कार है।

---

1. वर्तमान नासिक

पंचवटी का प्रवास राम को बहुत ही प्रिय लगा। वे सीता के साथ दिनभर गोदावरी के किनारे पुष्पित कुंजों और वनों में आनन्द से विहार करते थे। लक्ष्मण दिन में उनके भोजन के लिए फल-मूल इकट्ठा करते, सोने के लिए कोमल पत्रों की शय्या बनाते और रात में कुटी के द्वार पर खड़े होकर पहरा देते थे। उन तीनों को भवन के कृत्रिम जीवन की अपेक्षा वन का प्राकृतिक जीवन अधिक आनन्ददायक प्रतीत हुआ। वहां उन्होंने तीन वर्ष बहुत सुख से व्यतीत किए।

शूर्पणखा की दुर्गति–एक दिन तीनों कुटी के सामने चबूतरे पर बैठे थे। इतने में कहीं से एक बनी-ठनी राक्षसी आई। राम को देखते ही उसका मन हाथ से जाता रहा। उसने निकट आकर परिचय और वन में आने का प्रयोजन पूछा। राम ने सहज भाव से सब कुछ बता दिया और अन्त में उसका भी परिचय पूछा।

दानवी हाव-भाव दिखाती हुई बोली–सुनो रूपनिधान! मैं महाप्रतापी लंकापति रावण की बहन शूर्पणखा हूं। महाबली कुंभकर्ण और विभीषण मेरे सगे भाई तथा खर और दूषण चचेरे भाई हैं। संसार में मेरे समान सुन्दरी और सौभाग्यशालिनी स्त्री दूसरी नहीं है। मैं तुम्हें स्वेच्छा से अपना पति बनाना चाहती हूं। तुम इस अभागिनी, कुरूपा सीता को छोड़ो और मेरे साथ चलकर भोग-विलासमय जीवन व्यतीत करो। चलो, मेरी प्रणय-पिपासा शान्त करो...।

राम उस स्वच्छन्दविहारिणी की कुचेष्टा देखकर हँसते हुए बोले–देवी! सीता की सौत होने में तुम्हें क्या सुख मिलेगा! तुम लक्ष्मण से ऐसा प्रस्ताव क्यों नहीं करतीं? वह युवा है, सुन्दर और इस समय स्त्रीहीन भी है।

शूर्पणखा राम को छोड़कर लक्ष्मण के पीछे पड़ गई। लक्ष्मण ने उत्तर दिया–देवी! मैं तो बड़े भाई का दास हूं। अतः मेरी भार्या होने पर तुम्हें दासी बनना पड़ेगा। यह तुम्हारी जैसी राजकन्या के लिए कष्ट और अपमान की बात होगी।

शूर्पणखा लक्ष्मण की ओर से विरक्त हो गई और राम से फिर बोली–अब समझी हृदयेश! यह काली-कलूटी, बूढ़ी-बेडौल स्त्री सीता ही हमारे-तुम्हारे बीच में बाधक है। मैं इसको अभी मारकर खा जाऊंगी। बस सौत होने का प्रश्न ही न रहेगा। हम-तुम महलों में राजसी सुख भोगेंगे; वन-उपवनों में स्वच्छान्द क्रीड़ा करेंगे...

यह कहकर वह कामाचारिणी सीता की ओर दौड़ी। राम तत्काल लक्ष्मण से बोले–लक्ष्मण! नीच जनों से हास-परिहास नहीं करना चाहिए। इसका दुस्साहस तो देखो! यह अपने को रूप की रानी मान बैठी है। तुम शीघ्र इसका मान भंग करो।

लक्ष्मण ने झपटकर तलवार से उसके नाक-कान काट दिए। यह जिधर से आई थी, उसी ओर चिल्लाती हुई भाग गई।

खर-दूषण वध–वन के मध्य भाग में राक्षसों का एक बहुत बड़ा शिविर था। वहां राक्षसेन्द्र रावण के दो प्रतिनिधि–खर और दूषण–सेना सहित रहते थे। त्रिशिरा नामक महायोद्धा उनका सेनापति था।

शूर्पणखा रक्त से भीगी हुई राक्षसों की छावनी में पहुंची और रो-रोकर अपना हाल कहने लगी। खर बहन की दुर्दशा देखकर क्रोध से उन्मत्त हो गया। उसने राम को मारने के लिए तुरन्त सैनिकों का एक दल भेजा। शूर्पणखा भी साथ-साथ गई। राम ने राक्षसों को देखते ही तीक्ष्ण बाणों से मार गिराया। शूर्पणखा रोती-चिल्लाती फिर खर के पास पहुंची और उसे बारम्बार धिक्कारने लगी।

महाबली खर एक मनुष्य द्वारा राक्षसी शक्ति का अपमान नहीं सह सकता था। वह रथ में बैठकर सम्पूर्ण सेना सहित राम से युद्ध करने चल पड़ा।

राक्षसों की भंयकर सेना ने पंचवटी को चारों ओर से घेर लिया। राम सीता की रक्षा का भार लक्ष्मण को सौंपकर स्वयं युद्ध के लिए आगे बढ़े। राक्षसों से उनका भयंकर युद्ध होने लगा। देखते-देखते उन्होंने सैकड़ों राक्षसों को बाणों से बींध डाला। तब पराक्रमी दूषण ने पूरी शक्ति से आक्रमण किया। भीषण युद्ध में वह भी राम के बाणों से मारा गया। सेनापति त्रिशिरा की भी वही गति हुई। अन्त में महारथी खर ने राम को बाणों से ढक दिया। उसके कवच, धनुष आदि टूट गए। राम ने तुरन्त अगस्त्य का दिया हुआ वैष्णव धनुष हाथ में लिया और उस पर उन्हीं से प्राप्त इन्द्र-बाण चढ़ाकर खर पर प्रहार किया। खर का वक्ष विदीर्ण हो गया। सवा घंटे में राम ने चौदह सहस्त्र राक्षसों को अकेले मार डाला। दण्डकारण्य से राक्षसों की सत्ता सदा के लिए उठ गई।

युद्ध के बाद अगस्त्य आदि ने आकर राम को मुक्तकंठ से बधाई दी।

मारीच की माया और सीता-हरण–शूर्पणखा रोती-बिलखती लंका की ओर भागी और उस भाई की शरण में गई जो अपने बल-वैभव के लिए तीनों लोकों में विख्यात था, जिसके शरीर पर सैकड़ों युद्ध-चिह्न थे, जिसने अनेक बार देवताओं का मान-मर्दन किया था। जिसने कुबेर से उसका पुष्पक विमान छीन लिया था और इन्द्र के नन्दन वन तथा कुबेर के चैत्ररथ वन को उजाड़ डाला था। उसी महाशक्तिशाली राक्षसराज रावण के समक्ष जाकर शूर्पणखा अमर्ष से बोली–अरे रावण! तेरे बल-पराक्रम को धिक्कार है, देख तेरे रहते एक मनुष्य ने मेरी कैसी दुर्गति कर डाली! तुझे पता न होगा कि राम नामक एक आदमी ने तेरे जनस्थानवासी

भाई-बन्धुओं को मारकर ऋषियों को स्वराज्य दे दिया है। मेरी नाक के साथ तेरी भी नाक कट गई। छिः छिः! तू अब कहीं मुंह दिखाने योग्य नहीं है...।

रावण बड़े दर्प से बोला—बता-बता शूर्पणखा! किसने तेरा अंग-भंग किया? किसने मेरे अनुचरों को मारा? कौन है वह राम? दण्डक वन में वह क्यों आया?

शूर्पणखा ने कहा—भैया! राम अयोध्या के राजा दशरथ का बेटा है। उसके बाप ने उसे राज्य से निकाल दिया है। वह बड़ा बलवान और रण-कुशल, धनुर्धर है। उसी ने मेरे नाक-कान कटवाए हैं। भैया, खर-दूषण तथा समस्त राक्षसों को मारकर उसने दण्डकारण्य पर अधिकार कर लिया है। उसके साथ उसका शूरवीर भाई लक्ष्मण भी है और सुनो, राम अपने साथ अपनी अनुपम रूपलावण्यवती स्त्री सीता को भी ले आया है। वह विश्वसुन्दरी तुम्हारे योग्य है। मैं उसको तुम्हारे लिए लाना चाहती थी। बस, इसीलिए दुष्ट लक्ष्मण ने मेरे नाक-कान काट लिए। भैया! उस रमणी को हाथ से न जाने दो। उसे प्राप्त करना चाहते हो तो कार्य-सिद्धि के लिए अभी दाहिना पैर उठाओ। शत्रु ने तुम्हारे द्वार पर आकर तुम्हें चुनौती दी है। तुम उसकी भार्या का अपहरण करके अपनी सामर्थ्य प्रकट करो।

रावण ने शूर्पणखा की बातों से उत्तेजित होकर तुरन्त अपना आकाश-गामी यान मंगवाया। उस पर चढ़कर वह अकेला समुद्र के पार पहुंचा। समुद्र के किनारे[1] एक आश्रम में ताड़का-पुत्र मारीच मुनि बनकर रहता था। रावण उसके पास गया। मारीच ने राक्षसराज का यथोचित सत्कार करके उसके पधारने का प्रयोजन पूछा।

रावण बोला—मारीच! मैं एक आवश्यक कार्यवश आया हूं; उसे ध्यान से सुनो। कुछ दिनों से दण्डकारण्य में राम नाम का एक ऊधमी और चरित्रहीन व्यक्ति अपनी स्त्री और भाई के साथ आकर बस गया है। उसके बाप अयोध्यापति दशरथ ने उसे घर और राज्य से निर्वासित कर दिया है। उस अधम ने इधर आकर एक तो अनायास मेरी बहन शूर्पणखा के नाक-कान काट डाले; दूसरे, मेरे सीमारक्षकों को मारकर सारे दण्डकारण्य पर अधिकार जमा लिया है। जनस्थान में अब राक्षसों का आधिपत्य नहीं रहा। मैं उसकी सुन्दरी स्त्री का अपहरण करके इसका बदला लेना चाहता हूं। यह कार्य तुम्हारे जैसे मायावी की सहायता से ही हो सकता है। मैं चाहता हूं कि तुम स्वर्ण-मृग का रूप धारण करके सीता के सामने जाओ और उसे अपनी ओर आकर्षित करो। वह राम से ऐसी विचित्र वस्तु के लिए

1. वर्तमान मुम्बई

हठ करेगी। जब राम तुम्हें पकड़ने दौड़े तो तुम भागकर दूर निकल जाना और वहां से राम के स्वर में 'हा लक्ष्मण! हा सीता!' कहकर चिल्लाना। इसे सुनकर सीता व्यग्र हो जाएगी और लक्ष्मण को राम की खोज-खबर लेने अवश्य भेजेगी। बस, मेरा काम बन जाएगा। मैं सीता को हर लाऊंगा। उसके बाद कामी राम पत्नी के वियोग में या तो छटपटाकर मर जाएगा अथवा इतना निर्बल हो जाएगा कि मैं उसे आसानी से जीत लूँगा। अभी उससे खुलकर लड़ना ठीक नहीं होगा, क्योंकि खर-दूषण-त्रिशिरा जैसे धुरन्धर वीरों और चौदह सहस्त्र राक्षसों को अकेले मारने वाला राम साधारण योद्धा नहीं है। इस समय तो युक्ति से ही काम निकालना चाहिए। अतः तुम शीघ्र कपटवेश बनाकर जाओ।

रावण ने एक सांस में यह सब कह डाला। राम का नाम सुनते ही मारीच को आपबीती घटना याद आई। उसका मुंह सूख गया। कुछ सोच-विचार कर वह बोला—राजन्! सदा मीठी-मीठी बातें करने वाले तो बहुत मिलते हैं किन्तु सुनने में अप्रिय और परिणाम में हितकर वचन कहने-सुननेवाले विरले ही होते हैं। आपके कल्याण के लिए मैं एक अप्रिय किन्तु सच्ची बात कहता हूं, वह यह कि कभी भूलकर भी राम से वैर मोल लेने का दुस्साहस न कीजिएगा। वह आपको तथा आपके सारे राज्य को समूल नष्ट करने में समर्थ है। मैं उसके बल-पराक्रम को अच्छी तरह जानता हूं।

इसके बाद मारीच रावण को अपना कटु अनुभव सुनाकर बोला—महाराज! तब से मैं यदि स्वप्न में भी राम को देखता हूं तो डर के मारे मूर्च्छित हो जाता हूं। यही नहीं, जिन शब्दों के आदि में रेफ होता है—जैसे रथ, रत्न, रमणी आदि—उनको सुनने से भी मुझे कंपकंपी होने लगती है। अब तो मैं राम के भय से तपस्वी बन गया हूं, अतः आपका हित कैसे करूं! अन्य दृष्टियों से भी मुझे आपका प्रस्ताव अच्छा नहीं जान पड़ता। राम साक्षात् धर्ममूर्ति हैं; अतएव आपको उनका आदर करना चाहिए; उनकी स्त्री का अपहरण आपके लिए कलंक की बात होगी। आप राजा होकर कुमार्ग में पैर न रखिए। इसी में हमारा-आपका और सारी राक्षस जाति का कल्याण है।

मारीच का व्याख्यान रावण को प्रिय नहीं लगा। वह क्रुद्ध होकर बोला—मारीच! तू मेरी अवज्ञा कर रहा है। राम ने मेरे बहन-भाइयों पर जो अत्याचार किया है, उसका बदला मैं अवश्य लूंगा। यह याद रख कि राम बाण से तो तू शायद बच भी जाए लेकिन यदि मेरी बात न मानेगा तो मैं अभी तुझको मार डालूंगा।

मारीच को विवश होकर रावण की बात माननी ही पड़ी। दोनों गगनगामी यान में पंचवटी पहुंचे। वहां मायावी मारीच अतिसुन्दर स्वर्ण-मृग का रूप धारण

करके आगे गया और रामाश्रम के आसपास चरने-विचरने लगा। सीता उस समय बाहर फूल चुन रही थी। उसने उस विचित्र मृग को देखा। उसका शरीर तपाए हुए स्वर्ण की भांति दमक रहा था। उसमें विविध रंग के मणि-रत्न जड़े थे। उस मायामृग पर सीता का मन मोहित हो गया। उसने राम-लक्ष्मण को भी बुलाकर उसे दिखाया। उनके लिए भी वह एक अद्‌भुत वस्तु थी। सीता ने राम को उसको पकड़ने का आग्रह किया। राम को उसके विषय में कुछ संदेह तो हुआ, लेकिन वे भी धोखे में पड़ गए और लक्ष्मण को सीता की रखवाली का भार सौंपकर स्वयं धनुष-बाण लेकर मृग पकड़ने दौड़े।

छद्मवेशधारी मारीच एक ओर को भागा और बार-बार लुकता-छिपता दूर निकल गया। राम ने बहुत प्रयास किया, लेकिन वह पकड़ में नहीं आया। अन्त में उन्होंने क्षुब्ध होकर एक घातक बाण मारा। उसके लगते ही कपट-मृग भूमि पर गिर पड़ा। उसका असली रूप प्रकट हो गया। वह तत्काल राम के स्वर का अनुकरण करके चिल्लाया—'हा सीता! हा लक्ष्मण! मैं मारा गया!' इसके बाद ही वह छटपटाकर मर गया। राम अत्यन्त शंकित होकर वेग से कुटी की ओर लौटे।

इधर सीता उस पुकार को सुनते ही व्याकुल हो गई और लक्ष्मण से बोली—लक्ष्मण! तुमने भाई का आर्तनाद सुना! निश्चय ही वे किसी महान् संकट में पड़ गए हैं। तुम उनकी रक्षा के लिए तुरन्त जाओ।

लक्ष्मण राम की आज्ञा के विरुद्ध सीता को अकेली कैसे छोड़ते! उन्होंने नम्रतापूर्वक उत्तर दिया—देवी! आप चिन्ता न करें; आर्य राम आत्म-रक्षा में स्वयं समर्थ हैं। अभी जो पुकार सुनाई पड़ी है वह बनावटी जान पड़ती है; इधर खरदूषण आदि के वध के बाद राक्षसों से हमारा वैर बंध गया है। वे लोग हमसे बदला लेने के लिए भांति-भांति के छल-कपट कर सकते हैं। अतः हमें सावधान रहना चाहिए।

सीता के बार-बार कहने पर भी लक्ष्मण, वहां से जाने को तैयार नहीं हुए। तब वह खीजकर बोली—लक्ष्मण, तुम भाई के हितैषी नहीं, उनके शत्रु हो। सौतेली मां के पुत्र ऐसे ही होते हैं। मुझे तो तुम भरत के गुप्त सहायक जान पड़ते हो। उन्हीं की प्रसन्नता के लिए तुम ऐसे संकट-काल में मेरे स्वामी के साथ विश्वासघात कर रहे हो। मेरे ऊपर भी तुम्हारी कुदृष्टि है, इसलिए तुम्हें उनका मरना ही अच्छा लगता होगा। नीच, अनार्य, कामी, धूर्त! तेरी और भरत की कामना पूरी नहीं होगी। यदि आर्यपुत्र को आज कुछ हो गया तो मैं तुरन्त ही गोदावरी में डूब मरूंगी। धर्मात्मा राम की भार्या किसी अन्य की होकर नहीं रहेगी।

सीता के दुराग्रह और दुर्वचनों से लक्ष्मण को अत्यन्त क्लेश हुआ। वे धनुष-बाण लेकर राम की खोज में चले गए। रावण इसी अवसर की प्रतीक्षा में पास ही छिपा बैठा था। उसने तत्काल सन्यासी का वेश धारण किया। एक हाथ में दण्ड-कमण्डलु लिए और दूसरे हाथ में छाता लिए वह वेद-मन्त्रों का उच्चारण करता हुआ सीता के पास गया और बोला—सुन्दरी! तू कौन है, किसकी स्त्री है, कहां से आई है? इस भयानक वन में जहां चारों ओर नरभक्षी राक्षस और हिंसक जीव भरे पड़े हैं, तू क्यों और कैसे रहती है?

सीता ने साधु-महात्मा और अतिथि के रूप में उसका स्वागत करके इन प्रश्नों का उत्तर दिया और उससे भी अपना नाम-धाम तथा प्रयोजन बताने की प्रार्थना की।

रावण ने खड़े-खड़े गम्भीर स्वर में कहा—सीते! सुन, मैं वह प्रतापी लंकापति राक्षसेन्द्र रावण हूं, जिसके भय से तीनों लोक कांपते हैं। मेरी इच्छा है कि तू इस राज्य-भ्रष्ट मूर्ख सन्यासी राम को त्यागकर मेरी स्वर्णमयी महापुरी लंका में चल और मेरी पटरानी बनकर संसार का ऐश्वर्य भोग! यह तेरा सौभाग्य है कि मैं स्वयं अपनी इच्छा से तुझे लेने आया हूं। मेरे साथ चल; राम से मत डर क्योंकि उसमें मेरी एक उंगली के बराबर भी शक्ति नहीं है।

सीता चौंककर पीछे हट गई और उस वंचक को डांटती हुई बोली, रे नीच! तू कपड़े से आग पकड़ना चाहता है? अभी यहां से भाग जा, नहीं तो मेरे पतिदेव आते ही होंगे, वे तेरे जैसे पापी को कभी जीता न छोड़ेंगे।

रावण ने अधिक विलम्ब करना ठीक न समझा। वह अपने असली रूप में प्रकट हो गया और सीता से बोला—पगली! उस दीन दुर्बल मनुष्य को छोड़, तू मेरे जैसे सर्व सामर्थ्यवान की पत्नी होने के योग्य है। चल मेरे साथ...।

यह कहते-कहते उसने झपटकर सीता को गोद में बिठा लिया। वह बार-बार राम-लक्ष्मण का नाम लेकर चिल्लाने और छटपटाने लगी। रावण उसको लेकर अपने यान में जा बैठा और आकाशमार्ग से लंका की ओर चल पड़ा।

राक्षसराज के बाहुपाश में जकड़ी हुई सीता राम-लक्ष्मण को बार-बार पुकारकर रोने लगी। ऊपर से एक-एक वृक्ष को सम्बोधित करके वह कहती थी—हे वृक्ष! तुम मेरी दुर्दशा देख रहे हो; मेरे स्वामी राम इधर आएं तो कृपा कर उनसे कह देना कि दुरात्मा रावण सीता को बलपूर्वक हर ले गया है। नदियों और पक्षियों आदि से भी उसने ऐसी ही प्रार्थना की। आगे जाने पर एक बहुत बड़ा जीव बैठा दिखाई पड़ा। वह गृध्रजाति का वयोवृद्ध राजा जटायु था। सीता ने आकाश

से उसको पुकारकर कहा–आर्य गृध्रराज! दौड़ो, बचाओ...! मैं राम की पत्नी सीता हूं...मुझे दुष्ट रावण पकड़े लिए जा रहा है...।

ऊंघता हुआ जटायु सीता का आर्तनाद सुनते ही चौंक पड़ा। वह दशरथ का मित्र था और राम-सीता को भली-भांति जानता था। उसने रावण को ललकार कर कहा–अरे रावण! तुम राजा होकर भी एक अबला पर अत्याचार कर रहे हो! तुम्हें धिक्कार है। राक्षसराज, ऐसा अधर्म न करो। इससे तुम्हारा सर्वनाश हो जाएगा...।

महा अभिमानी रावण ने इन बातों पर ध्यान नहीं दिया। तब वृद्ध जटायु यह कहता हुआ झपटा–खड़ा रह रावण! खड़ा रह! मेरे रहते तू मेरे मित्र की पुत्रवधू को इस तरह नहीं ले जा सकता। यद्यपि तू युवा है, बलवान् है, अस्त्र-शस्त्र से सुसज्जित है और मैं साठ वर्ष का वृद्ध तथा निरस्त्र हूं, फिर भी मैं तुझे ऐसा अन्याय नहीं करने दूंगा। शौर्य-वीर्य का कुछ भी अभिमान हो तो ठहर, मैं तुझे युद्ध की चुनौती देता हूं।

रावण ने यान को रोककर तीक्ष्ण बाणों से जटायु पर प्रहार किया। जटायु भी पूरी शक्ति से सबल, सशस्त्र वैरी पर टूट पड़ा। उसने रावण को क्षत-विक्षत करके उसके कवच, धनुष और यान आदि तोड़ डाले। वह सीता को लिए वहां से पैदल भागा, लेकिन जटायु ने तब भी पीछा नहीं छोड़ा। अन्त में रावण ने सीता को भूमि पर पटककर अपनी तलवार निकाली। निहत्था जटायु प्राण-मोह त्यागकर उससे भिड़ गया। रावण ने तलवार से उसके दोनों पर काट डाले। गृध्रराज राम के लिए वीरता से युद्ध करता हुआ गिर पड़ा और असह्य पीड़ा से तड़पने लगा। सीता आत्मीय की भांति दौड़कर उससे लिपट गई। रावण ने उसके केश पकड़कर खींचा। वह एक ओर को भागी, लेकिन पकड़ ली गई। रावण उसे एक दूसरे यान में बैठाकर फिर लंका की ओर चल पड़ा।

उस शून्य मार्ग में सीता की सहायता करने वाला कोई नहीं था। वह रावण को कोसती-चिल्लाती चली जा रही थी। सहसा उसे एक पर्वत की चोटी पर पांच वानर बैठे दिखाई पड़े। सीता ने रावण की आंख बचाकर अपने कुछ गहनों को एक कपड़े में बांधा और उस पोटली को पर्वत की चोटी पर गिरा दिया।

रावण रोती-बिलखती सीता को लेकर समुद्र-पार अपनी राजधानी में पहुंचा। वहां उसने सीता को अपने भवन का वैभव दिखाया, फिर राम की निन्दा और अपनी प्रशंसा करके उसने सीता को अपनी पटरानी, हृदयेश्वरी और लंका की सम्राज्ञी बनने की प्रार्थना की। कामातुर रावण सीता के रूप-लावण्य की प्रशंसा

करके उसके चरणों पर गिर पड़ा और बोला—सुन्दरी! लंका का यह ऐश्वर्यशाली सम्राट् आज से तुम्हारा दास है। तुम उसकी कामना पूरी करो; जो कुछ तुम देखती हो, वह तुम्हारा ही है।

रावण ने सीता को भांति-भांति के प्रलोभन दिए, पर वह सबको ठुकराकर बोली—पापी! तू मेरे मृत शरीर की चाहे जो दुर्गति कर ले, पर इस जीवित शरीर पर तू अधिकार नहीं कर सकता। मैं राम को छोड़कर स्वप्न में भी किसी दूसरे की नहीं हो सकती।

सीता ने पुरुष सिंह राम की बड़ाई करके रावण को कुत्ते की तरह दुत्कार दिया। बहुत मनाने पर भी जब वह नहीं मानी तो रावण ने क्रुद्ध होकर कहा—सुन री सीता! मैं तुझे एक वर्ष का समय देता हूं; यदि तू अपना भला चहती है तो इस बीच में प्रसन्न मन से मेरी प्रणयिनी बन जा, नहीं तो वर्ष-भर के बाद ही मेरे रसोईये तेरे शरीर को काटकर मुझे उसका कलेवा खिलायेंगे।

इसके बाद हताश प्रेमी रावण ने सीता को अशोक वाटिका नामक एक सुरक्षित स्थान में भेज दिया। उसे मनाकर अथवा डरा-धमकाकर वश में करने के लिए वहां अनेक विकराल राक्षसियां नियुक्त कर दी गईं। सीता अशोक वाटिका में बन्दिनी का जीवन बिताने लगी। वह दिन-रात रोती ही रहती थी।

राम का पंचवटी से प्रस्थान—उधर राम अत्यन्त व्यग्र होकर आश्रम की ओर लौटे। दूर से उन्होंनें लक्ष्मण को अपनी ओर आते देखा। उनके कुछ कहने से पहले ही राम बोल उठे—लक्ष्मण! तुमने बहुत बुरा किया; सीता को किसके भरोसे छोड़ आए हो?

लक्ष्मण ने अपने आने का कारण बताया। राम खिन्न होकर फिर बोले—लक्ष्मण तुमने विवेक से काम नहीं लिया। तुम नाहक धोखे में पड़ गए। सीता का न जाने क्या हाल होगा।

सीता के सम्बन्ध में भांति-भांति की अशुभ आशंकाएं करते हुए राम अपनी कुटी के पास पहुंचे। वहां सन्नाटा था, आस-पास के पेड़-पौधे रोते हुए-से लगते थे, पुष्प-पल्लव मुरझा गए थे, राम की कुटिया सूनी हो गई थी। उन्होंने द्वार पर पहुंचते ही सीता को कई बार पुकारा, पर कोई उत्तर न मिला। तब वे व्याकुल होकर लक्ष्मण से बोले—लक्ष्मण! देखो, सीता कहां गई? कोई उसे हर तो नहीं ले गया? देखो, वह कहीं फल-फूल लेने या घूमने तो नहीं गई है?

लक्ष्मण चारों ओर सीता को ढूंढ़ने लगे। राम ने बाहर-भीतर सर्वत्र देखा, पर सीता नहीं मिली। वे 'सीता-सीता' चिल्लाते हुए एक पेड़ से दूसरे पेड़ तक,

एक नदी से दूसरी तक दौड़ने लगे। उस समय वे वन में इधर-उधर भागते; चिल्लाते हुए उन्मत्त जैसे दिखाई पड़ते थे। उन्होंने एक-एक वृक्ष के पास जाकर पूछा—मित्र तरुराज! बताओ, सीता कहां है? तुमने मेरी सीता को कहीं देखा हो तो कृपा करके बता दो। इस प्रकार वन के पशु-पक्षियों से, सूर्य से, पवन से और दिशाओं से भी उन्होंने हाथ जोड़-जोड़कर सीता के बारे में पूछा। उन्हें अन्त में यह विश्वास हो गया कि सीता को राक्षसों ने मारकर खा लिया होगा। वे शोक में विह्वल होकर प्रलाप करने लगे।

विरही राम को वहां के एक-एक पेड़-पौधे में सीता की छवि दिखाई पड़ती थी। वे उनसे लिपट्कर रोने लगते थे। मृगों को देखकर उन्हें सीता के नेत्र याद आते थे। गोदावरी को देखते ही उनका विरह दूना हो जाता था, क्योंकि उसके तट पर उन्होंने सीता के साथ जीवन के कितने ही मधुर क्षण बिताए थे। एक-एक स्थान के साथ सीता की मधुर स्मृति जुड़ी थी। सीता से उन्हें जो सुख मिला था, वही अब दुःख का कारण बन गया। वे बार-बार पुकारते थे—सीता—कहां हो!—पर कहीं से कोई उत्तर नहीं मिलता था।

राम अत्यन्त अधीर होकर लक्ष्मण से बोले—लक्ष्मण! जो राजमहलों का सुख-ऐश्वर्य त्यागकर मेरे साथ आई थी, जिसने घोर विपत्ति में भी मेरा साथ नहीं छोड़ा, वह मेरी वनसंगिनी कहां है? राजपाट, घर-बार, सब-कुछ तो चला ही गया था, मेरी जीवन-संगिनी भी चली गई! मैं अब इस दुःखी जीवन का अन्त कर लूंगा। तुम अब अयोध्या लौट जाओ।

लक्ष्मण ने उन्हें समझा-बुझाकर सीता को ढूढ़ने के लिए उत्साहित किया। दोनों भाई एक-एक पहाड़, खोह-कगार, झाड़-झंखाड़ में यत्नपूर्वक खोज करते हुए दक्षिण दिशा की ओर बढ़े। थोड़ी दूर जाने पर मार्ग में कुछ फूल पड़े मिले। राम उन्हें हाथ में लेकर बोले—लक्ष्मण! ये तो मेरे लाए हुए फूल हैं। सीता ने बड़े प्रेम से इनकी माला गूंथकर पहनी थी...

और आगे जाने पर किसी के लम्बे-चौड़े पैरों के चिह्न दिखाई पड़े। पास ही, सीता के परिचित पदचिह्न भी थे। वहीं किसी के छत्र, धनुष और कवच आदि टूटे पड़े थे। एक नष्ट-भ्रष्ट यान भी वहीं पड़ा था। भूमि पर यत्र-तत्र सीता के गहनों के मोती बिखरे थे। दोनों भाई इस सम्बन्ध में परस्पर तर्क-वितर्क करते हुए आगे बढ़े।

कुछ दूर आगे खून से लथपथ जटायु दिखाई पड़ा। उसे देखते ही राम क्रुद्ध होकर लक्ष्मण से बोले—लक्ष्मण! गृध्र के वेश में निश्चय ही यह कोई मायावी

राक्षस है। इसी ने सीता को मारकर खाया होगा। अब यह तृप्त होकर विश्राम कर रहा है। मैं इसको अभी मारूंगा...।

इतना कहकर राम ने धनुष पर बाण चढ़ाया। जटायु ने राम को आते देख लिया था। वह मुख से रुधिर गिराता हुआ बोला—आयुष्मान! मैं जटायु हूं। तुम्हारे पिता दशरथ मेरे परम मित्रों में से हैं। तुम जिस देवी को खोज रहे हो, उसे महाबली रावण हर ले गया है। उसके साथ ही उस दुष्ट ने मेरा प्राण भी हर लिया। मैंने यथाशक्ति रावण के हाथ से सीता को छुड़ाने की चेष्टा की, लेकिन मेरी नहीं चली। घमासान युद्ध में मैं उसकी तलवार से आहत होकर गिर पड़ा और अब अन्तिम सांसें ले रहा हूं। रावण यहां से सीता को लेकर दक्षिण की ओर गया है। तुम उसी ओर जाकर खोज करो।

इतना कहते ही जटायु की बोली बन्द हो गई, वह छटपटाकर मर गया। राम धनुष-बाण फेंककर दौड़े और अपने मृत हितैषी को हृद्रय से लगाकर रोने लगे। रोते-रोते उन्होंने लक्ष्मण से कहा—लक्ष्मण! यह पिताजी का पुराना मित्र था अतएव हमारे लिए यह पिता जैसा ही सम्माननीय है। इसने मेरे काम के लिए अपने दुर्लभ प्राण तक गंवा दिया। नीच जाति का होकर भी गुण-चरित्र से यह देवता के समान पूज्य था। इसने यह सिद्ध कर दिया कि धर्मात्मा और साधुचरित्र प्राणी प्रत्येक जाति में हो सकता है। आज मुझे सीता-हरण का उतना शोक नहीं है, जितना गृध्रराज के आत्म-बलिदान का है। तुम वन से लकड़ियां बीन लाओ, मैं अपने हाथों से इस महात्मा का दाह-संस्कार करूंगा।

राम ने स्वयं अपने पितृसखा जटायु का दाह-कर्म किया और गोदावरी के तट पर जाकर मृतात्मा को जलाञ्जलि दी। इसके बाद वे पुनः सीता की खोज में दक्षिण की ओर बढ़े।

कबन्ध-वध—चलते-चलते वे एक घने जंगल में पहुंचे। वहां उन्हें किसी का भयंकर गर्जन सुनाई पड़ा। दोनों भाई चौंककर इधर-उधर देखने लगे। इतने में कबन्ध नाम का एक भीमकाय दानव उनका रास्ता रोककर खड़ा हो गया। उसके हाथ, मुंह और पेट तो बहुत ही बड़े थे, पर सिर नहीं के बराबर था। उसका सिर पेट में था। तात्पर्य यह कि वह मूढ़ दिन-रात पेट भरने की चिन्ता में रहता था।

कबन्ध ने एक-एक हाथ से दोनों को पकड़ लिया और अट्टहास करके कहा—अहा-हा! बड़े भाग्य से तुम लोग मिल गए; मैं बहुत भूखा था।

राम-लक्ष्मण ने चटपट अपनी-अपनी तलवार से उसकी एक-एक भुजा काट डाली। भुजाहीन कबन्ध चिल्लाता हुआ पृथ्वी पर गिर पड़ा। उसकी बुद्धि ठिकाने

आ गई। उसने नम्रता से उन दोनों का परिचय पूछा। लक्ष्मण ने अपने और राम के परिचय के साथ उधर आने का प्रयोजन भी बताया। कबन्ध का मृत्युकाल समीप था। वह अपने कुकर्मों के लिए घोर पश्चात्ताप करता हुआ बोला—महापुरुषो! मेरे पापी हाथों को काटकर आपने अच्छा ही किया। मैं अपने राक्षसी कर्मों से ऐसा विकराल बन गया था और इस निन्दित जीवन का अन्त करना चाहता था। आज आपके हाथों से मेरा उद्धार हो गया। मेरी मृत्यु के बाद आप लोग मेरा दाह-संस्कार भी कर दें तो बड़ी कृपा होगी। यदि इन अन्तिम क्षणों में मैं आपके किसी काम आ सकूं तो अपने को धन्य समझूंगा।

राम ने कहा—कबन्ध! तुम यदि मेरी अपहृता पत्नी सीता के बारे में कुछ जानते हो तो बता दो!

कबन्ध का अन्तःकरण सचमुच शुद्ध हो गया था। वह बोला—राम! इस सम्बन्ध में मुझे कुछ भी ज्ञात नहीं है। लेकिन मैं आपको एक उपाय बताता हूं, उससे आपका कार्य हो जाएगा। आप ऋष्यमूक पर्वत पर जाकर सुग्रीव नामक परम बुद्धिमान तथा कार्यकुशल वानर से मिलिए और उससे मैत्री स्थापित कीजिए। वह आपका परम सहायक होगा। इस समय उसे भी आप जैसे सहायक की आवश्यकता है। आप दोनों एक-दूसरे की सहायता करके अपना-अपना काम बना सकते हैं।

इसके बाद कबन्ध ने दक्षिण-पश्चिम के कोने की ओर संकेत करके कहा—राम! वही ऋष्यमूक पर्वत का रास्ता है। आगे जाने पर पम्पा नामक सुन्दर सरोवर मिलेगा। उसके पश्चिम-तट पर स्वर्गीय महर्षि मतंग का आश्रम है। वहां उनकी एक भीलनी शिष्या शबरी रहती है। वहीं एक गुफा में सुग्रीव अपने चार साथियों को लेकर रहता है।

राम शबरी-मिलन—इतना कहकर कबन्ध मर गया। राम-लक्ष्मण ने उसके शव को एक गड्ढे में डालकर जला दिया। उसके बाद वे आगे बढ़े और चलते-चलते मतंग ऋषि के सुप्रसिद्ध आश्रम में पहुंचे। वृद्धा तपस्विनी शबरी के लिए राम के रूप में मानो भगवान् ही वहां पधारे थे। उसने दौड़कर उनके चरण छुए और आसन तथा चुने हुए फल-मूल आदि सामने रखकर कहा—देव! आपके चित्रकूट पधारने का शुभ समाचार मैं सुन चुकी थी। मेरे गुरुओं ने कहा था कि आप इधर भी कभी न कभी अवश्य आएंगे। वे तो अब मर गए, पर मैं आज तक आपकी बाट जोहती बैठी रही। आज मेरी तपस्या सफल हो गई। मेरे देव! मैंने पम्पा के वनों से उत्तमोत्तम फल-मूल इकट्ठे कर रखे हैं। आप इन्हें स्वीकार करें।

राम-लक्ष्मण ने उस नीच जाति की तपस्विनी के हाथ से फल आदि लेकर बड़े प्रेम से खाए। फिर उन्होंने उसके साथ महर्षि मतंग का आश्रम और वह यज्ञमण्डप देखा, जहां उस तपोवन के ऋषियों ने अपनी-अपनी आयु और तपस्या पूरी करके यज्ञाग्नि में स्वेच्छा से अपने शरीरों की आहुति दी थी। शबरी के शरीर-त्याग का समय आ गया था। उसकी अन्तिम लालसा पूरी हो चुकी थी। अब वह राम के आगे ही अपने जीर्ण-शीर्ण कलेवर को त्यागना चाहती थी। राम ने इसके लिए अनुमति दे दी।

शबरी ने अपनी चित्ता तैयार की। राम-लक्ष्मण को प्रणाम करके उनके देखते-देखते वह उसमें प्रविष्ट हो गई। दोनों भाई उस भीलनी की ऐसी धर्मनिष्ठा देखकर चकित हो गए।

शबरी से मिलकर राम का चित्त शान्त और स्वस्थ हो गया था। वे पम्पा सरोवर के चारों ओर घूम-फिरकर वहां की प्राकृतिक छटा देखने लगे।

किष्किन्धाकाण्ड

वसन्त ऋतु के आगमन से सारा कानन कुसुमित एवं सुरभित हो गया था। विविध रंग के प्रफुल्लित कमलों से सुशोभित पम्पा सरोवर के किनारे विचरण करते हुए राम ने लक्ष्मण को वहां का नयनाभिराम दृश्य दिखाकर कहा—लक्ष्मण! कुसुमाकर का वैभव देखो। वनस्पति भांति-भांति के कुसुमों से अलंकृत है। प्रकृति फूली नहीं समाती। पवन पुष्पित द्रुमलताओं से हिलमिलकर क्रीड़ा कर रहा है। आसपास के झूमते हुए वृक्ष एक-दूसरे के साथ माला की तरह गुंथे हुए जान पड़ते हैं। उनकी शाखाओं पर भ्रमरों का दल गुंजन करता है। ऐसा लगता है मानो ये पेड़ स्वयं नाचते-गाते हुए वसन्तोत्सव मना रहे हैं। वायु के झोंके से झड़ते हुए फूलों को देखकर ऐसा प्रतीत होता है मानो आकाश से प्रसून-वर्षा हो रही है। पृथ्वी पर सुन्दर सुकोमल पुष्पशय्या बिछी है। शीतल-मन्द-सुगन्ध समीर चल रहा है। कमल-वन मधुपों के गीत से गुंजायमान है, आम्र-वन में मत्त कोकिला वोल रही है, सभी दिशाएं पक्षियों के कलनाद से निनादित हैं। वन में चारों, ओर उल्लास छाया है। पशु-पक्षियों के प्रेमी जोड़े यत्र-तत्र विहार कर रहे हैं। हिरण-हिरणियों का आमोद-प्रमोद देखो। उधर पर्वत पर मुग्ध मोरनी नाचती हुई अपने प्रेमी मोर से मिलने जा रही है। ये जीव कितने भाग्यशाली हैं!...

...लक्ष्मण! यह सब मुझसे नहीं देखा जाता। कोमल कलियों के मृदुहास और भ्रमरों के विलास से चित्त को सुख-शान्ति मिलना तो दूर रहा, उलटे सन्ताप बढ़ता है। सुविकसित कमलों को देखते ही सीता के सुकुमार अंगों की स्मृति सजीव हो उठती है। अशोक, पलाश के लाल फूल मुझे दहकते अंगारे जैसे लगते हैं। वसन्त की वायु औरों के लिए सुखदायक हो सकती है, लेकिन मुझे तो वह जला ही रही है। पक्षियों का गाना और चहकना मुझे प्रिय नहीं लगता। वे तुच्छ जीव आज मेरा उपहास कर रहे हैं क्योंकि मैं अकेला हूं...।

...लक्ष्मण! सीता के बिना मेरा जीवन कितना नीरस और निष्फल हो गया है! जो मेरे सुख के लिए भवन को त्यागकर वन में चली आई थी, मैं उसकी रक्षा नहीं कर सका! जिसने दुःख के दिनों में मेरा इतना साथ दिया, मैं उसके काम नहीं आया! क्या यह कम ग्लानि की बात है? भाई लक्ष्मण! मैं अब ऐसे दुःखी और निरर्थक जीवन का अन्त कर लूंगा। तुम मुझे यहीं छोड़कर घर लौट जाओ...।

सीता के विरह में राम शोक से विकल हो गए। लक्ष्मण ने उन्हें सान्त्वना देते हुए कहा—भैया! धैर्य रखिए। बहुत स्नेहयुक्त (तैलयुक्त, प्रेमयुक्त) होने से दीपक की बत्ती जल जाती है। मनुष्य की भी यही दशा होती है। अधिक अनुराग से सन्ताप ही बढ़ता है। आप चित्त को शान्त करके उत्साह के साथ उद्योग कीजिए। उत्साह से बढ़कर दूसरा कोई बल नहीं है। संसार में उत्साही पुरुष के लिए कुछ भी दुर्लभ नहीं होता। चलिए; हम भाभी को खोजने का दृढ़ प्रयास करेंगे। खोई हुई वस्तु बिना यत्न के नहीं मिलती। हमें यथाशीघ्र सुग्रीव से मिलना है। उनकी सहायता से हमारा कार्य अवश्य सिद्ध हो जाएगा।

दोनों भाई घूमते-घूगते ऋष्यमूक पर्वत की ओर चल पड़े।

राम-हनुमान-मिलन—किष्किन्धापति वानरराज बाली के भय से उसका भाई सुग्रीव अपने चार विश्वासपात्र सहायकों के साथ ऋष्यमूक पर्वत पर छिपा बैठा था। दूर से दो धनुर्धर वीरों को अपनी ओर आते देखकर उसे यह शंका हुई कि बाली ने उसके वध के लिए ही उन दोनों को भेजा होगा। वह घबरा गया और अपने सब साथियों को लेकर पर्वत के उच्च शिखर पर जा बैठा। वहां भी उसे यही जान पड़ा मानो मृत्यु सिर पर आ पहुंची है। न रहते बनता था और न भागते। सुग्रीव को इस प्रकार संत्रस्त देखकर उसके प्रमुख सहायक हनुमान ने निवेदन किया—राजन्! इन धनुर्धारियों को बिना जानेबूझे अपना वैरी और बालि का हितैषी मानकर शंकित होना तथा भागना उचित नहीं है। पहले इनका भेद लेकर तब कर्त्तव्य का निश्चय करना चाहिए।

सुग्रीव को हनुमान की बुद्धि और शक्ति का बड़ा भरोसा था। उसने उन्हीं को आगन्तुकों से तुरन्त मिलने और परिचय ज्ञात करने का आदेश दिया।

हनुमान सन्यासी का वेश धारण करके राम-लक्ष्मण के समीप गए और उन्हें शिष्टतापूर्वक प्रणाम करके सुसंस्कृत भाषा में बोले—सज्जनों! आप लोग स्वरूप से देवता या विलक्षण महापुरुष जान पड़ते हैं। मैं आपका स्वागत करता हूं। आप दोनों के शुभागमन से इस स्थान की महिमा बढ़ गई है। क्या मैं यह पूछने की

धृष्टता कर सकता हूं कि आप कौन हैं, कहां से और किस अभिप्राय से इस दुर्गम वन में पधारे हैं? मुझे तो ऐसा लगता है कि आप दोनों के रूप में सूर्य और चन्द्र ही पृथ्वी पर अवतीर्ण हुए हैं। सत्य-सत्य बताइए, आप लोग नर-शरीरधारी देवता हैं या कहीं के राजकुमार? दिव्य राजलक्षणों से सम्पन्न होकर भी आप तपस्वी के वेश में क्यों घूम रहें हैं?

यतिवेशधारी हनुमान ने इस प्रकार अत्यन्त शिष्ट, सुकोमल तथा संयत भाषा में राम-लक्ष्मण से उनका परिचय पूछा। दोनों भाई उनकी बातों को ध्यान से सुनते रहे, स्वयं कुछ नहीं बोले। तब हनुमान् ने पुनः निवेदन किया—सज्जनों! संभवतः आप लोग किसी अपरिचित से बातचीत करना उचित नहीं समझते; इसीलिए मौन हैं। आपसे कुछ पूछने के पहले मुझे अपना ही परिचय देना चाहिए। मैं वानर-जाति में उत्पन्न मारुत का पुत्र हनुमान हूं। मुझे कपिवर सुग्रीव ने आपके पास भेजा है। मैं उसका सखा और सचिव हूं। सुग्रीव अपने बड़े भाई बालि के अत्याचार से पीड़ित होकर आजकल ऋष्यमूक पर्वत पर रहते हैं। आप दोनों को सहसा इधर आते देखकर उन्हें स्वभावतः कौतूहल तथा कुछ सन्देह भी हुआ। उन्होंने तत्काल मुझे आपसे मिलने का आदेश दिया। आपके बारे में हमें पहले कुछ संशय था, इसीलिए मैंने छद्मवेश में आना ही ठीक समझा। आप लोगों के दर्शनमात्र से वह दूर हो गया। अब आप कृपा करके अपना परिचय दें और मेरे साथ ऋष्यमूक पर्वत पर पधारने का कष्ट करें। सुग्रीव बड़े धर्मात्मा, बुद्धिमान् और गुणग्राही हैं। आप जैसे महापुरुषों से मिलकर उन्हें बड़ी प्रसन्नता होगी। मैं उनकी ओर से आपको सादर आमन्त्रित करता हूं।

हनुमान के मधुर, स्पष्ट तथा प्रभावशाली संभाषण और सद्व्यवहार से राम का चित्त प्रसन्न हो गया। वे लक्ष्मण से मन्द स्वर में बोले—लक्ष्मण! हम लोग जिनसे मिलना चाहते हैं, उन्हीं के सुयोग्य मन्त्री हैं। हीनजाति के होकर भी ये विलक्षण, बुद्धि-सम्पन्न तथा वेद-शास्त्र, व्याकरण आदि के पण्डित जान पड़ते हैं। ऐसी शुद्ध, सरस, शब्दप्रपंचरहित और सारगर्भित वाणी कोई विद्वान् ही बोल सकता है। इस वाक्यविशारद के मुख से एक भी अशुद्ध और निरर्थक वाक्य नहीं निकला। बोलते समय इनके मुख, नेत्र, ललाट तथा अन्य अंगों से किसी तरह का विकार नहीं दिखाई पड़ा। अपने भाव को इन्होंने नपेतुले शब्दों में स्वाभाविक ढंग से व्यक्त कर दिया। इनका उच्चारण कितना स्पष्ट, मधुर और सुसंयत था! हृदय, कण्ठ और सिर से निकली हुई ऐसी सरस, सार्थक चित्रवाणी से तलवारधारी वैरी

का भी चित्त मोहित हो सकता है। राजाओं के कार्य ऐसे ही चतुर कार्यसाधकों से सिद्ध होते हैं। तुम इनकी बातों का बुद्धिमानी से उत्तर दो।

तब लक्ष्मण राम की ओर संकेत करके हनुमान से बोले–विद्वद्वर हनुमान! ये त्रिभुवन-विख्यात कोसल-नरेश महाराज दशरथ के ज्येष्ठ पुत्र, मेरे स्वामी, रघुकुल-तिलक महात्मा राम हैं और मैं इनका अनुज तथा अनुचर लक्ष्मण हूं। हम लोग घर, परिवार और राज्य त्यागकर चौदह वर्ष तक वन में निवास करने आए हैं। हमारे साथ में पूज्य भाई की धर्मपत्नी जनक-नन्दनी सीता भी थीं। उन्हें पंचवटी से कोई दुरात्मा राक्षस हर ले गया है। हम लोग उन्हीं की खोज में इधर-उधर घूम रहे हैं। इस परदेश में हमारा कोई सखा-सहायक नहीं है। मार्ग में कबन्ध के मुख से कपिवर सुग्रीव की बड़ाई सुनकर हम लोग उनसे मिलने और सहायता मांगने आए हैं। एक दिन जो सबके आश्रयदाता और सहस्त्रों मनुष्यों के रक्षक तथा पालक थे, जिसका मुंह बड़े-बड़े राजा भी ताकते थे, वही जगतत्पूज्य राम आज सुग्रीव के कृपाभिलाषी होकर उनकी शरण चाहते हैं। जो दूसरों का दुःख हरण करने में समर्थ हैं, वही राम आज स्वयं महादुःखी होकर आप सबकी सहानुभूति चाहते हैं। हम आपके यशस्वी स्वामी का आमंत्रण स्वीकार करते हैं।

हनुमान ने मन ही मन समझ लिया कि राम और सुग्रीव एक-सी स्थिति में हैं, अतः दोनों सहज एक-दूसरे के घनिष्ठ मित्र और उपकारी बन जाएंगे। दोनों को आदरपूर्वक अपने साथ लेकर ऋष्यमूक की ओर चले।

राम-सुग्रीव की मित्रता–ऋष्यमूक के निकट पहुंचकर राम-लक्ष्मण खड़े हो गए। हनुमान ने आगे बढ़कर सुग्रीव से सारा हाल कहा। सुग्रीव अत्यन्त प्रसन्न हुआ और तत्काल मनुष्य का रूप धारण करके पर्वत से नीचे उतर आया। उसने राम के आगे अपना दाहिना हाथ बढ़ाकर कहा–पधारिए धर्मात्मा राम! आपका स्वागत है। हनुमान से मुझे आपका परिचय मिल चुका है। यह मेरा सौभाग्य है कि आप मेरे साथ मैत्री करके मुझे गौरवान्वित करने आए हैं। मैं दृढ़ मित्रता के लिए अपना हाथ बढ़ाता हूं।

राम ने सुग्रीव से हाथ मिलाकर उसे छाती से लगा लिया। हनुमान ने उसी समय लकड़ियों से आग जलाई। राम अग्निदेव को साक्षी करके सुग्रीव से बोले–सुग्रीव! आज से तुम मेरे सुहृद् हो, हम तुम्हारे सुख-दुख को अपना ही समझें...।

सुग्रीव ने भी अग्नि के समक्ष इसी प्रकार मैत्री की शपथ ली। इसके बाद वह दोनों भाइयों को पर्वत के ऊपर ले गया। वहां उनके लिए कोमल पत्तों का

आसन बिछाया गया। हनुमान ने लक्ष्मण को चन्दन की एक फूली हुई टहनी भेंट की।

राम और सुग्रीव में बातें होने लगीं। सुग्रीव ने कहा—पुरुष-सिंह राम! मुझे मन्त्रिवर हनुमान ने आपके आने का उद्देश्य बता दिया है। आप सीता की चिन्ता छोड़िए, वे जहां कहीं भी होंगी, मैं उन्हें अवश्य ढूंढ़ लाऊंगा।...कुछ समयपूर्व एक राक्षस किसी स्त्री को हरकर आकाश मार्ग से ले जा रहा था। उस अबला के मुख से बार-बार 'हा राम', 'हा लक्ष्मण' की पुकार सुनाई पड़ती थी। उसने हमें यहां बैठे देखकर पोटली में अपने कुछ गहने गिरा दिए थे। वे अभी तक मेरे पास सुरक्षित हैं, आप उन्हें देखिए। मेरा तो अनुमान है कि जिस स्त्री को हमने देखा था, वे सीता ही थीं।

यह कहकर सुग्रीव अपनी गुफा में गया और वहां से उन गहनों को ले आया। राम ने उन्हें देखते ही पहचान लिया। उनकी आंखों से आंसुओं की धारा बह चली। उन आभूषणों को लक्ष्मण के आगे रखकर वे बोले—लक्ष्मण! इन्हें पहचानते हो?

लक्ष्मण ने बहुत दुःख के साथ उत्तर दिया—भैया! मैं इन केयूरकुंडलों के बारे में तो कुछ नहीं कह सकता, लेकिन नूपुरों को पहचान रहा हूं। भाभी के चरण छूते समय मैं इन्हीं को नित्य देखता था।

राम शोक से अधीर हो गए। सुग्रीव ने उन्हें समझाते हुए कहा—वीरवर राम! आपको दुःखी और अधीर न होना चाहिए। मुझे देखिए, मेरे ऊपर भी ऐसी ही विपत्ति है। मैं तुच्छ जाति का अशिक्षित प्राणी हूं, फिर भी दुःखी या अधीर नहीं होता। आप तो नर ही नहीं, नरनाथ हैं, परम बुद्धिमान् और सुशिक्षित महापुरुष हैं। आप जैसे ज्ञानी का शोकग्रस्त होना अशोभनीय है। आप शोक का परित्याग कीजिए। शोक से मनुष्य का आत्मतेज नष्ट हो जाता है। शोकाकुल प्राणी कभी सुखी नहीं हो सकता। अतएव धैर्य रखिए, सीता आपको आवश्य मिलेंगी। जिसने भी उनका अपहरण किया होगा, मैं उसे सपरिवार मार कर आपका प्रिय कार्य करूंगा।

राम को इन वचनों से थोड़ी शान्ति और स्फूर्ति मिली। उन्होंने स्वस्थ चित्त होकर सुग्रीव से कहा—सुग्रीव! एक सच्चे मित्र से जैसी सहानुभूति और सत्प्रेरणा मिलनी चाहिए, वैसी ही तुम से मुझे मिली है। अब तुम पहले मुझे काम बताओ। उसको करके तब मैं अपने काम की चिन्ता करूंगा।

सुग्रीव गद्गद् होकर बोले--राम! मित्र चाहे धनी हो या निर्धन, सुखी हो या दुखी, निर्दोष हो या सदोष, विपत्ति में वही मनुष्य का सबसे बड़ा सहारा होता है। आप जैसे सर्वसमर्थ मित्र का अनुग्रह कभी निष्फल न होगा। मैं आपका बहुत भरोसा करके अपनी कष्ट-कथा सुनाता हूं। आपने जगत्प्रसिद्ध पराक्रमी वानरसम्राट् बालि का नाम तो सुना होगा। वह किष्किन्धा का राजा और मेरा बड़ा भाई है। उसने मुझे तिरस्कार के साथ घर और राज्य से निकाल दिया है। मेरी पत्नी छीन ली है और मेरे सभी हितैषी मित्रों को बन्दीगृह में डाल दिया है। वह एक बार नहीं, कई बार मेरे वध की चेष्टा कर चुका है। उस महाशक्तिशाली राजा के भय से मैं भागा-भागा घूमता हूं। इस घोर विपत्ति में यही चार वानर--हनुमान, नल, नील, तार--मेरे सच्चे साथी हैं। इन्हीं की सहायता से मैं अभी तक किसी तरह अपने जीवन की रक्षा करता रहा हूं। अब मैं आप जैसे वीर मित्र की शरण में हूं। कृपया मेरे उस बलवान वैरी को मार कर मुझे महाभय से मुक्त कीजिए।

इतना सुनने के बाद राम ने पूछा--तुम्हारी और बालि की शत्रुता का सूत्रपात कैसे हुआ, स्पष्ट करो।

सुग्रीव कहने लगा--राम! बचपन में हम दोनों भाई एकसाथ बड़े प्रेम से रहते थे। पिताजी की मृत्यु के बाद बालि ही किष्किन्धा का राजा बना। मैं उसकी सेवा में रहने लगा। बालि ने थोड़े ही समय में अपने बाहुबल से बड़े-बड़े नामी राक्षसों और गन्धर्वों आदि को पराजित करके चारों ओर अपनी धाक जमा ली। कुछ काल बाद एक सुन्दरी स्त्री के पीछे उसमें और दुन्दुभी राक्षस के पुत्र मायावी में अनबन हो गई। दोनों का वैर बहुत दिनों तक चलता रहा...

...एक दिन मायावी ने अर्द्धरात्रि के समय किष्किन्धा के नगरद्वार पर आकर कर्कश स्वर में बालि को ललकारा। शत्रुदर्पहारी बालि जाग गया और रानियों के मना करने पर भी ताल ठोकता हुआ बाहर निकल आया। भाई के स्नेहवश मैं भी सहायता के लिए दौड़ पड़ा...

...मायावी हम दोनों को देखते ही भाग खड़ा हुआ। हमने चांदनी रात में उसे खदेड़ दिया। बहुत दूर जाने पर एक लम्बी-चौड़ी सुरंग मिली। वह दानव उसी में घुस गया और हमारे बार-बार पुकारने पर भी बाहर नहीं निकला। अन्त में, बालि ने अत्यन्त क्षुब्ध होकर मुझसे कहा--सुग्रीव! मैं इस दुर्गम बिल में जाकर उस अधम राक्षस को मारूंगा। तुम मेरे लौटने तक यहीं बैठे रहना और सावधानी से बिलद्वार की रक्षा करना। तुम्हें मेरे चरणों की शपथ है।...

...बालि सिंह की भांति दहाड़ता हुआ सुरंग के भीतर चला गया। मैं दीर्घकाल तक उसकी प्रतीक्षा करता बैठा रहा। मेरे मन में भांति-भांति की अशुभ आशंकाएं

उठने लगीं, पर मैं वहां से नहीं टला। एक दिन सहसा सुरंग से फेनिल रक्त की धारा निकली; साथ ही बहुत-से दानवों का कोलाहल भी सुनाई पड़ा। मैंने उस समय बालि का गर्जन नहीं सुना। इन सब लक्षणों से मुझे यह विश्वास हो गया कि दानवों ने मिलकर बालि को मार डाला है। मैं भयवश उस सुरंग के द्वार को एक भारी शिला से अच्छी तरह बन्द करके किष्किन्धा चला गया। वहां सबको मैंने बालि की मृत्यु का समाचार वताया और विधिवत् उसका श्राद्धकर्म किया। तदनन्तर राजमन्त्रियों ने मिलकर मुझे किष्किन्धा के राजसिंहासन पर बैठाया और मैं राज्य करने लगा।...

...अब आगे का हाल सुनिए—मेरा अनुमान असत्य निकाला। मेरे राज्याभिषेक के कुछ ही समय बाद बालि मायावी राक्षस को मारकर लौटा। मुझे देखते ही वह क्रोध से उन्मत्त हो गया। मैंने उसे प्रणाम किया अपना मुकुट उसके चरणों पर रख दिया और अपनी ओर से बहुत कुछ सफाई दी, लेकिन वह प्रसन्न नहीं हुआ। उसने सबके आगे मेरी भर्त्सना करते हुए कहा—ओह! इस नीच भ्रातृ द्रोही ने राज्य के लोभ से मेरे साथ कैसा विश्वासघात किया! यह जान-बूझकर मेरे साथ गया था। इसके भरोसे मैं सुरंग में घुस गया। बहुत ढूंढ़ने पर कई दिनों बाद वह दानव मिला। मैंने उसे और उसके सभी साथियों को पकड़-पकड़कर मार डाला। उनके क्रन्दन-चीत्कार से सारी सुरंग गूंज उठी और रक्त की धारा बह निकली। यह कठिन कार्य करके जब मैं थका-मांदा बाहर की ओर आया, तो द्वार बन्द मिला। यह दुष्ट उसको एक बड़ी भारी शिला से बन्द करके भाग आया था। मैं किसी तरह उस शिला को तोड़कर बाहर निकला। अब यहां आकर देखता हूं कि यह महाशय मुझे मृत्यु के मुख में डालकर स्वयं राजा बन बैठा है।

...राम! जिन बातों से मुझे इस विषय में धोखा हुआ था, उन्हें बालि को बताकर मैंने उससे बारम्बार क्षमा मांगी, लेकिन उसने उसी समय मुझे वहां से खदेड़ दिया। मेरी पत्नी तक मुझसे छीन ली गई। उसे बालि की उपपत्नी बनने के लिए विवश होना पड़ा। तब से मैं इधर-उधर मारा-मारा फिरता हूं। हर जगह बालि के गुप्त सैनिक मेरे पीछे लगे ही रहते हैं। कुछ दिनों से मैं इसी पर्वत पर वास कर रहा हूं। बालि शापवश इस पर्वत पर नहीं आता, इससे यह स्थान सुरक्षित है। यद्यपि मैं निर्दोष हूं, फिर भी बालि ने मुझे दोषी बनाकर मेरे ऊपर घोर अत्याचार किया है। अब आप कृपा करके मेरे भ्रातृरूपी वैरी को मारिए और अपने इस दुःखी-दीन मित्र की रक्षा कीजिए।...

राम सहज भाव से बोले—सुग्रीव! मैत्री का फल उपकार ही होता है। जिस चरित्रहीन बालि ने तुम्हारी भार्या का अपहरण करके तुम्हारे साथ ऐसा अन्याय किया है, उसे मैं अवश्य मारूंगा। तुम्हें शीघ्र ही कुललक्ष्मी और राजलक्ष्मी—दोनों प्राप्त होंगी।

राम के आश्वासन से सुग्रीव को सन्तोष नहीं हुआ। वह बोला—रघुनन्दन! यह माना कि आप यथाशक्ति मेरी सहायता करेंगे, लेकिन बालि को पराजित करना सहज नहीं है। वह ऐसा शक्तिशाली है कि पर्वत-शिखरों को खंड-खंड करके गेंद की तरह उछाल देता है। वन के बड़े-बड़े वृक्षों को एक धक्के से गिरा देना उसके लिए साधारण काम है। उसने गोलभ नामक अति पराक्रमी गन्धर्वराज के साथ पन्द्रह वर्षों तक लगातार युद्ध करके उसे पछाड़ दिया था। एक बार जंगली भैंसे के समान भीषण शरीरधारी दुर्दम राक्षस दुन्दुभि उससे लड़ने आया था। दोनों में भयंकर मल्लयुद्ध हुआ। अन्त में बालि ने उस बलवान् राक्षस को पृथ्वी पर पटककर मार डाला। उसके बल-पराक्रम का हाल कहां तक कहूं! सामने के सात सालवृक्षों (साखू) को देखिए। बालि उन्हें एक बार में झकझोर कर उनका एक-एक पत्ता गिरा सकता है। ऐसे महाबली से आप कैसे पार पाएंगे?

इस पर लक्ष्मण ने सुग्रीव से पूछा—वानरेन्द्र सुग्रीव! आपको इस बात का विश्वास कैसे होगा कि आर्य राम बालि का वध करने में समर्थ हैं?

सुग्रीव ने उत्तर दिया—राजकुमार! मुझे राम के शक्ति-सामर्थ्य का ज्ञान नहीं है, इसलिए थोड़ी शंका होती है। यदि वे इन वृक्षों में से एक को भी एक बाण से काट दें तो मेरा सन्देह मिट जाएगा।

राम ने दिव्य बाण द्वारा क्षणमात्र में सातों सालों को एक साथ काटकर गिरा दिया। सुग्रीव उनकी विलक्षण क्षमता देखकर चकित हो गया। उसने राम से हाथ जोड़कर कहा—महाबाहु राम! अब मुझे विश्वास हो गया कि बालि आपके हाथों से अवश्य मारा जाएगा। मेरी प्रसन्नता के लिए उसे शीघ्र मारिए।

राम बालि वध के लिए उद्यत हो गए। उन्होंने सुग्रीव से कहा—सुग्रीव! अब किष्किन्धा चलो और आगे बढ़कर बालि को ललकारो। मैं पास ही पेड़ों की आड़ में छिपा रहूंगा; वहीं से बालि पर बाण चलाऊंगा।

बालि-वध—सुग्रीव सबको साथ लेकर किष्किन्धा नगरी के समीप पहुंचा। वहां राम आदि पेड़ों की ओट में खड़े हो गए। सुग्रीव लंगोट कसकर आगे बढ़ा और बालि को बारम्बार ललकारने लगा। बालि तुरन्त ही नगर-द्वार से बाहर निकला और क्रोध से उन्मत्त होकर सुग्रीव की ओर झपटा। दोनों में भयंकर मल्लयुद्ध

होने लगा। राम धनुष पर बाण चढ़ाए खड़े ही रह गए। बालि-सुग्रीव के रूप-रंग में इतनी समानता थी कि दूर से उन्हें ठीक-ठीक पहचाना ही नहीं जा सकता था। ऐसी स्थिति में धोखा हो सकता था, अतः राम ने बाण नहीं मारा। उधर बालि ने सुग्रीव को पीटते-पीटते गिरा दिया। वह किसी तरह प्राण बचाकर ऋष्यमूक पर्वत की ओर भागा। बालि भी उसके पीछे ललकारता हुआ दौड़ा और कुछ दूर तक पीछा करने के बाद 'जा, तुझे छोड़ दिया' कहकर लौट आया।

राम-लक्ष्मण आदि सुग्रीव के पास पहुंचे। बालि ने उसकी एक-एक नस ढीली कर दी थी। राम को देखते ही वह रोषपूर्वक बोला—राम! आपका विश्वास करके मैंने धोखा खाया। आप यदि बालि को नहीं मारना चाहते थे तो पहले कह देते।...

राम ने अपनी कठिनाई बताकर कहा—मित्र! कहीं बालि के धोखे में मैं तुम्हें मार देता, तो कैसा अनर्थ होता! अब तुम एक बार फिर युद्ध के लिए चलो और इस बार ऐसा चिह्न धारण कर लो, जिससे मैं तुम्हें दूर से ही पहचान लूं।"

सुग्रीव बहुत डर गया था। फिर भी, राम के आग्रह से वह गले में नागपुष्पी की माला पहनकर पुनः किष्किन्धा की ओर अग्रसर हुआ। महापुरी के बाहर पहुंचकर अन्य लोग पेड़ों की आड़ में छिप गए। सुग्रीव ने आगे बढ़कर गगनभेदी सिंहनाद किया और बालि को युद्ध के लिए ललकारा।

बालि अपने अन्तःपुर में बैठा था। सुग्रीव का रणाह्वान सुनते ही वह दर्प से पैर पटकता हुआ बाहर निकला। उस समय उसकी बुद्धिमान पत्नी तारा ने उसे रोककर कहा—मेरे नाथ! पराजित सुग्रीव इतनी जल्दी दुबारा लौटकर आपको ललकार रहा है। इससे मुझे शंका होती है कि उसे कोई प्रबल सहायक मिल गया है। कुछ दिन पूर्व अंगद को गुप्तचरों से पता चला था कि अयोध्या से राम-लक्ष्मण नामक दो धनुर्धर राजकुमार इधर आए हैं। वे धुरंधर वीर कहे जाते हैं। कौन जाने, सुग्रीव ने उनसे मैत्री कर ली हो और वे यहां उसकी सहायता करने आए हों! आप इस समय रुक जाइए। सुग्रीव आपका छोटा भाई है। उसे आप युवराज का पद देकर स्नेह और उपकार से अपना बना लें तो श्रेयस्कर होगा।

बालि तारा को झिड़ककर बोला—भीरु! सुग्रीव भाई के रूप में नहीं, शत्रु के रूप में आया है। मैं स्वप्न में भी शत्रु का गर्जन-तर्जन नहीं सह सकता। तू राम के विषय में शंका न कर। मैं राम को जानता हूं। वे बड़े मर्यादाशील हैं, अकारण मेरे ऊपर प्रहार नहीं करेंगे। मैं तुझे वचन देता हूं कि सुग्रीव का वध नहीं करूंगा। बस, उसका दंभ-अहंकार चूर करके छोड़ दूंगा।

महाबली बाली सिंह की तरह दहाड़ता हुआ आगे बढ़ा। सुग्रीव के पैर के नीचे की धरती खिसकने लगी। फिर भी, राम के भरोसे मैदान में डटा ही रहा। बालि ने झपटकर सुग्रीव को एक घूंसा मारा। उसके मुख से रक्त निकलने लगा। एक बार लड़खड़ाकर वह फिर संभल गया। दोनों में घमासान युद्ध होने लगा। उस समय ऐसा प्रतीत होता था मानो सूर्य और चन्द्र ही पृथ्वी पर आकर लड़ रहे थे। बालि के आगे सुग्रीव का बल-पौरुष धीरे-धीरे मन्द पड़ गया। उसको अत्यन्त व्याकुल देखकर राम ने एक संघात्मक बाण मारा उससे बालि का वक्ष विदीर्ण हो गया। वह रुधिर बहाता हुआ धड़ाम से गिर पड़ा।

वानरराज के धराशायी होते ही सुग्रीव के सभी गुप्त सहायक प्रकट हो गए। बालि धनुर्धारी राम की ओर देखकर बोला—राम! यह आपने क्या किया? आप तो एक यशस्वी राजपुत्र हैं और बड़े धर्मात्मा कहे जाते हैं। आपने ऐसा अधर्म और अन्याय क्यों किया? मैंने आपका क्या बिगाड़ा था? मैं तो एक बनवासी प्राणी था। कभी मैंने आपका अपमान या आपके राष्ट्र का अहित भी नहीं किया था। फिर आपने अकारण मुझे क्यों मारा? आप तो साधारण नर नहीं, नरेश्वर हैं; फिर ऐसे दुष्कर्म में कैसे प्रवृत्त हुए? आप तो पूरे वंचक निकले? सभ्य समाज में आप इस बात का क्या उत्तर देंगे? संसार आपको क्या कहेगा? यदि आप मुझसे लड़ना चाहते थे तो सामने आकर लड़ते; मैं आपकी युद्ध-वासना शान्त कर देता। आपने स्वार्थवश सुग्रीव को प्रसन्न करने के लिए मेरी हत्या की है। यदि आप मुझसे कहते तो मैं एक दिन में सीता को ला देता और साथ ही आपके अपकारी राक्षस को भी पकड़ लाता। साधारण कार्य के लिए आपने ऐसा अनर्थ कर डाला! यह आपके लिए घोर कलंक की बात होगी।

बालि को उस समय असह्य वेदना ही रही थी। वह अधिक नहीं बोल पाया। राम उसकी प्रताड़ना से रुष्ट होकर बोले—बालि, तुम जिस धर्म की दुहाई दे रहो हो, मैंने उसी के अनुसार कार्य किया है। तुमने अपने छोटे भाई सुग्रीव के जीते-जी उसकी धर्मपत्नी रूमा को, जो धर्मानुसार तुम्हारी पुत्रवधू के तुल्य है, अपनी स्त्री बना रखा है। इस पापकर्म के लिए तुम्हें मृत्युदंड देना उचित ही है। इसके अतिरिक्त मुझे सुग्रीव का भी उपकार करना था, क्योंकि वह मेरा मित्र है। अतएव मैंने धर्म-रक्षा और मित्र-रक्षा के निमित्त तुम्हें मारा है। तुम पशुकर्म में लिप्त होकर पतित हो गए थे, अतः तुमको छिपकर मारने में मैंने कोई दोष नहीं समझा। दुष्ट जीवों का वध इसी प्रकार किया जाता है।

बालि मृत्यु की घड़ियां गिन रहा था। उसने राम से हाथ जोड़कर नम्रतापूर्वक निवेदन किया—राम! जो होना था, सो हो चुका। मुझे पर-स्त्री हरण का दण्ड मिल गया। मेरे कठोर शब्दों के लिए आप मुझे क्षमा करें। मेरा अन्तकाल निकट है। मुझे एक ही चिन्ता है कि मैं अपनी स्त्री तारा और अपने एकमात्र पुत्र अंगद को अनाथ छोड़कर इस संसार से जा रहा हूं। उनका क्या होगा? कहीं सुग्रीव उनसे मेरे बैर का बदला न ले। राम! आपसे मेरी यह अन्तिम प्रार्थना है कि उन पर कृपादृष्टि रखिएगा। अंगद को मैं बहुत प्यार करता था। उसका विशेष ध्यान रखिएगा।

राम ने बालि को आश्वासन देते हुए कहा—वानरराज! तुम चिन्ता न करो। हम और सुग्रीव पिता की भांति अंगद का पालन करेंगे।

बालि कष्ट से मूर्च्छित हो गया। उसी समय उसकी पत्नी तारा हाहाकार करती हुई वहां आई और पति से लिपटकर विलाप-प्रलाप करने लगी। हनुमान् ने उसे बहुत समझाया। पर वह कैसे मानती! उसकी आंखों के आगे ही उसका सौभाग्य लुट रहा था। बालि की सांस धीमी पड़ गई थी। उसने एक बार आंख खोलकर सुग्रीव को पास बुलाया और धीरे से कहा—सुग्रीव, मैं सदा के लिए जा रहा हूं। तुम पिछली बातों को भूल जाओ। परिस्थितियों से विवश होकर मैंने तुम्हारे साथ जो कठोर व्यवहार किया हो; उसके लिए मुझे दोष न देना। भैया! हम दोनों के भाग्य में साथ-साथ सुख से रहना नहीं लिखा था। अब मैं चला सुग्रीव! तुम इस वानर-राज्य को संभालो। अंगद का ध्यान रखना। यह बहुत लाड़-प्यार में पला है। आज से तुम उसके पिता बनो। तारा के सुख-सम्मान का भी ध्यान रखना। राज्य के कार्य में किसी प्रकार का प्रमाद न करना। अब तुम मेरे गले से सोने की दिव्य माला उतारकर पहन लो। उसमें राज्य-श्री निवास करती है...।

सुग्रीव भाई के स्नेह-भरे वचन सुनकर रोने लगा। बालि ने उसे अपने हाथ से अपनी माला उतारकर दे दी। इसके बाद वह अपने युवा पुत्र अंगद से बोला—बेटा! मैं तुम्हें सुग्रीव के हाथों में सौंपकर अब इस संसार से जा रहा हूं। तुम मेरे स्थान पर सुग्रीव को ही अपना पिता मानना और उन्हीं की इच्छा के अनुसार चलना। तुम्हारे अपराध करने पर भी मैं तुम्हें सदा प्यार ही करता था; दूसरा कोई ऐसा न करेगा। अतः भविष्य में बहुत सावधान रहना। मेरी एक बात और मानना—वह यह कि सदा मध्यम मार्ग का ही अनुसरण करना; किसी से अधिक प्रेम या बैर न करना; क्योंकि दोनों ही अनिष्टकारक होते हैं।

इतना कहकर बालि ने प्राण त्याग दिए। वानर-समाज में हाहाकार मच गया। सभी उसके गुणों को याद करके रोने लगे। किष्किन्धा सूनी जान पड़ने लगी। सुग्रीव को उस समय याद आया कि बालि युद्ध में भी भाईपन का ध्यान रखता था और जान-बूझकर सदा मृदु प्रहार ही करता था। उत्तेजितावस्था में भी उसने अपना बड़प्पन नहीं छोड़ा। बड़े भाई की अनेक विशेषताओं को स्मरण करके वह अपनी ही दृष्टि में दोषी बन गया और सिर पीट-पीटकर रोने लगा। राम की आंखों में भी आंसू आ गए।

तारा उस समय सबसे अधिक दुःखी थी। वह रोती-छटपटाती राम के पास पहुंची और बोली—राम! मैंने आपकी बड़ी प्रशंसा सुनी थी। आपने ऐसा अनुचित कार्य क्यों किया? स्त्री के बिना किसी युवक को कष्ट होता है, उसे आप जानते ही हैं। मेरे बिना मेरे प्रियतम स्वर्ग में भी सुखी न होंगे, अतः आपसे मेरी प्रार्थना है कि मुझे भी मारकर उनके पास पहुंचा दें। इस स्त्रीदान से आपको बहुत पुण्य मिलेगा।

राम ने दुःखिनी तारा और सुग्रीव तथा अंगद को सांत्वना देकर बालि की अन्त्येष्टि-क्रिया करने का आदेश दिया। लक्ष्मण और सुग्रीव आदि बालि के मृत शरीर को एक सुसज्जित शिविका में रखकर धूमधाम से श्मशान ले गए। वहां सुग्रीव ने चन्दन की चिता पर उसका दाह-संस्कार किया।

इसके बाद सभी प्रमुख वानर राम के पास लौट आए। उन सबकी इच्छा यही थी कि राम स्वयं किष्किन्धा में चलकर अपने हाथों से सुग्रीव का राज्याभिषेक करें। हनुमान ने इसके लिए उनसे अनुरोध भी किया, लेकिन दृढ़व्रती राम सहमत नहीं हुए। एक निश्चित समय तक किसी ग्राम या पुर में जाना उनके लिए अनुचित था—उन्होंने वानरों को इस सम्बन्ध में उचित आदेश देकर सुग्रीव से कहा—मित्र! अब तुम जाकर अपना अभिषेक कराओ और राजकाज संभालो; अंगद को युवराज का पद दे देना। अब वर्षा ऋतु आ गई है, अतः सीता के अन्वेषण का कार्य नहीं हो सकता। मुझे विश्वास है कि तुम वर्षा के समाप्त होते ही मेरा कार्य अवश्य करोगे। मैं तब तक किष्किन्धा के पास ही किसी एकांत स्थान में निवास करूंगा।

सुग्रीव ने राम के प्रति हार्दिक कृतज्ञता प्रकट करके उनसे कहा—महाभाग! आप मेरा विश्वास कीजिए। मैं यह प्रतिज्ञा करता हूं कि वर्षा ऋतु के बीतते ही आपका कार्य अवश्य कर दूंगा।

राम ने उसे प्रेमपूर्वक विदा किया। वह दल-बल सहित वानरों की समृद्धिशालिनी महापुरी में आया। प्रजा ने धूमधाम से उसका स्वागत किया। राजदुर्ग में विधिवत्

उसका राज्याभिषेक हुआ। राजा होते ही सुग्रीव ने अंगद को गले से लगाकर युवराज के आसन पर बिठा दिया। राम की कृपा से उसकी सभी मनोकामनाएं पूरी हो गईं।

राम का एकान्तवास–सुग्रीव को किष्किन्धा भेजकर राम-लक्ष्मण प्रस्त्रवण नामक सुरम्य पर्वत की एक गुफा में निवास करने लगे। उन्होंने वहीं वर्षा के चार मास व्यतीत किए। वन-पर्वत के रमणीक स्थानों में भी राम के चित्त को शान्ति नहीं मिलती थीं। चन्द्रोदय से उनका सन्ताप बढ़ जाता था। काले बादलों में चमकती बिजली उन्हें राक्षस के अंक में छटपटाती हुई सीता की याद दिला देती थी। उन दिनों राम को रह-रहकर भरत और अयोध्या की भी बहुत याद आती थी। कभी-कभी वे अपने व सुग्रीव के भाग्य की तुलना करके लक्ष्मण से कहते–लक्ष्मण! सुग्रीव इस समय रमणी और राजलक्ष्मी का उपभोग करता होगा। लेकिन मैं राज्य और स्त्री, दोनों से वंचित हूं। इस कुसमय में मेरा मार्ग भी दुर्गम हो गया है। मैं कौन-सा सुख भोगूं, कहां जाऊं, क्या करूं?

लक्ष्मण उन्हें निरन्तर सान्त्वना देते रहते थे। दोनों भाइयों को एक ही भरोसा था कि सुग्रीव वर्षाकाल के बाद उनके काम को अपने सिर पर उठा लेगा।

उधर सुग्रीव राज्य पाकर बालि की विधवा स्त्री तारा के साथ भोग-विलास में मग्न हो गया। सुरा-सुन्दरी के आगे कर्त्तव्य का ध्यान किसे रहता है! वर्षा के बाद शरत्काल आ पहुंचा, आकाश मेघ-रहित हो गया। फिर भी सुग्रीव ने राम के कार्य में हाथ नहीं लगाया। एक दिन हनुमान के बहुत कहने पर उसने सेनापति नील को बुलाया और उसे पन्द्रह दिन के भीतर पृथ्वी के समस्त वानरों को इकट्ठा करने का आदेश दिया। नील ने सभी दिशाओं में शीघ्रगामी दूत भेज दिए। सुग्रीव फिर अन्तःपुर में जाकर रम गया।

राम की चेतावनी–सीता के वियोग में राम को एक-एक दिन युग के समान जान पड़ रहा था। शरद् ऋतु के आते ही उनकी व्यग्रता बढ़ गई। कई दिनों तक वे इस आशा में बैठे रहे कि सुग्रीव दल-बल सहित आता होगा, लेकिन वह नहीं आया। एक दिन राम अत्यन्त खिन्न होकर लक्ष्मण से बोले–लक्ष्मण! वर्षा ऋतु बीत गई, उद्योग-काल आ पहुंचा, लेकिन मैं सुग्रीव को यहां नहीं देखता। सीता को खोजने की कोई व्यवस्था नहीं हुई। मैं इस समय राज्यच्युत, स्त्रीहीन, निस्सहाय, परदेशी तथा संकटग्रस्त हूं और अनाथ की भांति सुग्रीव की शरण में आया हूं, फिर भी, उसे मेरे ऊपर दया नहीं आती। मुझे दीन-हीन मानकर वह मेरी उपेक्षा कर रहा है। उसे मेरे उपकार और अपनी प्रतिज्ञा का भी कुछ ध्यान

नहीं है। तुम आज ही किष्किन्धा जाओ और उस कृतघ्न से स्पष्ट शब्दों में कह दो कि यमलोक का मार्ग बन्द नहीं हुआ है। जिस मार्ग से बालि गया है, उसी मार्ग से मैं सुग्रीव को भी बन्धु-बान्धवों सहित भेज दूंगा।

शीघ्रकोपी लक्ष्मण पहले से ही सुग्रीव से चिढ़े बैठे थे। राम की बातों से उनका क्रोध भड़क उठा। वे सुग्रीव के प्रति कठोर वचन बोलते हुए धनुष-बाण लेकर खड़े हो गए। धीर-वीर राम ने उन्हें आवश्यकता से अधिक उत्तेजित देखकर फिर कहा—सौम्य! इस बात को याद रखना कि सुग्रीव हमारा मित्र है, उसके साथ किसी प्रकार का अनुचित व्यवहार मत करना। वह इतने दिनों बाद भोग-विलास के प्रचुर साधन पाकर सांसारिक विषयों में आसक्त हो गया है। जहां तक हो सके, उसे समझा-बुझाकर ठीक रास्ते पर लाना होगा।

वीरवर लक्ष्मण ने किष्किन्धा के लिए प्रस्थान किया। चलते-चलते वे पर्वतों के बीच में स्थित अनेक अट्टालिकाओं, पुष्पित काननों, सुविभक्त मार्गों तथा देवालयों से सुशोभित महापुरी किष्किन्धा में पहुंचे। विशाल राजदुर्ग के चारों ओर सैकड़ों शस्त्रधारी सैनिक पहरा दे रहे थे। सारी पुरी वीर वानरों से भरी थी।

महाधनुर्धर लक्ष्मण के आते ही सारी राजधानी में हलचल मच गई। राजमन्त्रियों ने सैनिकों को नगर-रक्षा के लिए तुरन्त सावधान कर दिया। सहस्त्रों भीमकाय वानर वृक्ष तथा शिलाखंड लेकर पर्वतों पर खड़े हो गए और आक्रमण की प्रतीक्षा करने लगे।

लक्ष्मण धनुष पर टंकार देते हुए राजमहल में घुस गए। किसी ने उनको रोकने का साहस नहीं किया। अन्तःपुर के द्वार पर पहुंच कर वे स्वयं ही खड़े हो गए। वहां अंगद ने दौड़कर उनका अभिवादन किया। लक्ष्मण ने उसी के द्वारा सुग्रीव के पास अपने आने का संदेश कहलाया।

लक्ष्मण का उग्ररूप देखकर अंगद भयभीत हो गया था। उसने तुरन्त भीतर जाकर सुग्रीव से निवेदन किया—तात! महात्मा राम के तेजस्वी भाई लक्ष्मण धनुष-बाण लेकर द्वार पर खड़े हैं और आपसे शीघ्र मिलना चाहते हैं। इस समय वे अत्यन्त क्रुद्ध जान पड़ते हैं।

सुग्रीव स्त्रियों के बीच में मदोन्मत्त पड़ा था। अंगद के बार-बार कहने पर वह उत्तेजित होकर बोला—लक्ष्मण को यहां इस तरह आने की आवश्यकता क्यों पड़ी? मैंने उनका कोई अपकार नहीं किया, फिर वे क्यों क्रुद्ध हैं? जान पड़ता है, मेरे शत्रुओं ने उन्हें भड़का दिया है। मुझे राम-लक्ष्मण का लेशमात्र भी भय नहीं है। फिर भी, मैं उनके क्रोध का कारण जानना चाहता हूं। मित्र को इस

प्रकार कुपित नहीं होना चाहिए। मैत्री करना सहज है, पर उसे निबाहना कठिन है...।

उसी समय हनुमान भी वहां आ गए। उन्होंने सुग्रीव को उसकी भूल बताई। तब तक उसका मद भी बहुत-कुछ उतर चुका था। वह अपराधी की तरह भयभीत होकर तारा से बोला...प्रिये! मैं तो लक्ष्मण के आगे जाने का साहस नहीं करूंगा, तुम्हीं जाओ। वे तुम्हारे ऊपर क्रोध नहीं करेंगे, क्योंकि सत्पुरुष स्त्रियों के साथ किसी प्रकार का दुर्व्यवहार नहीं करते।

तारा भी उस समय मद से विह्वल थी। सुग्रीव के बारम्बार आग्रह करने पर वह लक्ष्मण के पास गई। लक्ष्मण ने उसे देखते ही अपना सिर झुका लिया। तारा उनके सामने संभलकर खड़ी हो गई और बोली—राजकुमार! आप हर्षपूर्वक यहां पधारते तो मुझे आश्चर्य न होता। लेकिन आप इतने रुष्ट क्यों हैं? किसी ने आपका कुछ अप्रिय तो नहीं किया?

लक्ष्मण ने उत्तर दिया—देवि! हम राजा सुग्रीव के दुर्व्यवहार से बहुत ही क्षुब्ध होकर यहां आए हैं। उन्होंने वर्षा ऋतु के समाप्त होते ही सीता की खोज कराने की प्रतिज्ञा की थी। उन्हें न उसका ध्यान है और न राम के महान् उपकार का। सब-कुछ भूलकर वे कामिनी और सुरा के सेवन में लगे हैं। हम इस अपमान को नहीं सह सकते, अतः उनसे शीघ्र मिलना चाहते हैं।

मृदुभाषिणी तारा इसे सुनकर बोली—राजकुमार! स्वजनों को इस प्रकार कोप नहीं करना चाहिए। आपने हम लोगों का जो उपकार किया है और आपके प्रति जो हमारा कर्त्तव्य है, उसे मैं जानती हूं; और यह भी जानती हूं कि उसके लिए उद्योग करने का समय आ गया है। किन्तु, इधर आपके मित्र भोग-विलास में लगे रहे, इससे उन्हें इसका विशेष ध्यान नहीं रहा। काम-वासना के तीव्र होने पर मनुष्य सब कुछ भूल जाता है। आप कामतन्त्र में प्रवीण नहीं जान पड़ते, तभी इस प्रकार क्रुद्ध हो गए हैं। कृपया अपने मित्र को इस स्वाभाविक दोष के लिए क्षमा कीजिए। जब बड़े-बड़े ऋषिमुनि भी काम-मोहित होकर अपना कर्त्तव्य भूल जाते हैं तो चंचल प्रकृति के वानरराज का काम-कामी होना आश्चर्य की बात रहीं है। उन्होंने इस दशा में भी आपके कार्य की अवहेलना नहीं की है। वे इसी काम के लिए देश-विदेश के सभी वानरों को बुलाने का आदेश दे चुके हैं। उनसे थोड़ी-बहुत जो असावधानी हुई हो, उसे मित्र-भाव से क्षमा कर दीजिए और अन्तःपुर में चलकर उनसे प्रेमपूर्वक मिलिए।

तारा के अनुरोध से लक्ष्मण सुग्रीव के अन्तःपुर में प्रविष्ट हुए। भीतर रमणियों के नूपुरों की झंकार सुनकर वे लज्जित हो गए! दूर से उन्होंने सोने के पलंग पर दिव्य वस्त्राभूषणधारी सुग्रीव को बैठे देखा। आसपास अनेक सर्वविभूषिता सुकुमारियां खड़ी थीं। सुग्रीव को देखते ही लक्ष्मण का दबा हुआ क्रोध फिर उमड़ आया। वे उसे फटकारने लगे। सुग्रीव घबराकर चुपचाप खड़ा हो गया।

तारा ने अपने कोमल तथा तर्कयुक्त वचनों से लक्ष्मण को फिर शान्त किया। उन्हें प्रसन्न देखकर सुग्रीव अत्यन्त नम्रता के साथ बोला—मित्र लक्ष्मण! मेरा जो कुछ ऐश्वर्य आप देख रहे हैं, वह राम की कृपा का ही फल है। मैं उनके महान् उपकार को कभी नहीं भूलूंगा। मुझे वे अपना दास समझें और सेवा में मुझसे जो त्रुटि हुई हो, उसे क्षमा कर दें। सेवक से भूल होती ही रहती है।

लक्ष्मण की दुर्भावनाएं निर्मूल हो गईं। वे सुग्रीव के प्रति स्नेह-सौजन्य प्रदर्शित करते हुए बोले—मित्र वानरराज ! मेरे पूज्य भाई और आपके अन्यतम हितैषी राम आजकल अत्यन्त दुःखी हैं। उनके दुःख-शोक से संक्षुब्ध होकर ही मैंने आपको कुछ कटु शब्द कहे हैं। उनके लिए मैं क्षमा चाहता हूं। आप स्वयं चलकर श्री राम को सांत्वना दें और अपनी पूर्वप्रतिज्ञा के अनुसार, हमारे कार्य में जो भी सहायता कर सकें, करें। हमें आपका बड़ा भरोसा है।

सुग्रीव ने लक्ष्मण को उत्तम आसन पर बैठाकर उनका यथोचित आदरसत्कार किया। इसके बाद वह हनुमान् से बोला—हनुमान्! जहां भी जितने वानर हों सबको शीघ्रातिशीघ्र बुलाने के लिए दुबारा दूत भेजो। जो वानर दीर्घसूत्री या विषयी हों उन्हें समझा-बुझाकर, भय दिखाकर या प्रलोभन देकर जिस तरह भी हो सके बुलवाओ। मेरे समस्त यूथपतियों को मेरा यह आदेश भेज दो कि वे अपने-अपने दल लेकर दस दिन के भीतर यहां आ जाएं। जो इस आज्ञा का उल्लंघन करेगा उसे कठोर प्राणदण्ड दिया जाएगा।

हनुमान् ने शीघ्र ही सभी दिशाओं में दूतों के दूसरे दल भेज दिए। चारों ओर से दल के दल वानर पहले ही चल पड़े थे। लक्ष्मण के वहां रहते-रहते वानरों के अनेक यूथ आ गए और बहुत-से दूर आते दिखाई पड़े। सुग्रीव ने यूथपतियों को सेना-सहित प्रस्त्रवण पर्वत पर चलने का आदेश दिया। इसके बाद वह लक्ष्मण के साथ सोने की पालकी में बैठ कर स्वयं राम से मिलने गया।

राम के पास पहुंचकर वानरराज उनके चरणों पर गिर पड़ा। राम ने अत्यन्त स्नेह से उसका आलिंगन किया, कुशल-प्रश्न पूछा और अन्त में कहा—मित्र! उद्योग-काल आ गया है, मैं तुम्हारे भरोसे बैठा हूं; अब तुम सीता को खोजने में मेरी जो भी सहायता कर सकते हो, शीघ्र करो...।

सुग्रीव ने कहा—मित्रवर! आप निश्चिन्त रहें। इस कार्य के निमित्त सैकड़ों यूथपतियों की अध्यक्षता में अनेक देशों की सेनाएं आ गई हैं। उनमें वानर और रीछ जाति के असंख्य वीर हैं। अन्य स्थानों के सैनिक भी आते ही होंगे।

दोनों में बातें हो ही रही थीं, इतने में दूर अपरम्पार धूल उड़ती दिखाई पड़ी। साथ ही भयंकर कोलाहल भी सुनाई पड़ा। सुग्रीव के यूथपति अपनी-अपनी सेना लेकर झपटे चले आते थे। सेनापति नील अपने विशाल दल के साथ आता दिखाई पड़ा। नल भी सहस्त्रों वानरों को लेकर चला आ रहा था। महाबली बालि का वीर पुत्र अंगद लाखों वानर सैनिकों को लिए हुए सबसे आगे पहुंचने के लिए व्यग्र था। हनुमान का उत्साह तो देखने ही योग्य था। वे दल के साथ बारम्बार सिंहनाद करते हुए महावेग से दौड़े आ रहे थे। वृद्ध जाम्बवन्त रीछों का बहुत बड़ा झुण्ड लिए आता था। इसी प्रकार तारा के पिता सुषेण, हनुमान् के पिता केसरी तथा बहुत-से अन्य वानर-सरदार अपना-अपना सुसंगठित दल लेकर राम की सहायता के लिए चले आ रहे थे। 'राजा सुग्रीव और राजाधिराज राम की जय' से आकाश बार-बार थर्रा उठता था।

देखते-देखते लाखों-करोड़ों वानर प्रस्त्रवण के पास आकर जमा हो गए। तब सुग्रीव ने राम से निवेदन किया—महानुभाव! मेरे साथी सैनिक और सेनापति आपकी सेवा में उपस्थित हैं। ये बड़े आज्ञाकारी, साहसी, पराक्रमी तथा कामरूपी (इच्छानुसार विविध रूप धारण करने में कुशल) वानर हैं। आप इनसे और मुझसे जो सेवा चाहें ले सकते हैं। सब आपके आदेश की प्रतीक्षा में हैं।

राम अत्यन्त प्रसन्न होकर बोले—वानरेन्द्र सुग्रीव! आज्ञा तो आप ही दे सकते हैं। पहले हमें यह पता लगाना है कि सीता अभी तक जीवित है या नहीं, और यदि जीवित है तो कहां किस परिस्थिति में है। इस काम को आप जिस ढंग से कराना चाहें कराएं। आगे का कार्यक्रम तो बाद में ही निश्चित होगा।

सुग्रीव ने वानरों को सारा प्रयोजन बताया और सीता को चारों दिशाओं में ढूंढ़ने के लिए सम्पूर्ण सेना को चार दलों में बांटा और प्रत्येक दल के नायक को एक-एक दिशा के समस्त नगरों, द्वीपों और वनों तथा पर्वतों आदि का पूरा विवरण बता दिया। दक्षिण दिशा में सीता के मिलने की अधिक सम्भावना थी, अतः उधर के लिए अंगद की अध्यक्षता में हनुमान्, नील, जाम्बवन्त आदि चुने हुए धीर-वीर नियुक्त किए गए। इस प्रकार की व्यवस्था करके सुग्रीव ने हनुमान् को एकान्त में बुलाया और कहा—हनुमान्! मुझे तुम्हारा बड़ा भरोसा है। तुम बुद्धि

और बल दोनों में सर्वश्रेष्ठ हो। तुम्हारे ही उद्योग से यह कार्य सफल हो सकता है। तुम सीता की खोज करने में कुछ उठा न रखना।

राम ने भी हनुमान् को बुलाकर उनके हाथ में अपनी नामांकित मुद्रिका दी और कहा—कपिवर! मेरा हृदय कह रहा है कि तुम सीता को खोजने में अवश्य सफल होगे। यदि सीता मिले तो उसे यह अंगूठी दे देना। इसको पाकर वह अत्यन्त प्रसन्न होगी और तुम्हारा विश्वास कर लेगी। मेरी ओर से उस दुःखिनी का हालचाल पूछना और मेरा यह संदेश कह देना कि उसके बिना मेरा यह जीवन सूना हो गया है, मैं बहुत ही दुःखी हूं और शीघ्र ही उसके उद्धार का उपाय करूंगा।

इसके उपरान्त वानरेश्वर सुग्रीव ने समस्त वानरों को सम्बोधित करके कहा—मेरे वीरो! तुम लोग अपनी-अपनी निर्दिष्ट दिशा में जाकर, जिस प्रकार भी हो सके, सीता और रावण का पता लगाओ। इस कार्य के लिए तुम्हें एक मास का समय दिया जाता है। इस अवधि में जो भी लौटकर सीता का कुशल-संवाद सुनाएगा, वह मुझे प्राणों से भी अधिक प्रिय होगा। मैं उसे मुंहमांगा पुरस्कार दूंगा। इसके विपरीत जो वानर लौटने में विलम्ब या किसी तरह का प्रमाद करेगा, उसे मृत्युदंड दिया जाएगा।

सुग्रीव का आदेश सुनते ही वानरगण चिल्लाकर बोले—'राजा सुग्रीव की जय! महाराजा राम की जय! हम सीता को ढूंढ़ेंगे! रावण जीता न बचेगा!' इस प्रकार दर्पयुक्त वचन कहते और घोर गर्जन करते हुए वानरों के दल बड़े उत्साह से विविध दिशाओं में चल पड़े।

सीता की खोज—वानर लोग चारों ओर बड़ी तत्परता से सीता की खोज करने लगे। पूर्व, पश्चिम और उत्तर के दल सभी दुर्गम स्थानों में जाकर हताश हो गए और महीने-भर के भीतर लौट आए। दक्षिण दिशा का दल निश्चित अवधि के भीतर न लौटा। अंगद, हनुमान् और जाम्बवन्त आदि विन्ध्याचल की गुफाओं में, वनों, पर्वतों और झाड़ियों तक में सीता की खोज करते और अनेक संकटों को झेलते हुए दक्षिण के समुद्र-तट पर जा पहुंचे। सामने अगाध सागर गरज रहा था। इतने दिनों के घोर श्रम और कष्ट से व्यथित वानरगण वहीं हताश होकर बैठ गए। उन्हें किष्किन्धा से चले तीन-चार महीने हो चुके थे। अब लौटने में प्राणदण्ड का भय था। इसलिए वे दुविधा में पड़ गए—न आगे जा सकते थे और न पीछे लौट सकते थे।

सभी वानर अधमरे-से होकर समुद्र के किनारे पड़े थे। उसी समय पर्वत की चोटी पर एक भयंकर शरीरधारी गृध्र दिखाई पड़ा। वह जटायु का बड़ा भाई

सम्पाति था। उसे देखते ही बहुत-से वानर यह चिल्लाते हुए भागे—हाय! हम तो व्यर्थ ही मारे गए। हमसे अच्छा तो जटायु ही था, जो राम का कुछ उपकार करके ही मरा...।

जटायु का नाम और उसका मृत्यु-संवाद सुनकर अतिवृद्ध सम्पाति बोला—अरे। यह क्या हृदय-विदारक समाचार सुना रहे हो! वानरो, घबराओ मत, कृपा करके अपना परिचय दो और यह बताओ कि जटायु कब और कैसे मरा?

सम्पाति के पूछने पर वानरों ने सारा हाल कह सुनाया। उसे सुनकर सम्पाति बोला—मित्रो! जिसके वध का वृत्तान्त तुमने अभी सुनाया है, वह मेरा छोटा भाई था। मैं तो वृद्धावस्था के कारण शरीर से बहुत ही निर्बल हो गया हूं; लेकिन बुद्धि और वाणी से ही राम की थोड़ी-बहुत सहायता कर सकता हूं। कुछ समय पूर्व मैंने रावण को एक अपहृता स्त्री के साथ इधर से जाते देखा था। वह स्त्री बार-बार 'हा राम! हा लक्ष्मण!' कहकर चिल्ला रही थी। सम्भवतः वे सीता ही थीं। तुम लोग यहां से किनारे-किनारे सुदूर दक्षिण चले जाओ और और वहीं से सौ योजन लम्बे समुद्र को किसी तरह पार करने की चेष्टा करो। उस पार रावण की महापुरी लंका में तुम्हें सीता का दर्शन मिल सकता है। मैं तुम्हारी सफलता की कामना करता हूं। उससे मुझे और मेरे स्वर्गीय भाई की आत्मा को बहुत ही सन्तोष होगा।

सम्पाति वानरों को उत्साहित करके चला गया। वानरगण उसके बताए मार्ग से आगे बढ़े और कई दिनों की कठिन यात्रा के बाद दक्षिण सागर के किनारे पहुंच गए। अब उनके सामने उस विशाल समुद्र को पार करने की विकट समस्या उपस्थित हुई। अंगद ने अपने सभी साथियों से पूछा, परन्तु कोई भी इतनी लम्बी समुद्री यात्रा करने का साहस नहीं कर सका। तब अंगद स्वयं ही इसके लिए तैयार हुआ, लेकिन वयोवृद्ध जाम्बवन्त ने दल नेता को संकट में डालना ठीक नहीं समझा। उस दुर्गम सागर को पार करके महाबलवान् शत्रु के दुर्ग में पहुंचना और वहां से फिर जीवित लौट आना सहज नहीं था। इस दुष्कर कार्य के लिए कोई भी आगे नहीं आ रहा था। अंगद बहुत उदास हो गया था।

तब जाम्बवन्त ने कहा—युवराज! आप चिन्ता न कीजिए। हमारे दल में एक ऐसा वीर है जो इस कार्य को करने में समर्थ है। मैं उसे जानता हूं और उसी को इसके लिए प्रेरित करूंगा।

हनुमान उस समय तक चुपचाप विचारमग्न बैठे थे। जाम्बवन्त ने उनकी ओर देखकर गम्भीर स्वर से कहा—वानर जाति के रत्न, वीराग्रणी हनुमान! तुम

मौन क्यों बैठे हो? बल-बुद्धि-तेज में मैं तुम्हें राम-लक्ष्मण-सुग्रीव से कम नहीं मानता। उठो महावीर! आज संसार तुम्हारा बल-पराक्रम देखना चाहता है। सबकी आंखें तुम्हारे ही ऊपर लगी हैं। उठो! लंका के लिए प्रस्थान करो!

जाम्बवन्त की प्रेरणा से महामनस्वी हनुमान ने इस महत्कार्य को करने का दृढ़ संकल्प कर लिया। वे सिंह की तरह अंगड़ाई लेते हुए कमर कसकर तैयार हो गए और अपने साथियों से बोले—भाइयो! आप लोग चिन्ता न कीजिए, मैं इस विशाल सागर को पार करके राम का प्रिय कार्य अवश्य करूंगा। इसके लिए मैं आप सबका आशीर्वाद चाहता हूं।

वानरगण हनुमान की जय बोलते हुए हर्ष से उछल पड़े। उस समय हनुमान का मुखमण्डल आत्मतेज से दमक रहा था। उन्होंने सबके आगे हाथ जोड़कर जाने की आज्ञा मांगी। जाम्बवन्त ने वानर मण्डली की ओर से उन्हें विदा करते हुए कहा—वीर-शिरोमणि हनुमान! तुम ऋषि-मुनियों के आशीर्वाद और मित्रों की शुभकामनाएं लेकर जाओ, तुम्हारा मार्ग मंगलमय हो, तुम सफल होकर सकुशल लौटो। हम सबका जीवन और मान-सम्मान तुम्हारे ही हाथ में है।

वायुतुल्य वेगवान् हनुमान बड़े आत्मविश्वास के साथ वहां से उछलकर महेन्द्र पर्वत पर जा खड़े हुए। उन्होंने निश्चय कर लिया कि लाखों विघ्नबाधाओं के होते हुए भी लंका पहुंचकर ही रहेंगे। शरीर से तो नहीं, लेकिन मन से वे उसी क्षण रावण की दुर्भेद्य महापुरी में पहुंच गए।

सुन्दरकाण्ड

हनुमान का लंका-गमन–मित्रों द्वारा अभिनन्दित महावीर हनुमान अदम्य उत्साह और स्वात्माभिमान के साथ सिर ऊंचा करके महेन्द्र पर्वत के उच्च शिखर पर खड़े हो गए। उस समय वे विकराल फणधारी महासर्प के समान प्रतीत होते थे। उनका सुदृढ़, सुविशाल शरीर प्रभातकाल की रश्मियों से अत्यन्त देदीप्यमान हो रहा था। उन्होंने सामने अनन्त सागर और अनन्त आकाश को देखा; फिर अपने अंग-प्रत्यंग को सुविकसित और सन्तुलित करके मन ही मन समस्त लोक-शक्तियों को नमस्कार किया। इसके बाद अपनी दीर्घ भुजाओं को आगे फैला करके बड़े वेग से उछले और पृथ्वी, आकाश तथा समुद्र को कम्पायमान करते हुए वायुगति से लंका की ओर चल पड़े।

महामनस्वी रामदूत हनुमान अगम, असीम सिन्धु के ऊपर महामेघ की भांति गर्जन करते और अपने वक्षस्थल से वायुमण्डल को चीरते हुए आगे बढ़े। मार्ग में मैनाक पर्वत मानो उनके स्वागतार्थ खड़ा था। हनुमान रुके नहीं, उसको छूते हुए आगे निकल गए। कुछ दूर जाने पर उन्हें राक्षसी जैसी भयावनी नागमाता सुरसा खड़ी मिली। हनुमान को देखते ही वह अपना लम्बा-चौड़ा मुंह फैलाकर उनकी ओर दौड़ी। हनुमान तत्काल नम्रतापूर्वकक बोले–देवि! मैं इस समय महात्मा राम की अपहृता भार्या सीता की खोज में जा रहा हूं। ऐसे शुभ कार्य में मुझे आपका आशीर्वाद और सहयोग चाहिए। यदि आप खाना ही चाहती हैं, तो कृपा करके मुझे इतना अवकाश तो दें कि मैं लंका से लौटकर श्रीराम को सीता का समाचार बता दूं। उसके बाद मैं यथाशीघ्र आपके पास आ जाऊंगा। तब आप मुझे मारकर अपनी इच्छा पूरी कर लीजिएगा।

सुरसा डपटकर बोली–मेरे आगे से कोई बचकर नहीं जा सकता; मैं आज तुझे निगलकर ही रहूंगी।

वह अपने मुख को बढ़ाने लगी। उसके साथ हनुमान भी अपने शरीर को बढ़ाते गए। अन्त में, जब सुरसा का मुंह खूब चौड़ा हो गया तो वे बड़ी शीघ्रता से अपने अंगों को समेटकर उसमें चले गए और क्षण ही भर में फिर बाहर निकल आए। इसके बाद उन्होंने पुनः निवेदन किया—नागमाता! आपका मान-मनोरथ पूरा हो गया; अब मैं आपसे आगे जाने की अनुमति चहता हूं।

सुरसा ने हनुमान की बुद्धिमत्ता और व्यवहारकुशलता से प्रसन्न होकर उन्हें आशीर्वाद-सहित आगे जाने की अनुमति दे दी।

हनुमान तीव्र गति से फिर अपने लक्ष्य की ओर चले। आगे जाने पर उन्हें एक दूसरी विपत्ति का सामना करना पड़ा। समुद्र में सिंहिका नाम की एक बूढ़ी राक्षसी रहती थी। उसने जल में हनुमान की परछाई पकड़ ली। उनकी गति रुक गई। सिंहिका ने अपनी अद्भुत आकर्षण-शक्ति द्वारा उन्हें धीरे-धीरे अपनी ओर खींच लिया। हनुमान उस राक्षसी के मुंह में पड़ गए। उन्होंने तत्काल अपने तीक्ष्ण नखों से उसका पेट फाड़ डाला।

इस प्रकार अपने बुद्धि, बल और पुरुषार्थ से अनेक विघ्न बाधाओं को जीतते हुए महापराक्रमी हनुमान उसी दिन सागर के दूसरे तट पर जा पहुंचे। आगे बहुत छिपकर जाने की आवश्यकता थी, इसलिए वे अपने विराट् शरीर को संकुचित करके वामन जैसे हो गए।

समुद्र के किनारे लम्ब नामक एक पर्वत था। हनुमान चुपचाप उसकी एक चोटी पर चढ़ गए और वहीं से लंका का दृश्य देखने लगे। राक्षसराज रावण द्वारा शासित परम समृद्धिशालिनी लंका चारों ओर से गहरी खाई और परकोटों से घिरी थी। अगणित शस्त्रधारी सैनिक बाहर से उसकी रक्षा कर रहे थे। नगर-दुर्ग की दीवारों पर सैकड़ों शतघ्नियां रखी थीं। शरत्काल के मेघ जैसी शुभ्र गगनस्पर्शी अट्टालिकाएं दूर से ही दिखाई पड़ती थीं। उनके दरवाजे सोने के बने थे। भवनों पर स्वर्ण के कलश जगमगा रहे थे। देवताओं के चतुर शिल्पकार विश्वकर्मा द्वारा त्रिकूट पर्वत पर निर्मित वह अमरावती जैसी महापुरी आकाश में उड़ती-सी प्रतीत होती थी। हनुमान उसकी शोभा और सुरक्षा की व्यवस्था देखकर चकित हो गए। दिन में किसी भी ओर से उसके भीतर प्रवेश करना कठिन था। अतः वहीं रुककर रात्रि की प्रतीक्षा करने लगे।

रात होते ही हनुमान बिल्ली की तरह दुबककर लुकते-छिपते आगे बढ़े और एक ओर से परकोटे को फांदकर लंकापुरी में प्रविष्ट हो गए। भीतर जाकर उन्होंने राक्षसों की राजधानी का वैभव देखा। उसमें स्वर्ण, मणि-रत्नों से अलंकृत अगणित

भव्य भवन, अनेक प्रशस्त मार्ग और उद्यान, सरोवर तथा क्रीड़ागृह आदि बने थे। स्थान-स्थान पर प्रकाश का समुचित प्रबन्ध था। चारों ओर मंगल वाद्यों की ध्वनि गूंज रही थी। यत्र-तत्र शूल-चापधारी सैनिक सावधानी से पहरा दे रहे थे। हनुमान ने वहां कई गुप्तचर भी देखे। उनमें कोई जटाएं बढ़ाए था, कोई केश मुंडाए था, कोई नग्न और कोई भिक्षुक का वेश बनाए था। उन सब की आंख बचाकर वे रावण के दुर्भेद्य राजदुर्ग में जा पहुंचे। वह सोने के परकोटे से घिरा था। भीतर एक से एक बढ़कर सैकड़ों उत्तमोत्तम भवन थे। उन सब के दरवाज़े और कंगूरे सोने के बने थे। खिड़कियों और सीढ़ियों में हीरे-मोती-पन्ने जड़े थे। भोग-विलास, शोभा-शृंगार के सभी साधन वहां उपलब्ध थे। महाप्रतापी रावण का राजप्रासाद इन्द्र भवन को भी लज्जित करता था।

चन्द्रमा उदय हो आया था। चांदनी रात में हनुमान वहां की अट्टालिकाओं पर चढ़कर एक-एक करके भीतरी भाग को देखने लगे। बहुत खोजने पर भी सीता नहीं मिलीं। तब वे चुपके से रावण के शयनागार में घुसे। रावण एक सुसज्जित शय्या पर वड़े आराम से सो रहा था। आस-पास अनेक सुन्दरियां भी सो रही थीं। इधर-उधर मदिरा की प्यालियां पड़ी थीं। दीपकों के मन्द प्रकाश में हनुमान ने उन कामनियों को देखा—किसी के मोतियों के हार-टूटे थे, किसी के वस्त्र शिथिल हो गए थे, किसी के आभूषण खिसककर गिर पड़े थे। सभी हास-विलास से थककर एक-दूसरे के सहारे सोई थीं। वे राक्षसराज रावण की पतिव्रता पत्नियां थीं। रावण ने उनमें से एक का भी बलपूर्वक अपहरण नहीं किया था। सभी उसके गुणों पर आसक्त होकर स्वेच्छा से उसकी प्रणयिनी बनी थीं।

हनुमान बड़ी सावधानी से घूम-घूनकर रावण के अन्तःपुर का निरीक्षण करने लगे। बहुत-सी लावण्यवती वेश्याएं भूमि पर निद्रामग्न पड़ी थीं। नृत्य-संगीत के बाद वे वहीं थककर सो गई थीं। कोई अपनी ढोलक को, कोई वीणा को और कोई मृदंग को लिपटाए पड़ी थी। घूमते-घूमते हनुमान ने एक अतिविभूषित शय्या पर एक अत्यन्त सुन्दरी स्त्री को शयन करते देखा। वह वास्तव में रावण की पटरानी मन्दोदरी थी; लेकिन हनुमान को यह भ्रम हुआ कि कहीं वही तो सीता नहीं है। कुछ देर तक मन ही मन तर्क-वितर्क करने के बाद उन्होंने अन्त में यही निश्चय किया कि वह सीता कदापि नहीं हो सकती क्योंकि महात्मा राम् की सती-साध्वी वियोगिनी पत्नी इस प्रकार शृंगार करके पर-पुरुष के शयन-मन्दिर में सुख की नींद नहीं सोएगी।

हनुमान वहां से निराश होकर रावण की मधुशाला में गए और निद्रामग्न विलासिनी स्त्रियों में सीता की खोज करने लगे। उस समय उन्हें परस्त्री-दर्शन के पाप का ध्यान आया और संकोच में पड़ गए। उन्होंने अपने हृदय को टटोला और स्वतः कहा—मैं इन स्त्रियों को कुदृष्टि से नहीं देख रहा हूं, इन्हें देखने से मेरे चित्त में कोई विकार नहीं उत्पन्न हुआ, मेरा अन्तःकरण शुद्ध है और मैं शुभ उद्देश्य से ही इन्हें देखता हूं, जब तक मेरा मन मेरे वश में है, तब तक मुझे परस्त्री-दर्शन का पाप नहीं लग सकता। सीता की खोज स्त्रियों में ही हो सकती है, अतः मेरी यह चेष्टा अनुचित नहीं है।

हनुमान इस प्रकार संशय रहित होकर सीता की खोज में पुनः प्रवृत्त हुए। एक स्थान पर उन्होंने 'पुष्पक' नामक उस स्वचालित विमान को देखा, जिसे रावण कुबेर से बलपूर्वक छीन लाया था। मणि-रत्नों से जटित और सुन्दर पंखों से युक्त वह एक अद्भुत वस्तु थी। उसको देखने के बाद हनुमान लंकापति के दुर्ग से बाहर निकल आए और राजधानी के उद्यानों, लतामण्डपों आदि में सीता को ढूंढ़ने लगे। उन्होंने एक-एक गली-चौराहे, ताल-तलैया तक में खोज की, नगरी का एक-एक कोना छान डाला, पर सीता कहीं नहीं मिलीं।

हनुमान हताश नहीं हुए। उन्होंने परकोटे पर चढ़कर चारों ओर दृष्टि दौड़ाई। दूर भांति-भांति के वृक्षों से सुशोभित रावण की अशोक वाटिका दिखाई पड़ी। हनुमान मन ही मन भगवान की स्तुति करके उस ओर चल पड़े। वहां पहरेदारों की आंख बचाकर वे चुपके से भीतर घुस गए।

राक्षसराज की अशोक वाटिका सचमुच अतीव सुन्दर थी। उसमें रंग-बिरंगे फूलों वाले अशोक, चम्पा; मौलसिरी आदि के सैकड़ों वृक्ष लगे थे; स्थान-स्थान पर कमनीयकुंज, लता-वितान, क्रीड़ा-सरोवर आदि बने थे। बीच में कैलास पर्वत-सा भव्य एक उद्यान-गृह था। उसके चबूतरे सोने के बने थे, सीढ़ियों पर मणियां जड़ी थीं। हनुमान एक घने अशोक वृक्ष पर चढ़कर बैठ गए और वहीं से छिपे-छिपे उस भवन को देखने लगे। उसके बाहरी खण्ड में कई काली-कलूटी, डरावनी राक्षसियां बैठी थीं। उनमें से किसी का मुंह गधी जैसा, किसी का भैंस-सा और किसी का सियारिन जैसा था। सबके शरीर पर इतने बड़े-बड़े बाल थे कि जान पड़ता था मानो वे कम्बल ओढ़े बैठी थीं। उनके बड़े-बड़े दांत, विकराल नेत्र और लम्बे-लम्बे तीक्ष्ण नख दूर से ही भय उत्पन्न करते थे। कुछ बैठी थीं और कुछ हाथ में शूल-मुद्गर लिए खड़ी थीं।

उन्हीं राक्षसियों के बीच में, धुएं से घिरी अग्नि-शिखा के समान एक क्षीणकाय स्त्री अत्यन्त मलिन कपड़े पहने बैठी थी। उसके चेहरे पर घोर उदासी छाई थी और नेत्रों से लगातार आंसू टपक रहे थे। हनुमान ने उसे ध्यान से देखा और कुछ-कुछ पहचाना भी। उसका स्वरूप उस अपहृता नारी से मिलता-जुलता था, जिसे कुछ ही समय पूर्व उन्होंने ऋष्यमूक पर्वत से देखा था। उसी ने ऊपर से गहने फेंके थे। जिस रंग के कपड़े में गहने बंधे थे, उसी रंग का कपड़ा उसके शरीर पर दिखाई देता था। इन बातों से हनुमान को विश्वास हो गया कि वह वास्तव में सीता ही हैं। पति के प्रेमवश जो राज-सुखों को लात मारकर वन में चली आई थीं और फल-मूल खाकर वन में भी भवन से अधिक सुख का अनुभव करती थीं, जिनके बिना राम का जीवन सूना हो गया था, उन्हीं सती-साध्वी सीता का दर्शन करके हनुमान कृतार्थ हो गए। उन्होंने हर्ष से गद्गद होकर मन ही मन उस देवी को प्रणाम किया।

हनुमान बहुत देर तक वहीं से बैठे-बैठे सीता की करुणाजनक दशा देखते रहे। रात्रि के अन्तिम प्रहर में वेद-पाठ के साथ अनेक मंगलवाद्यों की ध्वनि सुनाई पड़ी। रावण को जगाने के लिए नाना प्रकार के मांगलिक कृत्य होने लगे। रावण शय्या से उठा और अनेक अनुचर-अनुचरियों के साथ सीधे अशोक वाटिका में पहुंचा। हनुमान उसे देखते ही एक डाली से चिपक गए।

सीता रावण को आते देखकर भय से थरथराने लगीं। वह उनके सामने जाकर खड़ा हो गया और मधुर स्वर में बोला—सुन्दरी! मुझसे डरती क्यों हो? मैं तुम्हें अपने प्राणों से भी अधिक चाहता हूं...मेरा कहना मानो, इस फूल जैसे शरीर को इस तरह नष्ट न करो...यौवन बार-बार नहीं मिलता...इसका आनन्द भोगो...उठो, चलो, मैं तुम्हें अपनी पटरानी बनाऊंगा, अपना सर्वस्व तुम्हें समर्पित कर दूंगा, इस पृथ्वी को जीतकर तुम्हारे पिता जनक को सौंप दूंगा...चन्द्रमुखी! सुलोचने! अपने इस प्रेमपुजारी की प्रार्थना मान लो...उस जंगली राम की चिन्ता छोड़ो, उस दरिद्र के पास क्या रखा है! अब तू उसे देख भी नहीं सकेगी, इसलिए उसे भूल जा और लंकेश्वर की हृदयेश्वरी बनकर यथेष्ट सुख भोग।

सीता के मन पर इन बातों का उलटा ही असर पड़ा। वह रोती हुई बोलीं—पापी! अनार्य! तुम्हें परस्त्री से ऐसा घृणित प्रस्ताव करने में लज्जा नहीं आती! तुम अपनी पत्नियों के पास जाकर ऐसी प्रेम की बातें करो। मैं राजा दशरथ की कुलवधू और धर्मात्मा राम की पतिव्रता धर्मपत्नी हूं। जिस प्रकार सूर्य से उसकी ज्योति को अलग करना असम्भव है, उसी प्रकार राम से मुझे अलग नहीं किया

जा सकता। तुम यदि अपना और अपने भाई-बन्धुओं का कल्याण चाहते हो, तो मुझे मेरे स्वामी के पास पहुंचा दो और उनसे अपने अपराध के लिए क्षमा मांग लो, नहीं तो राम अपने बाणों से तुम्हारा और इस सारी लंका का सर्वनाश कर डालेंगे।

रावण इस प्रताड़ना से हतप्रभ हो गया और सीता को धमकाता हुआ बोला–सीते! मैंने तुझे एक वर्ष का समय दिया था, उसमें केवल दो मास शेष हैं। मैं फिर कहता हूं कि यदि इस बीच तूने मेरे प्रस्ताव को न माना, तो मेरे रसोइये तेरे शरीर के टुकड़े-टुकड़े करके मुझे उसी का कलेवा खिलाएंगे।

सीता ने तिरस्कार के साथ उत्तर दिया--रावण! मैं तुम्हारी घुड़की-धमकी की परवाह नहीं करती। तुम यदि सच्चे शूर होते तो मुझे इस तरह धोखे से चुराकर न लाते।

रावण की आंखें क्रोध से लाल हो गईं। वह उपस्थित राक्षसियों से बोला–तुम लोग, जिस तरह भी हो, दो महीने के भीतर इसे ठीक रास्ते पर लाओ।

इसके बाद वह अकड़ता हुआ वहां से चला गया। राक्षसियां सीता को डराने-धमकाने लगीं। सीता दुःख से व्याकुल होकर रोती हुई बोली--हा मेरे राम! तुम कहां हो? क्या तुम मुझे भूल गए? नहीं, नहीं, तुम मुझे भूले न होगे। मेरे स्वामी ऐसे कृतघ्न नहीं हैं कि सामने प्रीति करें और पीठ पीछे भूल जाएं...

सीता के हृदयोद्‌गार सुनकर त्रिजटा नाम की वृद्धा राक्षसी अन्य राक्षसियों से बोली--अरी पापिनियों! तुम लोग सीता को नहीं पहचान सकोगी! पिछली रात मैंने यह स्वप्न देखा है कि राम के किसी दूत ने आकर सारी लंका को भस्म कर दिया और यह महापुरी समुद्र में विलीन हो गई। उसी स्वप्न में मैंने विभीषण के अतिरिक्त अन्य सबको बड़े बुरे वेश में दक्षिण दिशा की ओर जाते देखा है। यह सब शुभ नहीं है। जान पड़ता है, सीतापति राम के हाथों से इस राज्य का विनाश होने वाला है। तुम लोग समय रहते चेत जाओ। सीता को प्रसन्न रखने में ही हमारा कल्याण है।

सीता-हनुमान मिलन–सीता अपने विषादपूर्ण जीवन से ऊब गई थीं। इतने दिनों में राम का कोई सन्देश न मिलने से उन्होंने उनके पुनर्मिलन की आशा भी छोड़ दी थी। रावण का अत्याचार असह्य हो गया था, अतः उन्होंने अपने दुःखी जीवन का अन्त करने का निश्चय कर लिया। वे आत्महत्या के विचार से टहलने के बहाने उठीं और धीरे-धीरे घूमती-फिरती उसी वृक्ष के नीचे जाकर खड़ी हो गईं, जिसपर हनुमान छिपे बैठे थे।

हनुमान बहुत देर से बैठे-बैठे सब कुछ देख-सुन रहे थे। अब वे सीता से मिलने के लिए व्यग्र हो गए। उनके आगे सहसा प्रकट होकर संस्कृत भाषा में बातचीत करना ठीक नहीं था। उस दशा में सम्भवतः सीता उन्हें मायावी रावण समझकर चिल्ला उठतीं और राक्षसियां उनका चिल्लाना सुनकर दौड़ पड़तीं। इससे बना-बनाया काम बिगड़ जाता। अतएव दूरदर्शी हनुमान ने एक निश्चय तो यह किया कि पेड़ पर से ही सीता को राम का वृत्तान्त सुनाकर धीरे-धीरे अपनी ओर आकर्षित करना चाहिए और दूसरा यह कि उनसे जन-साधारण की ऐसी भाषा में बातचीत करनी चाहिए, जिसे राक्षसियां न समझें।

सीता जिस समय गले में दुपट्टा बांधकर आत्महत्या की तैयारी कर रही थीं, हनुमान इस प्रकार गुनगुनाने लगे—अयोध्या में दशरथ नाम के एक प्रतापी राजा थे...उनके जयेष्ठ पुत्र राम बड़े धर्मात्मा और शूरवीर थे...उन्होंने जनकपुरी में जाकर शिवधनुष तोड़ा...राजा जनक ने उनके शौर्य-वीर्य पर मुग्ध होकर उनके साथ अपनी सर्वशुभलक्षण-सम्पन्ना कन्या सीता का विवाह कर दिया...राम-सीता में परस्पर बड़ा प्रेम था...एक दिन वयोवृद्ध राजा दशरथ ने अपने प्राणप्यारे पुत्र को युवराज बनाने का निश्चय किया...अयोध्या में धूमधाम से रामाभिषेक की तैयारी होने लगीं लेकिन...

हनुमान इस प्रकार क्रम से राम-वनवास, सीता-हरण, जटायु मरण, राम-सुग्रीव-मैत्री, बालि-वध और सीता अन्वेषण आदि का वृत्तान्त संक्षेप में कह गए। सीता ने उसे सुना और चौंककर ऊपर देखा। वहां राजा सुग्रीव के सचिव, बुद्धिमानों में श्रेष्ठ हनुमान बैठे दिखाई पड़े। उन्हें देखते ही वे घबरा गईं और 'हा राम! हा लक्ष्मण!' कहकर रोने लगी। तब हनुमान धीरे-धीरे नीचे उतरे और उन्हें प्रणाम करके बोले—देवि! आप कौन हैं? क्या आप किसी स्नेह-स्वजन के वियोग से पीड़ित हैं? आप तो किसी उच्च वंश की राजकन्या प्रतीत होती हैं! सत्य कहिए, आप महात्मा राम की धर्मपत्नी सीता तो नहीं हैं?

सीता को बहुत दिनों बाद कोई सुख-दुःख पूछने वाला मिला था, इससे उनके चित्त को थोड़ी शान्ति मिली। उन्होंने हनुमान को संक्षेप में अपना परिचय दिया और अन्त में उनका भी परिचय पूछा।

हनुमान हर्ष से पुलकित होकर बोले—देवि, मैं किष्किन्धापति वानरेन्द्र सुग्रीव का अनुचर और श्रीराम का दूत हनुमान हूं। आपके पतिदेव ने मुझे आपका कुशल-समाचार लेने के लिए भेजा है। उनके छोटे भाई लक्ष्मण ने आपको प्रणाम कहा है।

सीता के लिए यह आकस्मिक घटना थी। वे आश्चर्यचकित होकर सोचने लगीं कि कहीं उन्हें भ्रम या धोखा तो नहीं हो रहा है। हनुमान उनके मनोभाव को तुरन्त ताड़ गए और अत्यन्त मधुर शब्दों में बोले—देवि, मेरे विषय में आप सन्देह न करें, मैं सचमुच राम का दूत हूं और केवल आपको देखने के लिए ही दुर्गम समुद्र को लांघकर इतनी दूर राक्षसों की इस दुर्भेद्य पुरी में आया हूं। महा यशस्वी राम और उनके अन्यतम स्नेही भ्राता लक्ष्मण आपको नित्य स्मरण करते हैं। किष्किन्धापति सुग्रीव की विशाल सेना लेकर वे शीघ्र ही आपका उद्धार करने आएंगे।

हनुमान यह कहते हुए सीता के निकट चले गए। सीता उनके रूप में कपट-वेशधारी रावण की आशंका से भयभीत होकर पीछे हट गई और बोलीं—वानर! तुम्हारे प्रति मेरे मन में सन्देह होता है, लेकिन साथ ही न जाने क्यों मेरा हृदय तुम्हारी ओर अपने-आप खिंचा जा रहा है। क्या तुम सचमुच मेरे प्रियतम के दूत हो? तुम्हारी उनसे कहां भेट हुई? मेरे स्वामी के विषय में तुम्हें जो कुछ भी ज्ञात हो, कृपा करके मुझे सुनाओ।

हनुमान ने सीता को अपनी और राम की भेंट तथा राम-सुग्रीव की मैत्री का विवरण सुनाया और प्रसंगवश उनके फेंके हुए आभूषणों की चर्चा करके कहा—देवी! राम उन आभूषणों को हृदय से लगाकर रोते-रोते मूर्च्छित हो गए थे। आपके बिना उन्हें कुछ भी अच्छा नहीं लगता। उन्होंने आपको ढूंढ़ने के लिए चारों दिशाओं में लाखों वानर भेजे हैं...

राम के रूप-गुण का यथातथ्य वर्णन करके हनुमान ने सीता को राम द्वारा भेजी हुई नामांकित मुद्रिका दी। उसे देखते ही सीता की आंखों में आंसू छलछला आए। उन्होंने प्रियतम की स्नेह-भेंट को हृदय से लगा लिया और हर्ष से विह्वल होकर कहा—कपिवर! तुम अवश्य ही मेरे स्वामी के विश्वासपात्र दूत हो। तुमने उनका और मेरा बहुत बड़ा कार्य किया है। हनुमान! मुझे उनके विषय में और कुछ बताओ। वे मुझसे विरक्त तो नहीं हो गए? मेरे उद्धार का प्रयत्न तो कर रहे हैं! सच-सच बताओ, जो धीर-वीर राम अपने पैतृक राज्य को तृणवत् त्यागकर मेरे साथ पैदल ही वन की ओर चल पड़े थे, जो कभी भय, कष्ट या शोक से विचलित नहीं हुए थे, वे इस महा विपत्ति में व्याकुल और हताश तो नहीं हो गए हैं? अयोध्यापति भरत ने मेरे अपहरण और बड़े भाई के घोर संकट का समाचार पाकर मन्त्रियों-सहित अपनी अक्षौहिणी सेना तो भेजी ही होगी? लक्ष्मण तो सुख से हैं! राम अपने उस छोटे भाई को मुझसे भी अधिक चाहते हैं।

हनुमान ने कहा—देवी, महात्मा राम इस समय आपके विरह से बहुत ही संतप्त हैं। उन्हें प्रायः रात में नींद नहीं आती, कभी आती भी है तो वे 'हा सीते' कहते हुए शीघ्र ही जाग जाते हैं। लंक्ष्मण उनकी सेवा में सदा तत्पर रहते हैं। आपके बिना उन दोनों का जीवन बहुत ही शोकपूर्ण हो गया है।

सीता इसको सुनकर खिन्न हो गई और दीर्घोच्छ्वास के साथ बोलीं—हनुमान! तुम्हारा यह वचन-मिश्रित वाक्य अमृत के समान है। शोक से मनुष्य का पुरुषार्थ नष्ट हो जाता है। जब राम इस प्रकार शोक-व्यथित हैं तो मेरा उद्धार कैसे होगा?

हनुमान ने निवेदन किया—देवि! आप इसकी चिन्ता न कीजिए, अभी मेरी पीठ पर बैठ जाइए; मैं आज ही आपको समुद्र के पार राम के पास पहुंचा दूंगा।

सीता ने तुरन्त उत्तर दिया—हनुमान, ऐसी बात से तो तुम्हारी कपिता ही प्रकट होती है। इस छोटे से शरीर पर तुम मुझे लेकर इतनी दूर कैसे जाओगे? कहीं मैं डरकर बीच समुद्र में गिर गई या राक्षसों ने पीछा करके पकड़ लिया तो क्या होगा? एक तो तुम अकेले, दूसरे अस्त्र-शस्त्र भी नहीं लिए हो। वे तुम्हें मारकर मुझे कहीं ऐसी जगह पर छिपा देंगे जहां पता भी न चले। इसके अतिरिक्त मैं स्वेच्छा से तुम्हारा या किसी परपुरुष का शरीर भी नहीं छू सकती! अतएव तुम जाकर सेना-सहित राम को ही ले आओ और मेरा उद्धार करो।

हनुमान ने कहा—अच्छा माता! अब मेरा यहां ठहरना उचित नहीं है। मैं शीघ्र ही महात्मा राम को आपका हाल बताऊंगा और उन्हें इस कार्य के लिए प्रेरित करूंगा। आपका कोई संदेश हो तो कृपा करके मुझे बताइए और अपना कोई चिह्न भी दे दीजिए जिसे मैं आपकी ओर से उन्हें भेंट कर सकूं।

सीता ने कहा—हनुमान! मिलते ही मनस्विनी कौशल्या के यशस्वी पुत्र के चरणों में मेरा सादर अभिवादन कहना और जिनके कारण सुमित्रा सुपुत्रवती कहलाती हैं, जिन्होंने भाई के लिए राजसुखों को त्यागकर सेवाव्रत ले लिया है, जो मुझे माता तथा राम को पिता-तुल्य मानते हैं, जिन्हें देखकर राम पिता को भूले और जिनको आर्यपुत्र मुझसे भी अधिक प्यार करते हैं—उन वीरवर लक्ष्मण से मेरा शुभाशीर्वाद कहना और यह भी कह देना कि जैसे भी सम्भव हो, मेरे उद्धार का उपाय करें। यहां मेरी जो दुर्दशा हो रही है, उसे राम को बताना और उनसे कहना कि अब मैं महीने-दो महीने से अधिक जीवित नहीं रहूंगी। वे जो भी कर सकें, इसी बीच करें।

इसके बाद उन्होंने अपना चूड़ामणि उतारकर हनुमान को दिया और कहा—लो हनुमान! मेरा यह स्मृति-चिह्न मेरे स्वामी को दे देना।

हनुमान ने उसको आदरपूर्वक लेकर अपने पास रख लिया और हाथ जोड़कर विदा मांगी। सीता उस समय दुःख से कातर हो गई और हनुमान को अश्रुपूर्ण नेत्रों से देखकर बोलीं—वीर! उचित समझो तो आज कहीं ठहर जाओ, कल चले जाना। तुम्हारे एक दिन ठहरने से इस दुःखिनी को कुछ तो सहारा मिलेगा। हनुमान! तुम्हारे जाने के बाद मैं शायद ही जीती बचूं। भविष्य बहुत आशापूर्ण नहीं जान पड़ता। राजा सुग्रीव वानर-सेना के साथ इस अगम सागर को कैसे पार करेंगे? राक्षसों की भयंकर सेना कैसे परास्त होगी?

हनुमान ने कहा—सती सीता! आप किसी तरह का संशय न करें। राम-लक्ष्मण के साथ राजा सुग्रीव वानरों और रीछों की महासेना लेकर बहुत शीघ्र यहां आएंगे। उनके सभी सैनिक मेरे समान या मुझसे बढ़-चढ़कर हैं। मैं तो उनका एक साधारण अनुचर हूं, तभी तो दूत बनाकर भेजा गया हूं। जब मैं ही यहां तक चला आया तो महाबली वानरों के आने में क्या देर-सन्देह हो सकता है। मेरे वहां पहुंचने-भर की देर है, उसके बाद आप महाधनुर्धर राम और लक्ष्मण को लंका के द्वार पर देखेंगी। अब आप मुझे जाने की आज्ञा दें।

सीता ने आंखों में आंसू भरकर कहा—जाओ महावीर! तुम्हारी यात्रा मंगलमय हो! सबसे मेरा हाल कह देना।

अशोक-वाटिका का विनाश—हनुमान सीता से विदा लेकर वहां से चल पड़े और एकान्त में खड़े होकर सोचने लगे कि मुख्य कार्य तो सिद्ध हो ही गया, अब शत्रुओं को अपना पराक्रम दिखाकर उनका बलाबल भी जान लेना चाहिए। उन्होंने अपने शरीर को तुरन्त ही बढ़ाकर विकराल रूप धारण किया; इसके बाद वे मत्त गजराज की भांति रावण के उस क्रीड़ा-कानन पर टूट पड़े और वहां के वृक्षों, कुंजों और चित्रगृहों आदि को नष्ट-भ्रष्ट करने लगे। अशोक वन देखते-देखते शोकवन हो गया। हनुमान ने भीतर के राक्षसों को खदेड़-खदेड़कर मार डाला। राक्षस पहरेदार भयभीत होकर भाग खड़े हुए। राक्षसियों ने व्यग्र होकर सीता से उस वानर का परिचय पूछा!

सीता ने कहा—मैं क्या जानूं! वह तो कोई प्रमादी दानव जान पड़ता है; पता नहीं, कैसे और कहां से आया है।

सभी राक्षसियां भागकर रावण के दरबार में पहुंची और हाहाकार करके बोलीं—नाथ! बचाइए! आज बड़े सवेरे एक वानर न जाने कहां से आकर सीता से कुछ गुप्त बातें कर रहा था। उसने सीता के निवास-स्थान को छोड़कर शेष

सभी स्थानों को उजाड़ डाला है। सारी वाटिका विध्वस्त हो गई, सभी सैनिक भी मारे गए।

रावण इसको सुनते ही क्रोध से तिलमिला उठा। उसने हनुमान को पकड़ने के लिए तत्काल सैनिकों का एक दल भेजा। हनुमान तोरण द्वार पर बैठे थे। राक्षस सैनिकों को देखते ही उन्होंने घोर सिंहनाद करके गम्भीर स्वर में कहा—महाबली राम की जय! वीरवर लक्ष्मण की जय!! राम से रक्षित किष्किन्धापति राजा सुग्रीव की जय!!! मैं कोसलेन्द्र राम का दूत हनुमान हूं। एक क्या, एक सहस्त्र रावण भी युद्ध में मेरा सामना नहीं कर सकते...।

यह कहकर हनुमान ने तोरण-द्वार से एक लोहे का छड़ निकाला और उसी से सारे राक्षसों को मार गिराया। उनके जय-जयकार से सारी लंका थर्रा उठी। राक्षस लोग भय से कांपने लगे। रावण ने बहुत सैनिक और महारथी भेजे, पर हनुमान ने किसी को जीवित न छोड़ा। तब उसने अपने वीरपुत्र महारथी अक्षयकुमार को सेना सहित भेजा। सुग्रीव का साहसी सेनापति हनुमान बारम्बार राम-लक्ष्मण-सुग्रीव की जय बोलते हुए भिड़ गया। दोनों में घमासान युद्ध हुआ। अन्त में हनुमान ने अक्षयकुमार और उसके सैनिकों को मार डाला। रावण इस समाचार को सुनकर अत्यन्त क्षुब्ध और आतंकित हो गया। उसने तत्काल अपने पराक्रमी पुत्र, इन्द्र-विजेता मेघनाद को हनुमान से युद्ध करने की आज्ञा दी।

महारथी मेघनाद धनुष पर टंकार देता हुआ अशोक वाटिका के द्वार पर पहुंचा। हनुमान को देखते ही उसने बाणों की झड़ी लगा दी। हनुमान ने भी हाथ में एक विशाल वृक्ष लेकर उसका सामना किया। दोनों में बड़ी देर तक भीषण युद्ध होता रहा। मेघनाद के सभी अस्त्र-शस्त्र विफल हो गए। तब उसने ब्रह्मास्त्र का प्रयोग किया। हनुमान उसके आघात से भूमि पर गिर पड़े। मेघनाद की आज्ञा से राक्षसगण उन्हें बांधकर रावण के पास ले गए।

रावण-हनुमान-संवाद—हनुमान ने राजसिंहासन पर विराजमान् सूर्य के समान देदीप्यमान महाप्रतापी लंकेश्वर रावण को देखा। उसके विलक्षण व्यक्तित्व और ऐश्वर्य को देखकर वे मन ही मन कहने लगे—अहो! राक्षसराज कैसा तेजस्वी और सामर्थ्यवान है! यदि इसमें एक दोष न होता तो यह इन्द्र सहित समस्त देवताओं का स्वामी होने योग्य था।

रावण ने हनुमान को वक्रदृष्टि से देखकर अपने प्रधानमन्त्री प्रहस्त से कहा—मन्त्रिवर! इस दुष्ट से पूछो कि यह कौन है, कहां से, किसकी आज्ञा से

और क्यों यहां आया है? अशोक वाटिका को उजाड़ने और मेरे पुत्र तथा अगणित सैनिकों के वध का दुस्साहस इसने क्यों किया?

राजबन्दी हनुमान से प्रहस्त ने पूछा—वानर! डरो मत। यदि तुम प्राणरक्षा चाहते हो तो हमें सच-सच अपना परिचय, आने का प्रयोजन तथा ऐसा उपद्रव करने का रहस्य बता दो। यदि ऐसा न करोगे तो तुम्हारे अपराधों के लिए तुम्हें निश्चय ही कठोर मृत्यु-दण्ड दिया जाएगा।

हनुमान धैर्यपूर्वक रावण को सम्बोधित करके बोले—महाराज! मैं किष्किन्धापति राजा सुग्रीव का सचिव और महात्मा राम का दूत—हनुमान हूं। मैंने अशोक वाटिका में थोड़ा-बहुत उत्पात इस अभिप्राय से किया था कि आपके सैनिक मुझे पकड़कर आपके सामने उपस्थित कर दें और मुझे सहज में ही राजदर्शन का सौभाग्य प्राप्त हो जाए। आपके पास तक अन्य किसी उपाय से मेरी पहुंच नहीं हो सकती थी। अतएव मैंने शुभ उद्देश्य की पूर्ति के लिए विवश होकर साधारण उपद्रव किया था। आपके शस्त्रधारी योद्धाओं ने जब मेरे ऊपर आक्रमण किया, तो मुझे आत्मरक्षा के निमित्त उनसे लड़ना पड़ा। ऐसी दशा में मैं उनके वध के लिए दोषी नहीं हूं। अब मेरे आने का प्रयोजन सुनिए—

...मैं राजा सुग्रीव की आज्ञा से यहां आया हूं। उन्होंने आपका कुशलसमाचार पूछा है और आपके हित के लिए एक सन्देश भेजा है। आप सुन ही चुके होंगे कि महाबाहु राम ने बालि को मारकर सुग्रीव को किष्किन्धा का राजा बना दिया है। इस उपकार के बदले में राजा सुग्रीव ने राम की अपहृता भार्या सीता की खोज और उनका उद्धार करने की प्रतिज्ञा की है। मैं मुख्यतः इसी कार्य के लिए इधर भेजा गया था। मैंने सती सीता को आपके यहां बन्दिनी के रूप में देख लिया है। आप तो धर्मशास्त्र के प्रकाण्ड पण्डित तथा तेजस्वी और प्रतापी राजा हैं। आपने एक परस्त्री को बलपूर्वक अपने यहां रखना कैसे उचित समझा? यह तो घोर अधर्म एवं निन्दनीय कर्म है। अतः राजा सुग्रीव ने यह कहलाया है कि आप यथाशीघ्र सीता को सम्मानपूर्वक लौटा दें, अन्यथा आपको इसका अनर्थकारी परिणाम भोगना पड़ेगा। राम से बैर करने का दुस्साहस न कीजिए। लोक की ज्ञात-अज्ञात शक्तियां मिलकर भी युद्ध में महाधनुर्धर राम का सामना नहीं कर सकेंगी...।

महामानी रावण को इस तरह की बातें असह्य थीं। उसने क्रुद्ध होकर अपने सैनिकों को हनुमान का वध करने का आदेश दिया। उसके छोटे भाई विभीषण ने तत्काल सामने आकर निवेदन किया—महाराज! आप क्रोध के आवेश में नीति

के विरुद्ध कोई कार्य न करें। यह आप जैसे महाज्ञानी और आचारकोविद् के लिए बड़े कलंक की बात होगी। राजधर्म के अनुसार दूत अवध्य है। उसे आप अन्य प्रकार से दण्ड दे सकते हैं, जैसे अंग-भंग करवाना, कोड़े लगवाना, सिर मुंडवाना, शरीर में कोई चिह्न बनवा देना आदि। इस पराधीन प्राणी का क्या दोष! दण्ड तो वास्तव में उसे मिलना चाहिए, जिसने इसे यहां आने के लिए बाध्य किया है। मेरी राय में तो इसको जीवनदान देने में ही आपका बड़प्पन है। इसके मुख से आपके बल-वैभव का वर्णन सुनकर आपके शत्रुगण ठंडे पड़ जाएंगे।

रावण ने विभीषण की सम्मति मानकर सैनिकों को आदेश दिया कि हनुमान की पूंछ में आग लगाकर उसे सारे नगर में घुमाओ और जब पूंछ जल जाए तो छोड़ दो।

लंका-दहन—रावण की आज्ञा से राक्षसों ने पहले हनुमान की पूंछ में ढेर के ढेर कपड़े लपेटकर उसे तेल से अच्छी तरह तर किया, फिर उसमें आग लगा दी। इसके बाद वे उन्हें बांधकर एक-एक सड़क पर घुमाने लगे। चारों ओर दर्शकों की, ताली पीटने वालों की भीड़ लग गई। लंकावासियों के लिए यह बढ़िया कौतुक था। वे हनुमान की दुर्गति देखकर हँसते थे और दूर से उनके ऊपर ईंट-पत्थर फेंकते थे। हनुमान को भी इसमें आनन्द आ रहा था, क्योंकि इस बहाने उन्हें लंका के सभी स्थान देखने का सुन्दर अवसर मिल गया था।

घूमते-घूमते हनुमान एकाएक राक्षसों को झटका देकर निकल भागे और नगर के फाटक पर चढ़ गए। वहां फुर्ती से अपने बन्ध खोलकर वे पास के एक ऊंचे मकान की छत पर कूद पड़े। उनकी जलती हुई पूंछ से उस मकान में आग लग गई। वहां से कूदकर वे दूसरे मकान की छत पर पहुंचे। वह भी जलने लगा। इस तरह वे एक-एक करके सभी मकानों में आग लगाते घूमने लगे। सारी लंका धकधकाकर जलने लगी—सबके अन्न, वस्त्र, घर-द्वार भस्म होने लगे, दिशाएं ज्वालामुखी हो गईं। रावण की स्वर्णपुरी में दारुण हाहाकार मच गया, सहस्त्रों आकुल-व्याकुल राक्षस स्त्री-बच्चों सहित चिल्लाते हुए इधर-उधर भाग चले। किसी ने हनुमान को पकड़ने या मारने की चेष्टा नहीं की, क्योंकि चारों और भगदड़ मची थी, सब अपनी-अपनी जान बचाने की ही चिन्ता में थे।

हनुमान लंकापुरी में अपना तथा अपने पक्ष का बल प्रकाशित करके समुद्र के किनारे गए। वहां उन्होंने जल में अपनी पूंछ की ज्वाला बुझाई। उत्तेजितावस्था में उन्हें सीता का ध्यान नहीं आया था। अब वे सोचने लगे कि कहीं उस भयानक अग्निकाण्ड में सीता भी न जल गई हों। हनुमान व्यग्र होकर अशोक वाटिका

की ओर दौड़े। वहां सीता को सुरक्षित देखकर वे अत्यन्त प्रसन्न हुए। सीता ने बड़े हर्ष से उनका स्वागत किया।

हनुमान की स्वदेश-यात्रा—हनुमान ने एक साथ ही राम के बहुत-से कार्य कर दिए थे। उन्होंने सीता का पता तो लगाया ही, उसके साथ-साथ राक्षसों के देश में अपनी और सुग्रीव तथा सम्पूर्ण वानर-सेना की धाक भी जमा दी। सीता को अब राम की विजय में सन्देह नहीं रहा। हनुमान उनसे अन्तिम विदा लेकर समुद्र के किनारे आए। वहां उन्होंने शत्रु की विध्वस्तपुरी को तिरस्कार के साथ देखकर घोर सिंहनाद किया। उसके बाद वे जिस मार्ग से आए थे, उसी से दूने उत्साह के साथ लौट पड़े।

इधर अंगद, जाम्बवन्त आदि हनुमान की बाट जोहते बैठे थे। सहसा उनके कानों में गम्भीर गर्जन की ध्वनि पड़ी। ऐसा जान पड़ा, मानो दक्षिण दिशा का आकाश ही फट रहा है। क्षण-क्षण पर वह ध्वनि तीव्र होती जाती थीं। वानरगण चौंककर ऊंचे-ऊंचे वृक्षों और पर्वत-शिखरों पर चढ़ गए। थोड़ी देर में लंका की ओर से एक प्रकाश-पुंज बड़े वेग से आता दिखाई पड़ा। शीघ्र ही सब कुछ स्पष्ट हो गया। उनके साथी महावीर हनुमान अपने तेज से दिगदिगन्त को आलोकित करते और बारंबार राम-सुग्रीव की जय बोलते हरहराते चले आ रहे थे। सबने समझ लिया कि कृतकृत्य होकर ही लौटे हैं।

वानरों में प्रसन्नता की लहर उमड़ पड़ी। सब तालियां पीट-पीटकर नाचने लगे। हनुमान देखते-देखते आ पहुंचे। वानरगण 'हनुमान की जय' कहते हुए उन पर पुष्प-वर्षा करने लगे। अंगद-जाम्बवन्त ने आगे बढ़कर उन्हें हृदय से लगा लिया। सब उन्हें घेरकर बैठ गए और सीता का वृत्तान्त पूछने लगे।

हनुमान ने अपने साथियों को लंका का सारा हाल बताया। उसे सुनकर वानरों के हर्ष का ठिकाना न रहा। वे उन्हें बार-बार बधाई देने लगे। हनुमान ने अन्त में सबसे सविनय निवेदन किया—मित्रो! राम की कृपा और आप सबकी सद्भावना से ही मेरा यह उद्योग सफल हुआ है। अभी आगे बहुत कुछ करना है। मैं राक्षसों के राज्य में राम-लक्ष्मण-सुग्रीव की जय-घोषणा करके लौटा हूं। अब उसे सार्थक करना है। लंकेश्वर रावण साधारण वैरी नहीं है। उसके हाथों से शीघ्रातिशीघ्र सीता का उद्धार करना होगा। अतः हमें अब राम-सुग्रीव के पास चलना चाहिए।

वानरगण हनुमान को आगे करके महेन्द्र पर्वत से नीचे उतरे और हर्ष तथा अभिमान से झूमते हुए किष्किन्धा की ओर चल पड़े। उस समय सबकी दृष्टि

हनुमान पर थी। ऐसा लगता था मानो सब उन्हें अपनी आंखों पर उठाए चले जा रहे थे। दल का प्रत्येक सदस्य उनकी सफलता को अपनी सफलता मानकर गर्व का अनुभव कर रहा था। सभी राम-सुग्रीव को सीता का संवाद सुनाने के लिए आतुर थे।

चलते-चलते वे सुग्रीव के मधुवन नामक फलोद्यान में पहुंचे। सुग्रीव का मामा दधिमुख उसका प्रधान रक्षक था। वानरगण उससे बिना पूछे ही भीतर घुस गए और फलों को मनमाना तोड़कर खाने लगे। दधिमुख और उसके साथियों ने उन्हें रोका, पर उस समय वे दूसरे ही रंग में थे। उन्होंने उद्यान-रक्षकों को ही मार-पीटकर बाहर निकाल दिया। दधिमुख रोता-चिल्लाता हुआ राजा सुग्रीव से शिकायत करने चला गया। वानर लोग फल और मधु से तृप्त होकर मधुवन में ऊधम मचाने लगे।

दधिमुख ने सुग्रीव के पास जाकर वानरों के स्वेच्छाचार का हाल कहा। उसे सुनते ही सुग्रीव ने समझ लिया कि दक्षिण दिशा का दल कार्य में सफलता प्राप्त करके लौटा है। उसने राम-लक्ष्मण को भी यह संवाद सुनाया। उन्होंने भी वानरों की इस स्वछन्दता को शुभ लक्षण ही समझा।

दधिमुख अपना रोना रो रहा था। सुग्रीव ने उसको चुप कराकर कहा—मैं उन वानरों के कार्य से बहुत प्रसन्न हूं। तुम शीघ्र जाओ और उन्हें मेरे पास प्रस्त्रवण पर्वत पर भेज दो।

दधिमुख अपना-सा मुंह लेकर लौट गया। वहां पहुंचकर देखा तो वानरगण खा-पीकर मौज कर रहे थे। उसने उन्हें राजा सुग्रीव का संदेश सुनाया। राजाज्ञा सुनते ही वानरों का दल पूरे वेग से प्रस्त्रवण पर्वत की ओर चल पड़ा।

सुग्रीव ने दूर से वानरों को बड़े उत्साह से आते देखा। वह राम से बोला—रघुनन्दन! सामने देखिए। मेरे विश्वासपात्र अनुचर काम पूरा करके ही आ रहे हैं। यदि ये सफल न हुए होते, तो निश्चित अवधि के बाद यहां लौटने का साहस न करते।

ये बातें हो ही रही थीं कि इतने में वानरों का दल वहां आ पहुंचा। सबने आते ही सुग्रीव और राम-लक्ष्मण का अभिवादन किया और चिल्लाकर कहा—सीता मिल गई!

राम इसको सुनकर गद्‌गद हो गए और बड़ी आतुरता से पूछने लगे—वानरो! क्या सीता सचमुच मिल गई? इस समय वे कहां हैं? उनकी क्या दशा है? शीघ्र कहो...।

हनुमान ने आगे बढ़कर राम को सारा हाल बताया और सीता की चूड़ामणि उनके हाथों में रख दी। राम अपनी दुःखिनी भार्या के स्मृति-चिह्न को हृदय से लगाकर रोते-रोते सुग्रीव से बोले—सुग्रीव! इसे मेरे श्वसुर राजा जनक ने सीता को विवाह के शुभ अवसर पर दिया था। पिता की दी हुई यह वस्तु सीता को बहुत ही प्रिय थी। इसे वह सदा अपने सिर पर धारण किए रहती थी...।

सीता की याद करके राम अत्यन्त विकल हो गए और हनुमान से बार-बार पूछने लगे—हनुमान! बताओ, सीता कैसी है? भयानक राक्षस-राक्षसियों के बीच में वह सुकुमारी कैसे रहती है? उसने तुमसे जो-जो कहा हो, बताओ! हनुमान! तुम मुझे किसी प्रकार सीता के पास शीघ्र पहुंचा दो; मैं अब उसके बिना एक क्षण भी नहीं जी सकता।

हनुमान ने उन्हें उचित नीति से सान्त्वना देकर लंकाविजय के लिए उत्साहित किया।

युद्धकाण्ड

सैन्य-प्रयाण–हनुमान के मुख से उनके समुद्रोल्लंघन, सीता-मिलन और लंका-दहन का गौरवपूर्ण वृत्तांत सुनकर राम अत्यन्त प्रसन्न हुए और सबके आगे उनकी सराहना करते हुए बोले–महावीर हनुमान ने जो अद्भुत कार्य किया है, वह दूसरों की कल्पना से परे है। इन्होंने जिस ढंग से अपने कर्त्तव्य का पालन किया है, उससे राजा सुग्रीव का मान तो बढ़ा ही है, साथ-साथ मेरा भी एक बहुत बड़ा कार्य सिद्ध हो गया है। महात्मा हनुमान ने मेरा और लक्ष्मण का तथा सारे रघुवंश का जो उपकार किया है, उसका बदला मैं कैसे चुकाऊं! आज तो मैं इन्हें अपना स्नेहालिंगन देकर ही सन्तोष करूंगा।

यह कहते हुए राम ने अपने अनन्य हितैषी को प्रेमपूर्वक हृदय से लगा लिया। हनुमान हर्ष से गद्गद हो गए।

इसके उपरान्त राम कुछ देर तक मौन बैठे रहे, फिर सुग्रीव से बोले–मित्र सुग्रीव! सीता का पता तो लग गया, लेकिन उसका मिलना असंभव जान पड़ता है। हमारे-उसके बीच में अथाह समुद्र है।

सागर की विशालता का ध्यान करके राम बहुत उदास और निश्चेष्ट हो गए। तब सुग्रीव ने कहा–महाबाहु राम! आप जैसे बुद्धिमान् और सामर्थ्यवान् को इस प्रकार विषादग्रस्त नहीं होना चाहिए। शोक शौर्यनाशक है, शोकाकुल प्राणी के बने-बनाए काम भी बिगड़ जाते हैं। अब आप शोक त्यागकर क्रोध कीजिए। शत्रु के वासस्थान का पता तो लग ही गया है, अब हमें वहां ससैन्य पहुंचने का उद्योग करना चाहिए। ये कामरूपी बलवान् वानर लंका-विजय के लिए आतुर हैं। आज्ञा पाते ही ये जलती हुई आग में भी कूद पड़ेंगे। आवश्यकता होगी तो ये सागर पर सेतु बना देंगे। हमारे लंका पहुंचते ही रावण तो मरा समझिए। अतएव वीरात्मा राम! उठिए, पुरुषार्थ का आश्रय लीजिए, उद्यमहीन होकर बैठने से सिद्धि नहीं मिलेगी।

वीरवर हनुमान ने भी ऐसे ही उत्साहवर्धक वचन कहे। राम की सारी व्यग्रता और शिथिलता दूर हो गई। वे सुग्रीव से बोले-वानरराज! आज उत्तराफाल्गुनी नक्षत्र है। इसी नक्षत्र में सीता का जन्म हुआ था। विजय-यात्रा का यही शुभ मुहूर्त है। मैं अभी प्रस्थान करना चाहता हूं। वृद्ध, निर्बल तथा बाल-सैनिकों को साथ ले चलने की आवश्यकता नहीं है। कुछ सैनिकों को किष्किन्धा की रक्षा के लिए भी छोड़ना पड़ेगा। शेष सेना की रण-यात्रा का प्रबन्ध शीघ्र करो। हमें और हमारे सैनिकों को इस यात्रा में बहुत सतर्क रहना है, शत्रुगण फल-मूल-जल आदि में विष मिला सकते हैं। मार्ग के वनों, खोह-कगारों में सावधानी से देख लेना चाहिए कि कहीं अपकारी लोग छिपे न बैठे हों।

सुग्रीव ने शीघ्र ही यथोचित व्यवस्था कर दी। राम बड़े उत्साह से उठे और गम्भीर स्वर में वानर-सेनापतियों से बोले—वीरो! लंका-विजय के लिए सेना आगे बढ़ाओ।

राम का आदेश सुनते ही वानर सैनिक हर्ष से उछल पड़े। उनके सिंहनाद से आकाश थर्राने लगा। सुग्रीव ने सेनानायक नील को आगे बढ़ने का संकेत किया। महाबली नील एक लाख सैनिकों को लेकर बारंबार गर्जन करता हुआ आगे बढ़ा। उनके पीछे अन्य यूथपति अपने-अपने विशाल दल लेकर चले। हनुमान ने राम को तथा अंगद ने लक्ष्मण को अपने-अपने कंधों पर बिठा लिया। उनके पीछे राजा सुग्रीव और जाम्ववन्त सेना के पृष्ठभाग की रक्षा करते हुए चले। राम की अध्यक्षता में लाखों-करोड़ों वानरों की सेना क्षुब्ध महासागर की भांति गरजती-उछलती चल पड़ी।

मार्ग का दृश्य विचित्र था। अगणित वानरसिंह बार-बार दहाड़ते, पैर पटकते और पेड़-पत्थरों को तोड़ते-फोड़ते दौड़े चले जाते थे। पृथ्वी पर कोलाहल मचा था, आकाश में धूल ही धूल दिखाई देती थी, दिशाएं वीरों के सिंहनाद और जयघोष से कांप उठती थीं। राम की वानर-सेना आंधी-तूफान की तरह हरहराती हुई चली जा रही थी। नील आगे-आगे रास्ता दिखाता और सैनिकों को ग्रामों में अत्याचार करने से रोकता जाता था।

राम उस समय बहुत प्रसन्न थे। मार्ग में वे लक्ष्मण से बोले--सौम्य! इस समय सूर्य की प्रभा कितनी निर्मल है! सभी दिशाएं प्रसन्न हैं, पवन अत्यन्त कोमल, सुखकर तथा हमारे अनुकूल है, वन असमय में भी फूले-फले हैं, मृग तथा पक्षी मधुर स्वर में बोलते हैं, सम्पूर्ण सेना में हर्षोत्साह व्याप्त है—ये सब विजयसूचक शुभ लक्षण हैं। सारा वातावरण हमारे अनुकूल है, हमें अवश्य सफलता मिलेगी।

विजयाभिलाषी राम बिना थके और बिना रुके दिन-रात बढ़ते ही चले गए। चलते-चलते वानर-सेना महेन्द्र पर्वत पर जा पहुंची। उसके आगे जाने का मार्ग नहीं था। सामने महासागर लहर-रूपी असंख्य जिह्वाओं से अनर्गल प्रलाप सा करता दिखाई पड़ा। नील ने वहीं सुरक्षा का प्रबन्ध करके सेना का पड़ाव डाला।

लंका में हलचल—हनुमान के लौट जाने के बाद विभीषण रावण के पास गया और बोला—भैया! रामदूत हनुमान ने जो कुछ किया उसे आप देख ही रहे हैं। सारी लंका में हाहाकार मचा है। भविष्य में भी घोर अनर्थ की सम्भावना है। अतएव मेरी सम्मति है कि आप सीता को सम्मानपूर्वक राम के पास भेज दें। इसी में आपका और सारी राक्षस जाति का कल्याण है। राम जैसे महा पराक्रमी से अकारण वैर करना ठीक नहीं...।

इसे सुनते ही रावण क्रुद्ध होकर बोला—विभीषण! मेरे सामने राम की बड़ाई मत करो। मैं उसके भय से सीता को नहीं लौटाऊंगा।

विभीषण को फटकार कर रावण सभा-भवन में गया। वहां उसने मेघनाद, कुम्भकर्ण तथा अपने मन्त्रियों और सेनापतियों को बुलाकर राज्य की सुरक्षा के सम्बन्ध में आवश्यक आदेश दिए। इसके बाद वह सबके सामने अपनी बड़ाई और राम की बुराई करने लगा। दरबारियों ने भी लम्बी-चौड़ी बातों से उसका समर्थन किया। विभीषण उन सबको फटकारता हुआ बोला—आप लोग राम के बल को जाने बिना ही दम्भ दिखा रहे हैं। शत्रु को कभी छोटा नहीं मानना चाहिए। राम के साथ अन्याय हुआ है। अन्यायी की जीत नहीं होती। मेरी प्रार्थना है कि महाराज समय रहते चेत जाएं और सीता को राम के पास भेज दें। राम जैसे धर्मात्मा और सर्वमान्य शूर से शत्रुता करना देश-जाति के लिए घातक होगा।

रावण इसे सुनते ही क्रोध से भड़क उठा और दांत पीसता हुआ बोला—शत्रु या क्रुद्ध सर्प के साथ रहना भला है, लेकिन कभी ऐसे व्यक्ति के साथ न रहें जो ऊपर से तो हितैषी और भीतर-भीतर शत्रु का शुभचिन्तक हो। बन्धुगण बन्धुओं से द्वेष रखते ही हैं और उनकी विपत्ति से प्रसन्न भी होते हैं। समस्त भयों की अपेक्षा बन्धु-भय कहीं अधिक दुःखदायक है।

इसके बाद रावण ने भरी सभा में विभीषण के प्रति अपशब्दों की झड़ी लगा दी। विभीषण अपने चार अनुचरों के साथ उठ खड़ा हुआ और बोला—राजन्! आप दुत्कारते ही हैं तो मैं जाता हूं। आपके सिर पर काल नाच रहा है, आप इन चाटुकारों के बहकावे में पड़कर अपना विवेक खो बैठे हैं, इसीलिए मेरी

कल्याणकारी बातें भी आपको अप्रिय लग रही हैं। मैं अधर्म में आपका साथ नहीं दूंगा।

विभीषण अपने विश्वासपात्र अनुचरों के साथ सभा-भवन से बाहर निकल गया और उन्हें लेकर आकाश-मार्ग से राम के शिविर की ओर चल पड़ा।

राम-विभीषण की मैत्री—विभीषण समुद्र के पार वानरों की छावनी के समीप पहुंचा और दूर से ही पुकारकर बोला—मैं दुष्ट राक्षसराज रावण का अनुज विभीषण हूं। मैंने उससे सीता को लौटाने की प्रार्थना की, इस पर उसने भरी सभा में मेरा अपमान किया। अब मैं राम की शरण में आया हूं। आप लोग कृपया मेरी प्रार्थना राम तक पहुंचा दें।

पांच शस्त्रधारी राक्षसों के आगमन से वानरगण शंकित हो गए थे। सुग्रीव स्वयं यह सन्देश लेकर राम के पास गया और उनसे बोला—महाराज! राक्षस स्वभाव से ही मायावी और विश्वासघाती होते हैं, मेरी राय में ये पांचों रावण के गुप्तचर हैं, ये मिलकर भेद लेने या भेदभाव उत्पन्न करने आए हैं। यदि विभीषण सचमुच रावण से रुष्ट होकर आया हो, तो भी उसका विश्वास न करना चाहिए। जो अपने विपत्तिग्रस्त सगे भाई का न हुआ, वह दूसरे का क्या होगा! इसे तो पकड़कर दण्ड देना चाहिए।

प्रायः सभी वानर सेनापतियों ने विभीषण के सम्बन्ध में ऐसा ही मत प्रकट किया। राम ने गम्भीरता से उत्तर दिया—मित्रो! यदि वह मित्रभाव से आया है तो उसे अपनाना ही मेरा धर्म है। बुद्धिमानी भी इसी में है कि हम उसे फोड़कर अपनी ओर मिला लें। बहुत सम्भव है कि विभीषण इस संकटकाल में बलवान् भाई का नाश कराके अपना स्वार्थ सिद्ध करना चाहता हो। सुग्रीव! सभी भाई भरत जैसे और सभी पुत्र मेरे जैसे अथवा सभी मित्र तुम्हारे जैसे नहीं होते।

इतने पर भी सुग्रीव ने विभीषण को अपनाने की नीति का घोर विरोध किया। तब राम दृढ़तापूर्वक बोले—सुग्रीव! जो एक बार भी मेरी शरण में आ जाता है और अपने मुख से कह देता है कि 'मैं तुम्हारा हूं' उसे मैं अपना ही लेता हूं, यह मेरा नियम है। विभीषण क्या, यदि स्वयं रावण ही आया हो तो उसे निर्भय होकर आने दो।

सुग्रीव विभीषण के पास गया और उसको तथा उसके साथियों को आदरपूर्वक राम के पास ले गया। विभीषण दौड़कर राम के चरणों पर गिर पड़ा और बोला—राजन्! मैं रावण का तिरस्कृत अनुज विभीषण हूं। मैंने उसके अनौचित्य का समर्थन नहीं किया, इसीलिए वह इतना रुष्ट हो गया कि मुझे उसके राज्य

से निकल जाना ही उचित जान पड़ा। अब मैं इन स्वामिभक्त अनुचरों के साथ आपकी शरण में हूं। हमारे ऊपर कृपा कीजिए।

राम ने योग्य रीति से विभीषण का सत्कार किया और पास बिठाकर वहां के वीरों का परिचय पूछा। विभीषण ने सब कुछ स्पष्ट बताकर अन्त में कहा—महाराज! लंका में एक से बढ़कर एक शूरवीर हैं। मेरा मंझला भाई कुम्भकर्ण भी अद्भुत बलशाली है। रावण का पुत्र मेघनाद इन्द्रजीत नाम से प्रसिद्ध है। इन्द्र आदि भी उस धुरंधर महारथी का सामना नहीं कर सकते। रावण का प्रधान सेनापति प्रहस्त भी एक माना हुआ योद्धा है। उसने कैलास पर्वत पर मणिभद्र को पराजित करने में अद्भुत विक्रम प्रदर्शित किया था। अन्य वीरों में सेनापति महोदर, महापार्श्व तथा अकम्पन विशेष रूप से उल्लेखनीय हैं। लंका में लाखों राक्षसों की अस्त्र-शस्त्र से सुसज्जित चतुरंगिणी सेना है। उसकी सहायता से रावण कई बार लोकपालों और देवताओं तक को जीत चुका है।

रावण की सैनिक शक्ति का विवरण सुनकर राम ने कहा—विभीषण! मैं प्रतिज्ञा करता हूं कि इन सबको मारकर मैं तुम्हें लंका का राजा बनाऊंगा।

विभीषण राम के चरणों पर मस्तक रखकर बोला—महाराज, मैं लंका-विजय में प्राणपण से आपका साथ दूंगा।

राम ने उसी समय लक्ष्मण द्वारा समुद्र-जल मंगवाकर सबके आगे विभीषण का राज्याभिषेक कर दिया। उसके रूप में उन्हें एक दूसरा काम का साथी मिल गया।

सेतु-निर्माण—वानर-सेना के सामने समुद्र को पार करने की कठिन समस्या थी। राम तीन दिन तक समुद्र के किनारे कुशा बिछाकर पड़े-पड़े भावी कार्यक्रम पर विचार करते रहे। अन्त में समुद्र को सुखाने का निश्चय करके उन्होंने धनुष पर एक अमोघ ब्रह्मास्त्र चढ़ाया। उससे समुद्र में भीषण हलचल होने लगी, पृथ्वी उत्तप्त होकर फट गई, जल पीछे हटने लगा और थोड़ी देर में ही वह स्थान मरुस्थल-सा हो गया। अथाह और क्षुब्ध समुद्र उथला और शान्त दिखाई देने लगा। समुद्र ने मानो उन्हें पार जाने का रास्ता दे दिया।

यूथपति नल को ऐसा प्रतीत हुआ मानो समुद्र उसे सेतु-निर्माण का संकेत कर रहा है। वह राम से बोला—महाराज, आज्ञा हो तो मैं इस समुद्र पर पुल बना सकता हूं।

राम ने अनुमति दे दी। देव-शिल्पी विश्वकर्मा का सुपुत्र नल बड़े मनोयोग से इस कार्य में जुट गया। लाखों और करोड़ों वानर गाड़ियों में बड़े-बड़े वृक्ष और

शिलाखण्ड ले आए। बहुत-से वानर सूत और मानदण्ड पकड़कर खड़े हो गए। नल काठ और पत्थर की सहायता से ठीक-ठीक नापकर पुल बनाने लगा। उसने पांच दिन के भीतर सौ योजन लम्बे समुद्र पर सम, सुदृढ़ और सुविस्तृत सेतु बना दिया। इस कार्य में वह दूसरा विश्वकर्मा ही सिद्ध हुआ।

लंका पर चढ़ाई–पुल के बनते ही लंका का मनोनीत राजा विभीषण अपने अनुचरों के साथ उस पार चला गया और हाथ में गदा लेकर सेतु की रक्षा करने लगा। इसके बाद सम्पूर्ण राम-सेना धूमधाम से चल पड़ी। वानर-वीरों के सिंहनाद के आगे महासागर का गर्जन मन्द पड़ गया।

उस पार पहुंचकर वीराग्रणी राम सेना का नायकत्व करते हुए पैदल आगे बढ़े। सुवेल पर्वत के पास पहुंचकर उन्होंने वहीं सेना का पड़ाव डाल दिया।

रावण ने जब यह सुना कि राम की सेना समुद्र पर पुल बनाकर लंका की सीमा पर आ गई है तो उसके आश्चर्य का ठिकाना न रहा। उसने शुक और सारण नामक दो विश्वासपात्र अमात्यों को शत्रु की सैनिक शक्ति का पता लगाने के लिए भेजा। वे वानर रूप बनाकर राम के सैन्य-शिविर में पहुंचे और बड़ी सावधानी से वहां एक-एक बात का पता लगाने लगे। वहां सेना पहाड़ी जंगल में दूर-दूर तक फैली थी। उसका बहुत-सा भाग तो आ गया था, शेष पुल को पार करके आ रहा था। ऐसी दशा में सैन्य-संख्या का अनुमान करना कठिन था। शुक-सारण छिपे-छिपे घूम रहे थे, इतने में विभीषण ने उन्हें पहचानकर पकड़ लिया। दोनों राम के सामने उपस्थित किए गए। वहां उन्होंने स्पष्ट शब्दों में स्वीकार कर लिया कि वे रावण की आज्ञा से सेना का भेद लेने आए थे।

इस पर राम मुस्कराकर बोले–अगर तुम लोगों का प्रयोजन पूरा हो गया हो तो जहां जाना चाहो जा सकते हो और यदि अभी कुछ देखना-बूझना हो तो जाकर स्वयं देख लो अथवा विभीषण सब-कुछ दिखा देंगे। तुम लोग दूत हो, अतः तुम्हारे साथ किसी प्रकार का दुर्व्यवहार या अत्याचार नहीं होगा। यहां से जाने पर मेरा यह सन्देश रावण से कह देना कि जिस बल पर उसने मेरी भार्या का अपहरण किया है, अब उस बल को मेरे सामने दिखाए; कल प्रातःकाल लंकापुरी और समस्त राक्षस-सेना पर मेरे बाण वज्र की तरह गिरेंगे।

यह कहकर उन्होंने दोनों को बन्धन से मुक्त करा दिया। वे राम की जय बोलते हुए लौट गए। रावण के पास जाकर उन्होंने राम के बल, प्रभाव और सौजन्य की बड़ाई करके उनका रण-सन्देश कहा। रावण उन्हें लेकर महल की सबसे ऊंची अट्टालिका पर गया और वहीं से राम के सैन्य-शिविर का निरीक्षण

करने लगा। सारी लंका वानरों से घिरी जान पड़ती थी। रावण सारण से उस सेना के प्रमुख वीरों का विवरण पूछने लगा।

सारण दूर खड़े वानर वीरों की ओर संकेत करके बोला—देखिए स्वामी! जो इस ओर मुख करके बारम्बार गर्जन कर रहा है, जिसके सिंहनाद से समस्त लंका कम्पायमान है, वह सुग्रीव की सेना का अग्रगामी वीर सेनापति नील है। और जो लंका की ओर वक्र-दृष्टि से देखकर बार-बार जम्हाई लेता है, वह विशालकाय वानर बालि-पुत्र अंगद है। देखिए, वह निर्भय होकर आपको युद्ध के लिए ललकार रहा है।...अंगद के पीछे नल नामक पराक्रमी वानर दिखाई देता है। उसी ने समुद्र पर पुल बांधा है।...दूर पर ऋतुराज जाम्बवान अपने दल-बल के साथ खड़ा है।...और राजन्, वह जो मत्त गजराज की भांति खड़ा है, उसे तो आप पहचानते ही होंगे। वह वायुपुत्र के नाम से विख्यात केसरीपुत्र हनुमान है। उसके बल-विक्रम के विषय में कुछ कहना नहीं है।...हनुमान के समीप ही सर्वशास्त्र-पारंगत, धर्ममर्यादारक्षक, विश्वविख्यात वीर महाधनुर्धर राम विराजमान हैं। उनके पास ही तप्त स्वर्ण जैसे वर्ण वाले, परम तेजस्वी लक्ष्मण दिखाई देते हैं।...राम के वाम पार्श्व में अपने चार मंत्रियों के साथ विभीषण बैठे हैं। उन्हें राम ने लंका के राजपद पर अभिषिक्त किया है।...राम और विभीषण के बीच हिमालय पर्वत के समान अचल वानरेन्द्र सुग्रीव विराज रहे हैं।...देश-देश के अगणित वानर सैनिक युद्ध के लिए कमर कसे तैयार हैं। इस महासेना को जीतना कठिन है। अकेले राम ही अपने दिव्यास्त्रों से लंका को भस्म करने में समर्थ हैं। अतएव राजन्! मेरी सम्मति यह है कि सीता को लौटाकर राम से मित्रता कर लीजिए।

शुक ने भी ऐसे ही विचार व्यक्त किए। रावण को उनकी बातें प्रिय नहीं लगीं। वह दोनों को डांटकर बोला—मूढ़ मन्त्रियों! तुम लोग पढ़-लिखकर भी नीतियुक्त व्यवहार नहीं जानते, तभी मेरे सामने शत्रु की प्रशंसा कर रहे हो। ऐसे मूर्ख मन्त्रियों को साथ रखकर भी मैं राज्य को चला रहा हूं, यह कम आश्चर्य की बात नहीं है। दूर रहो, मैं शत्रु-प्रशंसकों को नहीं देखना चाहता।

शुक-सारण वहां से चले गए। अन्य बहुत-से गुप्तचरों ने भी आकर राम-सेना की सबलता का विवरण सुनाया। रावण कुछ व्यग्र होकर अन्तःपुर में चला गया। वहां उसकी मां और मामा ने सीता को लौटाने और राम से मेल करने की सलाह दी, पर उसने किसी की नहीं सुनी। वह दर्प से बोला—भले ही मेरे शरीर के दो टुकड़े हो जाएं, लेकिन मैं शत्रु के आगे सिर नहीं झुका सकता।...सारे शत्रु इस पार आ गए, यह अच्छा ही हुआ, अब उनमें से एक भी जीवित नहीं लौट सकेगा।

इसके बाद रावण महायुद्ध की तैयारी करने लगा। उसकी आज्ञा से सारी चतुरंगिणी सेना लंका की रक्षा करने के निमित्त सन्नद्ध हो गई। महापुरी में चारों ओर योद्धा ही योद्धा दिखाई पड़ने लगे।

इधर राम ने सेना को चार दलों में विभाजित करके यह आदेश दिया कि वे स्वयं तथा लक्ष्मण, विभीषण और उनके चार मन्त्री ही मानव-वेश में रहेंगे, शेष सैनिकों का चिह्न वानर ही होगा। सारी व्यवस्था करके वे सन्ध्यापूर्व अपने प्रमुख सहयोगियों के साथ सुबेल पर्वत के सर्वोच्च शिखर पर चढ़ गए। वहां से उन्होंने स्वर्णमयी लंका का भव्य दृश्य देखा। नीले रंग की वेशभूषा से सज्जित असंख्य राक्षस सैनिकों की श्रेणियां ऐसी लगती थीं मानो परकोटे के भीतर अनेक परकोटे बने हैं।

राम वह रात वहीं बिताकर सवेरे नीचे उतरे। शुभ मुहूर्त में युद्धातुर सेना को लेकर वे लंका की ओर वेग से चल पड़े। त्रिकूट पर्वत के पास पहुंचकर उन्होंने सैनिकों को योजना के अनुसार भिन्न-भिन्न दिशाओं में जाने का आदेश दिया। देखते-देखते लाखों करोड़ों-वानरों ने त्रिकूटाचल को चारों ओर से घेर लिया। राम के निर्भीक सैनिक राक्षसेन्द्र की दुर्गम महापुरी पर आक्रमण करने के लिए व्यग्र हो गए। लंका की दिशाएं वानर वीरों के सिंहनाद से कांपने लगीं।

लंका का घेरा डालकर राम ने अंगद से कहा—सौम्य! राजधर्म के अनुसार शत्रु को रण-निमन्त्रण देकर तब युद्ध आरम्भ करना चाहिए। तुम मेरे दूत बनकर रावण के पास जाओ और उसे मेरा यह सन्देश सुना दो कि उसने जिस बल पर मेरी धर्मपत्नी सीता का अपहरण किया है, उसे चूर करने के लिए मैं, राम, लंका के द्वार पर आ पहुंचा हूं...यदि वह अब भी अपना भला चाहता है तो सीता को लौटाकर मेरे सामने आत्मसमर्पण कर दे, अन्यथा मैं उसका और उसकी सारी सेना का संहार करके विभीषण को लंका का राजा बना दूंगा। उस अधम से कहना कि युद्ध में आने से पूर्व वह अपने हाथ से ही अपना श्राद्ध कर ले, क्योंकि बाद में उसे पूछने वाला कोई न रहेगा।

अंगद आकाश-मार्ग से रावण के सभा-भवन में पहुंचा। वहां उसने सबके आगे राम का सन्देश ज्यों का त्यों कह सुनाया। रावण उसे सुनते ही क्रोध से उन्मत्त हो गया और सैनिकों से बोला—देखते क्या हो, पकड़ो इस दुष्ट को।

चार बलवान् राक्षसों ने झपटकर अंगद को पकड़ लिया। बालि-पुत्र अंगद ने उन्हें ऐसा झटका दिया कि चारों के चारों पछाड़ खाकर गिर पड़े। इसके बाद वह रावण के महल के कंगूरे को लात से ढहाकर आकाश-मार्ग से दूर निकल

गया। रावण को इस घटना से अत्यन्त क्षोभ हुआ। उसने देखा कि सारी लंका वानरों से घिरी है। राजधानी के बाहर भयंकर कोलाहल मचा था।

युद्धारम्भ–अंगद के आते ही राम युद्ध के लिए उठ खड़े हुए। उन्होंने एक बार लंका पर दृष्टि डाली, कुछ क्षणों के लिए सीता का ध्यान किया, तदुपरान्त लंका पर धावा बोल दिया। राम की रण-घोषणा के साथ ही सेना में शंख और तूर्य बजने लगे। आकाश 'राम-लक्ष्मण-सुग्रीव की जय' से निनादित हो उठा। वानरों ने धूमधाम से लंका पर चढ़ाई कर दी। बहुत-से साहसी वीर उछलकर परकोटे की दीवारों पर चढ़ गए और वहीं से शत्रु को युद्ध के लिए ललकारने लगे।

राक्षसेन्द्र रावण ने तत्काल अपनी सेना को बाहर निकलकर युद्ध करने की आज्ञा दी। राक्षसराज की अस्त्र-शस्त्र से सुसज्जित चतुरंगिणी सेना डंके बजाती लंका के चारों फाटकों से बाहर निकली। दूर-दूर तक फैले पहाड़ी जंगलों में वानरों और राक्षसों में घमासान युद्ध प्रारम्भ हो गया। राक्षस योद्धाओं ने शूल, परिघ, गदा, शतघ्नी और तलवार तथा बाणों से भीषण प्रहार किया। इधर से राम-लक्ष्मण अपने तीक्ष्ण बाणों से तथा विभीषण और उसके चारों अनुचर गदाओं से शत्रु-संहार करने लगे। वानरगण शिलाखण्ड और पादपास्त्र बरसाते हुए वैरियों से भिड़ गए। भयंकर मारकाट होने लगी। देखते-देखते चारों ओर रक्त की नदियां बह चलीं।

सूर्यास्त होने पर भी युद्ध बन्द न हुआ। दोनों दलों के सैनिक 'मारो, काटो' कहते हुए अंधेरे में लड़ने लगे। रणभूमि में हताहतों के ढेर लग गए। वह रात्रि कालरात्रि के समान भयानक हो गई। राक्षस-सेना पर राम-लक्ष्मण के बाण और वानर-सेना पर मेघनाद के बाण अखण्ड मेघधारा के समान बरस रहे थे।

मायावी महारथी मेघनाद ने अपने चेतना-नाशक बाणों से वानर-सेना को व्यथित कर दिया। अंगद ने एक भारी शिलाखण्ड से उसके रथ को चूर कर डाला। तब उसने एक गुप्त स्थान में छिपकर बाणों की वर्षा प्रारम्भ की। इन्द्र-विजेता मेघनाद के कूट बाणों से राम-लक्ष्मण के मर्म बिंध गए, उनके हाथों से धनुष भी गिर पड़े। उसके नागपाश नामक महास्त्र से दोनों मृतप्राय होकर लड़खड़ाते हुए भूमि पर गिर पड़े और अचेत हो गए। राक्षसगण उन्हें मृत समझकर हर्ष से उछल पड़े। मेघनाद सभी वानर यूथपतियों को मूर्च्छित और आहत करके डींग हांकता हुआ रावण के पास लौट गया।

वानर-सेना में घोर उदासी छा गई। सबने यही समझा कि राम-लक्ष्मण मर गए। सुग्रीव आदि प्रमुख वानर वीर उन्हें घेरकर बैठ गए और रोने लगे।

उधर लंका में राम-लक्ष्मण की मृत्यु का ढिंढोरा पिटवा दिया गया। रावण

ने सीता को भी कई राक्षसियों के साथ पुष्पक विमान में बैठाकर राम की अपमृत्यु का दृश्य देखने के लिए भेजा।

शोक-संतप्त सीता विमान से राम और लक्ष्मण की दुर्गति देखकर दारुण विलाप करने लगी। त्रिजटा उन्हें किसी तरह ढाढस बंधाकर वापस ले गई।

राम कुछ देर बाद चैतन्य हुए। अपने पास ही लक्ष्मण को आहत और अचेत पड़ा देखकर उन्हें घोर दुःख हुआ। वे रोते हुए बोले—अब लक्ष्मण के बिना मेरा जीना और सीता को प्राप्त करना व्यर्थ है। संसार में खोजने पर सीता जैसी नारी मिल सकती है, लेकिन लक्ष्मण जैसा भाई, सुहृद और सूरमा कहां मिलेगा।

इसके बाद वे लक्ष्मण को सम्बोधित करके बोले—भैया लक्ष्मण! मैं जब-जब दुःखी होता था, तुम मुझे धैर्य बंधाते थे। आज तो मैं बहुत दुःखी हूं, तुम मौन क्यों हो? प्यारे भाई! जैसे वन-यात्रा में तुमने मेरा साथ दिया था, वैसे ही परलोक-यात्रा में मैं तुम्हारे पीछे आता हूं।

फिर वे सुग्रीव आदि की ओर देखकर बोले—जहां तक मुझे स्मरण है, इस भाई ने कभी क्रुद्ध होने पर भी मेरी बात का अनादर नहीं किया। मेरे लिए इसने अपनी सत्ता ही मिटा दी थी। मित्रों! अब मुझमें लंका को जीतने का उत्साह नहीं है। तुम लोग मुझे यहीं छोड़कर अपने-अपने घरों को लौट जाओ। मैं प्रतिज्ञा करके भी विभीषण को लंका का राजा नहीं बना सका, यह मिथ्या प्रलाप आज मेरे हृदय को जला रहा है...।

राम की इन बातों से सभी को अत्यन्त दुःख हुआ। सुग्रीव ने सुषेण नामक यूथपति को बुलाकर कहा—देखो, तुम दोनों भाइयों को सावधानी से किष्किन्धा उठा ले जाओ, मैं रावण को मारकर सीता को वहां ले आऊंगा।

ये बातें हो ही रही थीं कि इतने में विनता-पुत्र गरुड़ आ पहुंचा। उसने तत्काल दोनों का उपचार करके उन्हें नागपाश के प्रभाव से मुक्त एवं पूर्णतया स्वस्थ बना दिया। उनके घाव भर गए। राम ने अत्यन्त कृतज्ञ होकर उसका परिचय पूछा। वह बोला—राम! मेरा नाम गरुड़ है। मैं सदा घूमता रहता हूं और जिसकी जो कुछ भी सहायता बन पड़ती है, कर देता हूं। मैं स्वेच्छा से ही यहां आया हूं। अब आप लोग सावधानी से युद्ध कीजिए, क्योंकि राक्षस लोग कपट-युद्ध में बड़े दक्ष हैं।

गरुड़ चला गया। वानर दल में फिर भेरी-मृदंग बजने लगे। सब पुनः युद्ध के लिए तैयार हो गए।

उधर लंका में विजयोत्सव मनाया जा रहा था। अर्धरात्रि में वानरों का गर्जन और दुन्दुभियों का निनाद सुनकर रावण चौंक पड़ा। दूतों से पता लगाने पर उसे

ज्ञात हुआ कि राम-लक्ष्मण मरे नहीं, जीवित हैं और पहले की ही भांति पूर्णतया स्वस्थ हो गए हैं। उसने तुरन्त महारथी धूम्राक्ष को आगामी युद्ध का सेनापति बनाकर शत्रुओं का सर्वनाश करने का आदेश दिया।

दूसरे दिन का युद्ध–दूसरे दिन प्रातःकाल राक्षस-दल बादल की तरह गरजता हुआ बाहर निकला और युद्धातुर वानरों पर टूट पड़ा। हनुमान के दल ने आगे बढ़कर महारथी धूम्राक्ष की चतुरंगिणी सेना से लोहा लिया। वानरों-राक्षसों में विकट संग्राम छिड़ गया। राक्षसों ने तीक्ष्ण अस्त्रों से सहस्त्रों वानरों को मार कर गिरा दिया। वानरों के अस्त्र नख, दंत, पेड़ और पत्थर ही थे। उन्होंने इन्हीं से डटकर युद्ध किया।

महारथी धूम्राक्ष ने अपने प्रचण्ड बाणों से वानर-सेना को तितर-बितर कर दिया। अब हनुमान कोप करके आगे बढ़े और पेड़ों-पत्थरों से राक्षसों को खदेड़-खदेड़कर मारने लगे। उन्होंने एक भारी शिला से धूम्राक्ष के रथ को चूर-चूर कर डाला और दूसरी और दूसरी शिला से उसके सिर को। धूम्राक्ष के मरते ही सारे राक्षस संत्रस्त होकर भाग गए।

तीसरे दिन का युद्ध–तीसरे दिन रावण की आज्ञा से वीरवर वज्रदंष्ट्र सेना-सहित युद्ध-भूमि में आया। उस दिन भी दोनों दलों में भीषण संग्राम हुआ। अन्त में, अंगद ने तलवार से वज्रदंष्ट्र को मार गिराया। राक्षस-सेना के पैर उखड़ गए।

चौथे दिन का युद्ध–चौथे दिन राक्षस-सिंह अकम्पन चतुरंग सैन्य लेकर रणक्षेत्र में आया और वानर-सेना पर टूट पड़ा। दोनों सेनाओं में रोमांचकारी युद्ध होने लगा। अकम्पन के आक्रमण को वानर वीर नहीं रोक पाए। तब हनुमान हाथ में एक शाल वृक्ष लेकर उससे भिड़ गए। उन्होंने अकम्पन को सबके देखते-देखते मार गिराया। राक्षस-सेना अकम्पन के बिना कांपने लगी और हथियार छोड़कर भाग खड़ी हुई।

पांचवें दिन का युद्ध–अब तक रावण को विश्वास था कि वह राम की सेना को सहज में ही परास्त कर देगा। अपने दो नामी सेनापतियों के मारे जाने के बाद वह सतर्क हो गया। इस बार उसने अपने प्रधान सेनापति प्रहस्त को शत्रु के उन्मूलन का भार सौंपा।

महाकाल-सा विकराल सेनानायक प्रहस्त धनुष-बाण लेकर रथ में बैठा और चतुरंगिणी सेना-सहित दुन्दुभि बजाता हुआ लंका के द्वार से बाहर निकला। सामने महाबली नील की सेना रास्ता रोके खड़ी थी। दोनों सेनाओं में मुठभेड़ हो गई।

दोनों ओर से योद्धा प्राणों का मोह छोड़कर परस्पर भिड़ गए। प्रहस्त ने थोड़ी ही देर में रण भूमि को वानरों का श्मशान बना दिया। वानरगण चिल्लाते हुए भाग चले। राक्षसों ने उन्हें खदेड़-खदेड़कर मारना प्रारम्भ किया। नील अपनी सेना की दुर्गति देखकर क्षुब्ध हो उठा। उसने लपककर प्रहस्त के रथ के घोड़ों को मार गिराया। प्रहस्त बाण मारना ही चाहता था, इतने में नील ने उसके हाथ से धनुष छीन लिया। तब वह मूसल लेकर दौड़ा। नील एक वृक्ष लेकर लड़ने लगा। उस द्वन्द्व में दोनों बुरी तरह घायल हो गए, फिर भी कोई पीछे नहीं हटा। अन्त में अंगद ने एक शिलाखण्ड से रावण के महामानी सेनापति का मस्तक चूर कर डाला। नायकहीन राक्षस सैनिक सिर पर पैर रखकर लंका की ओर भाग खड़े हुए।

छठे दिन का युद्ध–प्रहस्त की वीरगति का समाचार सुनकर रावण शोक से व्याकुल हो गया। यह उसके लिए एक बहुत बड़ी चेतावनी थी। छठे दिन वह धूमधाम से अपने देदीप्यमान रथ में बैठकर युद्ध के लिए बाहर निकला और सेना-सहित युद्धस्थल की ओर चल पड़ा।

राम ने दूर से ही उस दल को आते देखकर विभीषण से पूछा–विभीषण! यह सुविशाल चतुरंगिणी सेना किसकी है? इसमें तो बहुत-से शूरवीर दिखाई पड़ते हैं।

विभीषण बोला–महाराज! देखिए, वह जो सिंह-चिह्नांकित ध्वजा वाले रथ में बैठा बार-बार धनुष को टंकृत कर रहा है, वह वीर मेघनाद है। उसके पास ही दूसरा तेजस्वी धनुर्धर महारथी अतिकाय है। जो मत्त गजराज पर बैठा सिंहनाद कर रहा है, वह धीर-वीर सहोदर है। ऊंचे बैल पर तीक्ष्ण त्रिशूल लिए विकट वीर त्रिशिरा है और दिव्य रथ में सूर्य-सा कान्तिमान, हिमालय-सा विशालकाय, प्रलयंकर शिव-सा शत्रुदर्पहारी, छत्र-मुकुटधारी, महाप्रतापी लंकेश्वर रावण है।

रावण को देखते ही राम बोल उठे–अहो! राक्षसराज रावण तो सचमुच महातेजस्वी है। इसके दीप्तिमान् मुखमण्डल की ओर तो कोई देख भी नहीं सकता। ऐसा प्रभावशाली व्यक्तित्व किसी देवता का भी नहीं है। यह क्रुद्ध होकर निश्चय ही तीनों लोकों को जीत सकता है। आज मेरा सौभाग्य है कि यह मेरे सामने आ गया। मेरे हृदय की ज्वाला आज ही शान्त होगी।

राम-लक्ष्मण धनुष-बाण लेकर खड़े हो गए। रावण ने शत्रु-सेना पर बड़े वेग से आक्रमण किया। सुग्रीव उसके एक बाण से आहत होकर गिर पड़ा। वानर-सेना के प्रमुख वीरों ने मिलकर रावण से लोहा लिया, लेकिन उसके बाणों

ने सबकी गति स्तम्भित कर दी। रणभूमि में प्रलय का दृश्य उपस्थित हो गया। वानरगण रावण की बाण-वर्षा के आगे नहीं ठहर सके और 'त्राहि-त्राहि' चिल्लाते हुए वहां से भाग चले।

महावीर हनुमान सिंहनाद करते हुए रावण की ओर झपटे। उन्होंने रथ पर चढ़कर रावण को एक ऐसा घूंसा मारा कि उसका सिर चकरा गया। क्षण-भर बाद स्वस्थचित्त होने पर वह बोला—वानर, शत्रु होने पर भी तेरा बल-विक्रम सराहनीय है, अब मैं एक ही घूंसे से तुझे यमलोक भेज दूंगा।

यह कहकर रावण ने हनुमान की छाती में घूंसा मारा। वे मूर्च्छित हो गए। उसके बाद रावण ने सेनापति नील पर एक प्रचण्ड बाण चलाया। वह आहत होकर गिर पड़ा। इस प्रकार अनेक पराक्रमी वानर यूथपतियों को परास्त करके उसने अगणित शत्रुओं को मार-मारकर बिछा दिया। रावण की मौर्वी की टंकार से सारा युद्धक्षेत्र ध्वनित हो रहा था।

उधर से लक्ष्मण पैदल ही रावण को ललकारते हुए दौड़े। रावण ने बड़े अभिमान से अपना रथ उनके आगे बढ़ाया। दोनों में भयंकर बाण-युद्ध होने लगा। दोनों ने एक दूसरे के बाणों को काट डाला। अन्त में, रावण ने क्रुद्ध होकर लक्ष्मण के ऊपर अग्निवत् जाज्वल्यमान एक महाशक्ति छोड़ी। उससे लक्ष्मण का वक्षस्थल अत्यन्त क्षत हो गया। वे अचेत होकर पृथ्वी पर गिर पड़े। हनुमान उन्हें तुरन्त राम के पास उठा ले गए। रावण फिर वानर-सेना को रुई की तरह धुनने लगा।

उस समय दोनों ओर के वीरों-प्रतिवीरों में स्थान-स्थान पर भयंकर संग्राम हो रहा था। सारी रणभूमि में रावण का घोर आतंक छाया था। कोई भी उसके सामने जाने का साहस नहीं करता था। ऐसी दशा में राम स्वयं उससे युद्ध करने चले। हनुमान ने उन्हें अपने कन्धे पर बिठा लिया। रावण के सामने पहुंचते ही वे ललकारकर बोले—खड़ा रह रावण, अब तू बचकर नहीं जा सकता।

यह सुनकर रावण क्रोध से तिलमिला उठा। उसने पहले तो हनुमान को बाण से बींधा, फिर राम के ऊपर महाबाणों की झड़ी लगा दी। राम ने तीक्ष्णतम बाणों से उसके ध्वजा-मुकुट-धनुष आदि काट डाले। वह दिन-भर युद्ध करते-करते थक गया था। इसीलिए पूर्ण पराक्रम नहीं दिखा सका। राम के बाणों से उसके अंग-अंग जर्जर और शिथिल हो गए। ऐसी दशा में, राम ने अत्याचार करना उचित नहीं समझा। वे रावण से बोले—राक्षसराज! तू आज अपने बल-पराक्रम का अच्छा परिचय देकर थक गया है। तेरा धनुष भी टूट गया है। मैं इस दशा में तुझे नहीं मारूंगा। तू लंका में जाकर विश्राम कर; स्वस्थ होने पर फिर आना, तब हम दोनों का प्राणान्तक संग्राम होगा।

रावण अत्यन्त खिन्न और लज्जित होकर लौट गया। उसका ऐसा मान-मर्दन कभी नहीं हुआ था। राम को उसने जैसा समझ रखा था, वे उससे कहीं अधिक बढ़-चढ़कर निकले। उस दिन रावण का आत्मविश्वास डिग गया। उसने घोर संकटकाल में अपने महाशक्तिशाली भाई-कुम्भकर्ण को बुलाना आवश्यक समझा। वह बहुत समय से भोगविलास में मग्न कहीं बेखटके सो रहा था। रावण ने मन्त्रियों को उसे शीघ्र जगाने की आज्ञा दी।

रावण के मन्त्रियों ने कुम्भकर्ण के विश्राम-स्थल में जाकर बड़ी कठिनाई से उसकी निद्रा भंग की और रावण का सन्देश तथा राक्षस-सेना के पराभव का हाल कहा। उसे सुनते ही कुम्भकर्ण क्रोध से दांत पीसता हुआ उठा और रावण के राजमहल की ओर चल पड़ा।

वानरों ने दूर से उस भूधराकार महादानव को देखा। वह प्रत्यक्ष महाकाल, सचल कज्जलपर्वत और कालमेघ-सा अत्यन्त भयंकर लगता था। वानर लोग डरकर इधर-उधर भागने लगे, राम ने विभीषण से उस अद्भुत शरीरधारी का परिचय पूछा।

विभीषण बोला—राजन्! यह यम और इन्द्र को पराजित करने वाला महापराक्रमी, महाक्रोधी कुम्भकर्ण है। इसका शरीर जैसा विशाल है, वैसा ही सुदृढ़ भी है।

मदोन्मत्त कुम्भकर्ण मत्तगज की भांति झूमता, पैर पटकता अपने बड़े भाई रावण के पास पहुंचा। रावण ने उसे उत्तम आसन पर बिठाकर युद्ध का दुःखद हाल सुनाया; फिर गिड़गिड़ाकर कहा—भैया! इस समय मेरी और देशजाति की लाज तुम्हारे हाथ में है। तुम राम को ससैन्य मारकर हम सबका उद्धार करो।

कुम्भकर्ण ने रावण को फटकारते हुए कहा—महाराज! मैंने और विभीषण तथा मन्दोदरी ने पहले ही आपसे कहा था कि सीता के लिए राम से वैर न मोल लीजिए, पर आपने नहीं माना। अब आप ही उस दुष्कर्म का दण्ड भोगिए।

रावण रुष्ट होकर बोला—कुम्भकर्ण! मेरे दोषों को याद दिलाने की अपेक्षा यह अच्छा होगा कि तुम मेरी समयोचित सहायता करो। सच्चा भाई वही है जो विपत्ति में कुमार्गगामी भाई की भी सहायता करे।

कुम्भकर्ण ने कहा—भैया! सच्चे भाई को ऐसे समय में जो करना चाहिए, मैं वही करूंगा। राम मेरे जीते-जी आपका अहित नहीं कर सकेगा। मैं उसकी सारी सेना को रौंद डालूंगा।

सातवें दिन का युद्ध—युद्ध के सातवें दिन कुम्भकर्ण ने अपना अभेद्य कवच पहना, हाथ में वज्र-तुल्य भयंकर शूल लिया और रावण का आशीर्वाद लेकर

सेना-सहित युद्ध के लिए प्रस्थान किया। दूर से उसका विकराल रूप और चमचमाता शूल देखकर बहुत-से वानर बिना मारे मर गए।

कुम्भकर्ण क्षुब्ध सागर की भांति गरजता हुआ शत्रुसेना के सिर पर जा धमका और वानरों को निर्दयता से मार-मारकर गिराने लगा। देखते-देखते उसने रणभूमि को शवों से पाट दिया। वानर-सेना में हाहाकार मच गया। अंगद, हनुमान, नील आदि ने दल-बल के साथ उसको रोकने की बहुत चेष्टा की, लेकिन उसने सबको पछाड़ दिया। सुग्रीव भी उसके प्रहार से आहत होकर रणभूमि में गिर पड़ा। इस बीच में हनुमान ने उसके महाशूल को पकड़कर तोड़ डाला। कुम्भकर्ण हाथ में एक महामुद्गर लेकर उससे भीषण संहार करने लगा।

स्थान-स्थान पर वानरों और राक्षसों में खण्डयुद्ध हो रहे थे। राम-लक्ष्मण राक्षस महारथियों से युद्ध करने में व्यस्त थे। कुम्भकर्ण वानर-सेना को रौंदता हुआ सीधा राम के सामने जा पहुंचा। राम को शत्रु-महारथियों से घिरे देखकर विभीषण गदा घुमाता हुआ कुम्भकर्ण के आगे खड़ा हो गया। उसे देखते ही कुम्भकर्ण क्रुद्ध होकर बोला—विभीषण! मैं इस समय क्रोध के आवेश में हूं। अपना भला चाहो तो मेरे आगे से हट जाओ। मैं अपने हाथ से अपने भाई को नहीं मारना चाहता।

विभीषण की आंखों मे आंसू आ गए। वह वहां से हट गया। कुम्भकर्ण राम को ललकारकर बोला—अरे राम! इधर आकर पराक्रम दिखाओ। मैं वह कुम्भकर्ण हूं जिसने कई बार देवों-दानवों का अभिमान चूर कर दिया है। मुझे खर, कबन्ध, बालि या मारीच न समझना।

उस समय कई योजन लम्बे-चौड़े पहाड़ी युद्धक्षेत्र में रोमांचकारी युद्ध हो रहा था। वानर-सेना की ओर से वृक्षों और शिलाओं की लगातार वर्षा हो रही थी। राक्षसों की ओर से तीर-तलवार शूल-गदा तोमर और शतघ्नियों द्वारा भयंकर प्रहार-संहार हो रहा था। कहीं-कहीं प्रतिद्वन्द्वियों में मल्लयुद्ध मचा था। गर्जन-तर्जन, घात-प्रतिघात और अस्त्र-शस्त्रों की झंकार तथा आहतों की चीत्कार से आकाश शब्दायमान था। चारों ओर रक्त की नदियां बह रही थीं: हाथी; घोड़ों और मृत सैनिकों के ढेर लगे थे।

ऐसे समय में राम कुम्भकर्ण का युद्धाह्वान सुनकर उसकी ओर बाण बरसाते हुए दौड़े। कुम्भकर्ण ने सभी बाणों को अपने मुद्गर से रोक लिया। दोनों में देर तक युद्ध होता रहा। राम ने उसके दोनों हाथ काट डाले। फिर भी वह शांत नहीं हुआ और वानरों को पैरों से रौंदता हुआ राम की ओर वेग से झपटा। राम

ने तुरन्त ऐन्द्रास्त्र से उसका मस्तक काट डाला। राक्षस-सेना चिल्लाती हुई युद्धभूमि से भाग गई।

आठवें दिन का युद्ध–कुम्भकर्ण की मृत्यु से रावण की मानो दक्षिण भुजा ही कट गई। वह सिर पीट-पीटकर रोने लगा। मन्त्रियों आदि ने समझा-बुझाकर किसी तरह उसे शान्त किया। धीरे-धीरे उसका शोक क्रोध में परिणत हो गया।

आठवें दिन रावण ने त्रिशिरा, अतिकाय, नरान्तक, देवान्तक और महोदर नामक धुरन्धर योद्धाओं के साथ भयंकर सेना युद्धभूमि में भेजी। राम की सेना वहां पहले ही डटी थी।

दोनों दलों में घमासान युद्ध छिड़ गया। अंगद ने महाबली नरान्तक को और हनुमान ने वेदान्तक को मार गिराया। तब त्रिशिरा ने तीक्ष्णतम बाणों से हनुमान पर आक्रमण किया। हनुमान ने लपककर त्रिशिरा की तलवार छीन ली और उससे उसका वध कर डाला। दूसरी ओर राम, लक्ष्मण, सुग्रीव, विभीषण, जाम्बवन्त राक्षसों की विशाल सेना का संहार कर रहे थे।

उधर से इन्द्र-वरुण आदि को परास्त करने वाला, शत्रुदर्पहारी महारथी अतिकाय अपने सुतीक्ष्ण लौह-बाणों से वानरों को मार-मारकर गिरा रहा था। बड़े-बड़े यूथपति भी उसके वेग को नहीं रोक पाए। वह सबको पछाड़ता और दहाड़ता हुआ राम-लक्ष्मण के निकट आ पहुंचा और कर्कश स्वर में बोला–जिसे अपने बल-शौर्य का अभिमान हो, वह मेरे सामने आ जाए।

उग्रवीर लक्ष्मण ने उसका रण-निमन्त्रण तुरन्त स्वीकार कर लिया। दोनों ओर से दिव्य बाणों की वर्षा होने लगी। अतिकाय ने लक्ष्मण के सारे बाणों को काटकर उन्हें व्यथित कर दिया। तब उन्होंने प्रचण्ड ब्रह्मास्त्र मारा। बहुत रोकने पर भी वह नहीं रुका। उससे अतिकाय का मस्तक कटकर गिर पड़ा। राक्षस सेना की कमर टूट गई। सभी राक्षस सैनिक अस्त्र-शस्त्र फेंककर भाग खड़े हुए।

नवें दिन का युद्ध–एक-एक करके लंका के बहुत से प्रबल योद्धा मारे गए। रावण के दुःख का ठिकाना न रहा। वह लम्बी सांसें लेता हुआ बोल उठा–अहो! राम सचमुच बड़े ही बलवान हैं; उनके भय से आज मेरी महापुरी के सारे द्वार बन्द हैं।

पिता को अत्यन्त व्यथित देखकर मेघनाद ने शत्रु-संहार का बीड़ा उठाया। युद्ध के नवें दिन उसने विधिवत् हवन तथा शस्त्रास्त्रपूजन किया। फिर रावण का आशीर्वाद लेकर वह अपने विशाल रथ में बैठा और राक्षस-वाहिनी के साथ युद्धस्थल में आया। दोनों दलों में शंख और रणतूर्य बजने लगे। युद्ध आरम्भ

हो गया। मेघनाद ने अपने प्रज्वलित बाणों से वानरों की अग्रसेना को नष्ट-भ्रष्ट कर दिया। बड़े-बड़े वानर यूथपति आहत-मूर्च्छित होकर गिर पड़े। बहुत से खोह-कन्दराओं में भाग गए। मेघनाद कभी तो अदृश्य होकर युद्ध करता था और कभी सहसा प्रकट हो जाता था। इस प्रकार वानर-सेना के वीरों को धोखा देकर उसने अपने माया-बाणों से सबको व्यथित कर दिया। राम-लक्ष्मण भी उसका सामना नहीं कर पाए, क्योंकि वे बाण-वृष्टि तो देखते थे, पर स्वयं मेघनाद को नहीं देख पाते थे। दोनों भाई उसके ब्रह्मास्त्रों से आहत और मूर्च्छित होकर गिर पड़े। विजयी मेघनाद सबका दर्प चूर करके सेना-सहित लौट गया।

उस दिन वानर-सेना की बुरी दशा थी। यत्र-तत्र मृतों के ढेर लगे थे; सभी प्रमुख वीर अचेत और अधमरे-से हो गए थे; चारों ओर आहतों का चीत्कार गूंज रहा था।

धीरे-धीरे रात हो गई। अंधेरे में विभीषण और हनुमान मशाल लेकर अपने साथियों की खोज-खबर लेने निकले। उन्होंने वृद्ध सेनापति जाम्बवन्त को भूमि पर पड़े देखा। वह असह्य पीड़ा से ऐसा व्याकुल था कि आंख भी नहीं खोल पाता था। विभीषण ने पास जाकर उसे प्रणाम किया।

जाम्बवन्त कराहता हुआ बोला—राक्षसेन्द्र! मैं आपकी बोली से ही पहचान रहा हूं। कृपा करके यह बताइए कि वानरश्रेष्ठ हनुमान तो जीवित हैं न!

विभीषण बोला—आर्य! आप पहले राम-लक्ष्मण-सुग्रीव आदि का कुशल समाचार न पूछकर हनुमान का ही क्यों पूछते हैं? क्या अन्य लोगों के जीवन की चिन्ता आपको नहीं है?

जाम्बवन्त ने कहा—राक्षसेन्द्र! यदि हनुमान जीवित हैं तो मैं यह मानूंगा कि सारी सेना मृत होने पर भी जीवित है। इसीलिए उसके सम्बन्ध में मुझे विशेष चिन्ता है।

तब हनुमान ने अपना नाम लेकर जाम्बवन्त को प्रणाम किया, जाम्बवन्त आशीर्वाद देकर बोला—वानरकेसरी! तुम्हीं सेना के प्राणाधार हो। तुम्हारे अतिरिक्त अन्य कोई हम लोगों के प्राण बचाने में समर्थ नहीं है। तुम अभी वायुवेग से हिमालय पर्वत पर जाओ। वहां द्रोणाचल नामक एक औषधि-पर्वत है, जिस पर भांति-भांति की चमत्कारी जड़ी-बूटियां मिलती हैं। उन्हीं में से तुम ये चार दिव्य औषधियां ले आओ—1. मृतसंजीवनी (मृत या अर्द्धमृत को जीवनीशक्ति देने वाली) 2. विशल्यकरणी (घावों को भरने वाली), 3. सावर्णकरणी (शरीर को कान्ति देने वाली), 4. सन्धानकरणी (टूटी हड्डियों को जोड़ने वाली)। ये औषधियां रात में भी चमकती रहती हैं। इन्हें शीघ्रातिशीघ्र लाकर तुम सबका उपचार करो।

महावीर हनुमान अविलम्ब आकाश-मार्ग से हिमालय की ओर चल पड़े और बहुत शीघ्र ही जाम्बवन्त के बताए हुए स्थान पर पहुंच गए। द्रोणाचल पर उन्हें अनेक प्रकार की दीप्तिमती बूटियां दिखाई पड़ीं, इससे वे भ्रम में पड़ गए। उन्होंने जगमगाती जड़ी-बूटियों का एक पर्वत-खण्ड उखाड़ लिया। उसे लेकर वे वेग से लौट पड़े और रात ही में अपने साथियों के पास आ गए। उन विलक्षण औषधियों के प्रभाव से राम-लक्ष्मण तथा अन्य आहत-अचेत वीर पूर्णतया स्वस्थ और सचेत हो गए। वानर-सेना में नवजीवन का संचार हुआ। यूथपतियों ने अस्त-व्यस्त सेना को पुनः संगठित किया।

सुग्रीव ने रात ही में सैनिकों को लंका पर आक्रमण करने की आज्ञा दी। वानर-रीछ मशालें लेकर दौड़ पड़े और खाई-परकोटों को लांघते हुए भीतर घुस गए। वहां उन्होंने फाटकों, छज्जों और महलों में आग लगा दी। लंका के बाहरी भाग प्रज्वलित हो उठे, चारों ओर भगदड़ मच गई। राम-लक्ष्मण ने उसी समय लंका-दुर्ग के मुख्य द्वार को बाणों से ढहा दिया। उनके अंगारे जैसे बाण लंकापुरी में गिरने लगे, अटारियां खण्ड-खण्ड होने लगीं।

उधर मेघनाद के मुख से राम-लक्ष्मण सहित सम्पूर्ण वानर-सेना के विनाश का समाचार सुनकर रावण परम निश्चिन्त हो गया था। उसके सभी सैनिक और सेनापति सुख की नींद सो रहे थे। एकाएक ऐसा उत्पात देखकर सब हक्के-बक्के हो गए। राक्षसेन्द्र ने कुम्भ-निकुम्भ नामक कुम्भकर्ण के दो महाबलवान् पुत्रों की अध्यक्षता में एक विशाल सेना युद्ध के लिए भेजी।

दोनों सेनाओं में दारुण रात्रि-युद्ध होने लगा। लड़ते-लड़ते रात बीत गई, लेकिन युद्ध नहीं रुका। वानरों ने शत्रु के सहस्त्रों सैनिक, हाथी, घोड़े मार गिराए। टूटे-फूटे रथों की गिनती ही नहीं थी। रणस्थली रक्त-मांस से लाल हो गई।

दसवें दिन का युद्ध–दसवें दिन के युद्ध में सुग्रीव ने कुम्भ को और हनुमान ने निकुम्भ को मार डाला। दोनों के मरने पर रावण ने खरपुत्र महारथी मकराक्ष को भेजा। वह राम से अपने पिता की मृत्यु का बदला लेना चाहता था इसलिए बाण पर बाण मारता हुआ सीधे उन्हीं के सामने पहुंचा। दोनों में देर तब बाण-युद्ध होता रहा। अन्त में राम ने उसे आग्नेयास्त्र से मार गिराया। राक्षस-सेना मैदान छोड़कर भाग गई। रणभूमि में वानरों की विजय-दुन्दुभि बजने लगी।

ग्यारहवें, बारहवें, तेरहवें दिन के युद्ध–ग्यारहवें दिन मेघनाद ने यज्ञशाला में जाकर विधिवत् यज्ञ और अस्त्र-पूजन किया। इसके बाद वह अपने दिव्यास्त्रों को लेकर सेना-सहित युद्धक्षेत्र में पहुंचा। वहां मायाबल से सामने धुएं का पहाड़

खड़ा करके वह उसी के पीछे से तीक्ष्ण नाराच मारने लगा। राम-लक्ष्मण उसके बाणों को बड़ी फुर्ती से काटते थे लेकिन स्वयं उसको नहीं मार पाते थे क्योंकि वह अदृश्य था। वानर-सेना पर मेघनाद के महास्त्र वज्र की तरह गिर रहे थे।

राम ने उसके मायाजाल को छिन्न-भिन्न करने के लिए एक प्रचण्ड दिव्यास्त्र निकाला। मेघनाद उसी समय युद्ध बन्द करके लंका चला गया। कुछ ही देर बाद वह रथ में एक दुबली-पतली स्त्री को साथ लेकर फिर आया। दूर से देखने पर वह सीता ही जान पड़ती थी। मेघनाद उस स्त्री को सबके आगे निर्दयता से मारने लगा। वह 'हा राम, हा राम' कहकर रोने-चिल्लाने लगी। हनुमान मेघनाद की ओर यह कहते हुए दौड़े—अरे नीच! यह क्या करता है। सती सीता ने तेरा क्या बिगाड़ा है! दीन दुःखिनी अबला पर क्या बल दिखाता है।

हनुमान के साथ उनके दल के अन्य योद्धा भी शिला लेकर दौड़े, लेकिन मेघनाद ने बाणों से सबकी गति स्तम्भित कर दी और सबके आगे तलवार से उस स्त्री को टुकड़े-टुकड़े कर दिया। इसके बाद वह पुकारकर बोला—अरे वानरो! राम-पत्नी सीता अब नहीं रही, तुम लोग व्यर्थ क्यों प्राण गंवाते हो।

वानर-सैनिक आतंकित होकर भागने लगे। हनुमान सबको बटोरकर मेघनाद की सेना पर टूट पड़े। राक्षस-दल अत्यन्त प्रबल था। फिर भी उन्होंने बहुत-से शूरवीरों को मार गिराया। उस समय मेघनाद के महास्त्र भी हनुमान के वेग को नहीं रोक सके। वानर संख्या में कम थे, इसलिए लड़ते-लड़ते थक गए। तब हनुमान अपने साथियों से बोले—मित्रो! जिस के लिए युद्ध ठाना था, वह अब नहीं रही; इसलिए अब लड़ने का उत्साह नहीं होता। चलो, पहले राम-लक्ष्मण-सुग्रीव को सब हाल बता दें। फिर वे जो कहेंगे, किया जाएगा।

हनुमान दल-बल सहित लौट गए। मेघनाद का प्रयोजन सफल हो गया। वह भी सेना लेकर वापस चला गया।

हनुमान ने राम के पास जाकर आंखों-देखा हाल कहा। सीतावध का समाचार सुनते ही राम शोक से विह्वल हो गए। उनकी आंखों से आंसुओं की धारा बह चली। सारी सेना में घोर उदासी छा गई। उस परिस्थिति में विभीषण राम को सान्त्वना देता हुआ बोला—महाराज! यह धोखा जान पड़ता है। रावण जीते-जी सीता को किसी भी तरह हाथ से न जाने देगा। इन लोगों ने जिस सीता का वध देखा है, वह मायावी सीता रही होगी। हमें दुःखशोक त्याग कर दूने उत्साह से विजयोद्योग करना चाहिए। मेघनाद सबको धोखा देकर एकान्त में विजय-यज्ञ करने गया है। यदि वह यज्ञ सम्पन्न हो गया तो उसे कोई भी पराजित नहीं कर

सकेगा। अतएव मेरी सम्मति यह है कि आप तो यहीं रहकर वानरों को धैर्य बंधाइए और लक्ष्मण तथा अन्यान्य चुने हुए वीरों को मेरे साथ भेज दीजिए। हम लोग उस यज्ञ को भंग करके मेघनाद को मार डालेंगे।

राम की आज्ञा से महातेजस्वी लक्ष्मण युद्ध के लिए सन्नद्ध हो गए। सेना सहित अनेक प्रमुख यूथपति, विभीषण और उसके चारों शस्त्रधारी मन्त्री भी उनके साथ चल पड़े। बहुत दूर जाने पर उन्हें एक वन में राक्षसों की व्यूहित सेना दिखाई पड़ी। मेघनाद उसी के बीच में एक विशाल वृक्ष के नीचे विधिवत् विजय-यज्ञ कर रहा था।

विभीषण के अनुरोध से लक्ष्मण ने जाते ही उस राक्षसी सेना पर बाणवर्षा प्रारम्भ कर दी। वानरों और रीछों ने भी धावा बोल दिया। राक्षस सैनिक भी भांति-भांति के अस्त्र-शस्त्र लेकर दौड़ पड़े। मेघनाद यज्ञ को अधूरा ही छोड़कर रथ में बैठा और बाण बरसाता हुआ वेग से आगे झपटा। महावीर हनुमान हाथ में एक बहुत बड़ा वृक्ष लेकर शत्रु सेना के सिर पर नाच रहे थे। उनका रण-ताण्डव देखकर मेघनाद ने उन पर महास्त्रों की झड़ी लगा दी; पर वे एक पग भी पीछे नहीं हटे। सभी महास्त्रों को उन्होंने हाथ से पकड़कर तोड़ डाला।

उसी समय विभीषण के कहने से लक्ष्मण ने आगे बढ़कर मेघनाद को ललकारा। महारथी मेघनाद तुरन्त सामने आ गया और दूर से ही विभीषण को दुत्कारकर बोला—विभीषण! तू लंकापति रावण का भाई और मेरा चाचा होकर भी ऐसे लोगों का साथ दे रहा है जो न तो तेरे सजातीय हैं और न सगे-सम्बन्धी! पराये लोगों में चाहे गुण ही गुण हों और स्वजनों में सैकड़ों अवगुण ही क्यों न हों, पर गुणी परजन से गुणहीन स्वजन भी भला होता है—अपना-अपना ही है, पराया सदा पराया ही रहता है। तूने इसका विचार नहीं किया और विपत्ति में बन्धु-बान्धवों को छोड़कर वैरी का पक्ष ग्रहण कर लिया। कुलद्रोही! तुझे धिक्कार है, सारा संसार तेरे इस कुकृत्य की निन्दा करेगा।

विभीषण ने उत्तर दिया—नीच! बुद्धिमानों की नीति है कि दुष्ट अनाचारी को अग्नि से जलते घर की भांति त्याग देना चाहिए। मैंने तुम लोगों को तुम्हारे दुष्कर्मों के कारण त्यागा है। अब न तू बचेगा और न तेरा बाप! अब यमलोक में जाकर ही यज्ञ करना।

मेघनाद क्रोध से तिलमिला उठा और समस्त शत्रु-योद्धाओं को संबोधित करके बोला—क्या तुम लोग यह भूल गए कि मैं वही मेघनाद हूं जिसने पहले ही दिन तुम सबको मृत-तुल्य बनाकर छोड़ दिया था? यहां से भाग जाओ, नहीं तो मैं तुम लोगों की धज्जियां उड़ा दूंगा।

वीरश्रेष्ठ लक्ष्मण धनुष पर टंकार देते हुए बोले—राक्षस! शरद् के बादलों की तरह व्यर्थ क्यों गरजते हो? अभी तक तुम छिप-छिपकर कपट-युद्ध करते रहे। छल की जीत का क्या अभिमान करते हो! अब खुलकर अपना शौर्य-पराक्रम दिखाओ! मैं तुम्हारा दर्प चूर कर दूंगा।

इसके बाद दोनों धुरन्धर वीरों में प्राणान्तक संग्राम छिड़ गया। जाम्बवन्त अपनी रीछ-सेना लेकर और हनुमान, अंगद, नील आदि वानर-सेना को लेकर राक्षसों की महासेना पर टूट पड़े। शत्रुओं ने भी शूल, गदा, तोमर, तलवार और बाणों तथा शतघ्नियों से भीषण प्रहार किए। उनके सहस्त्रों हाथी, घोड़े और रथ घोर शब्द करते हुए दौड़ने लगे। राम-सेना और रावण-सेना में ऐसा घमासान युद्ध पहले कभी नहीं हुआ था।

लक्ष्मण यद्यपि रथहीन थे, फिर भी उन्होंने रथस्थ मेघनाद को बाणों से ढक दिया। दोनों ओर से अभिमन्त्रित महाबाणों की झड़ी लग गई। लड़ते-लड़ते दोनों के कवच टूट गए; शरीर रुधिर से भीग गए, पर किसी ने मुंह नहीं मोड़ा।

वह रोमांचकारी युद्ध लगातार तीन दिनों तक चलता रहा। उस बीच में दोनों ओर के लाखों योद्धा काम आए, फिर भी किसी पक्ष का युद्धोत्साह मन्द नहीं हुआ। लक्ष्मण ने मेघनाद के सारथी को मारा, तब वह एक हाथ से रथ संचालन और दूसरे हाथ से बाणवर्षा करने लगा। वानर-वीरों ने उसके घोड़ों को भूमि पर पटक दिया और रथ को तोड़ डाला। इतने पर भी मेघनाद विचलित नहीं हुआ।। उसने बाणों से लक्ष्मण को जर्जर कर दिया। अन्य राक्षस महारथियों को अपने स्थान पर खड़ा करके वह स्वयं दूसरा रथ लेने चला गया।

थोड़ी ही देर में वह एक दूसरे उत्तम रथ में फिर आ पहुंचा और वानरसेना को लौह-बाणों से विध्वस्त करने लगा। लक्ष्मण सिंहनाद करते हुए उसकी ओर दौड़े। दोनों विजयव्रती धनुर्धारियों में फिर अद्भुत संग्राम होने लगा। बाणों से आकाश आच्छादित हो गया, चारों ओर अंधेरा छा गया। अपने-पराये का भेद करना कठिन हो गया।

लक्ष्मण तीन दिन से अकेले खड़े-खड़े इन्द्रजित और उसके सहायक महारथियों से युद्ध कर रहे थे। विभीषण धनुष-बाण लेकर उनके समीप खड़ा हो गया और शत्रुओं के प्रहार से उनकी रक्षा करने लगा। तीसरे दिन लक्ष्मण और मेघनाद ने वारुणास्त्र, रौद्रास्त्र, आग्नेयास्त्र और सूर्यास्त्र आदि का प्रयोग किया। बाणाग्नि से चारों दिशाएं प्रज्वलित हो उठीं। दोनों के दिव्यास्त्र क्षण-क्षण पर टकराने लगे। संध्या-पूर्व लक्ष्मण ने मेघनाद पर अमोघ ऐन्द्रास्त्र चलाया। वह किसी भी अस्त्र

से शान्त नहीं हो सका। मेघनाद का मस्तक कटकर भूमि पर गिर पड़ा। जैसे सूर्य के अस्त होने पर उसकी किरणें नहीं ठहरतीं, वैसे ही मेघनाद के मरने पर उसकी बची-बचाई सेना भी वहां नहीं रुकी। वानर लोग उछल-उछलकर लक्ष्मण की जय बोलने लगे।

दुर्दम वैरी से लगातार तीन दिनों तक युद्ध करते-करते लक्ष्मण थकावट से चूर हो गए थे। उनके शरीर को मेघनाद के बाणों ने जर्जर कर दिया था। हनुमान और विभीषण के सहारे वे किसी तरह राम के पास पहुंचे।

राम ने विजयी भाई को देखते ही गले से लगा लिया और गोद में बैठाकर कहा—लक्ष्मण! तुम धन्य हो। अब समझ लो कि रावण भी मारा गया और हमने लंका को भी जीत लिया। राक्षसराज की दाहिनी भुजा कट गई। आज तो मैं शत्रुहीन हो गया हूं। तुम्हारे जैसे शूरवीर भाई की सहायता से मैं सम्पूर्ण पृथ्वी को जीत सकता हूं...।

राम ने बार-बार लक्ष्मण के शरीर पर हाथ फेरा, उन्हें तथा उनके समस्त सहयोगियों को बधाई दी और वानर-यूथपति सुषेण से सबका शीघ्र उपचार करने को कहा।

युद्ध-चिकित्सक सुषेण ने लक्ष्मण को एक दिव्य औषधि सुंघाई।

उससे उनकी पीड़ा शान्त हो गई, धंसे हुए बाणों की नोकें बाहर आ गईं और शरीर के सभी घाव भी भर गए। उसने अन्य आहतों को भी इसी उपाय से रात-भर में ही स्वस्थ एवं चैतन्य कर दिया।

उधर मेघनाद की मृत्यु का संवाद सुनकर रावण शोक से पागल हो गया और सिर पीट-पीटकर रोने लगा। सारी लंका में हाहाकार मच गया।

रावण देर तक विलाप-प्रलाप करता रहा; फिर क्रोध से उन्मत्त होकर उसने रात रहते ही शत्रु-वध के लिए एक बड़ी सेना भेजी। राक्षसों ने वानरसेना पर घातक शस्त्रास्त्रों से प्रहार किया। उनका विनाशकारी काण्ड देखकर राम ने गान्धर्वास्त्र का प्रयोग किया। उससे शत्रु-सैनिकों की बुद्धि मोहित हो गई। हर एक अपने सामने राम को बाण लिए देखता था और अपने साथी को ही राम मानकर उससे भिड़ जाता था। राम ने दो-ढाई घण्टे में ही राक्षस-सेना के सहस्त्रों हाथी-घोड़े-रथ और पैदल नष्ट कर दिए। बचे बचाए योद्धा प्राण लेकर भाग गए।

राम-रावण का महायुद्ध—युद्ध के चौदहवें दिन रावण अत्यन्त क्षुब्ध होकर अपने सेनापतियों से बोला—सेनापतियों! आज मैं स्वयं राम से युद्ध करने जाऊंगा और बाणों से पृथ्वी, समुद्र, आकाश को पाट दूंगा। जिनके भाई, पुत्र, पति मारे

गए हैं, उनके आंसू मैं आज पाछ दूंगा। आज राम-रावण में से एक ही जीवित बचेगा—या तो मैं राम को मार डालूंगा अथवा वे ही मुझे मार डालेंगे। आज लंका की सारी चतुरंगिणी सेना मेरे साथ युद्धभूमि में चलेगी। तुम लोग एक-एक घर से राक्षसों को यथाशीघ्र बुलवाओ और सभी युद्ध-साधन लेकर मेरे साथ अंतिम युद्ध के लिए चलो।

मुहूर्त-भर में लंकेश्वर की रण-यात्रा की तैयारी हो गई। रावण बड़े उत्साह से युद्ध के लिए सुसज्जित होकर आठ घोड़ों के रथ में बैठा। शंख-नगाड़े बजने लगे।

अपने सभी मन्त्रियों, सेनापतियों और महारथियों के साथ महाबाहु रावण मनुष्य-शीर्षांकित ध्वजा फहराता हुआ आगे बढ़ा। उस समय वह साक्षात् यमराज-सा भासित होता था। रणक्षेत्र में पहुंचते ही उसने वानरों की अग्रसेना को रुई की तरह धुन डाला। जिधर भी रावण का रथ बढ़ा, उधर हताहत वानरों से पृथ्वी पट उठी। वह अग्नि की तरह सबको बाणों से भस्म करता हुआ वानर-सेना के मध्य में जा पहुंचा और यूथपतियों पर प्रहार करने लगा।

दूसरी ओर वानरों-राक्षसों का तुमुल संग्राम छिड़ गया। दोनों सेनाएं ग्रीष्मऋतु के तालाबों की तरह क्षीण होने लगीं। सुग्रीव ने उस दिन ऐसा पराक्रम दिखाया कि शत्रुओं के छक्के छूट गए। उसने रावण के महाधनुर्धर सेनापति विरूपाक्ष को मार डाला। उसके बाद वह पास में पड़ा एक परिघ लेकर दूसरे सेनापति महोदर से भिड़ गया। महोदर बड़ी फुर्ती से बाण चला रहा था। सुग्रीव ने उसके घोड़ों को मार गिराया। तब वह गदा लेकर दौड़ा। सुग्रीव परिघ से युद्ध करने लगा। दोनों के शस्त्र टूट गए, तब वे मल्लयुद्ध करने लगे। लड़ते-लड़ते दोनों ने पास में पड़े खड्ग उठा लिए। दोनों ओर से तलवारें चलने लगीं। सुग्रीव ने उसका मस्तक काटकर फेंक दिया। रावण का तीसरा प्रधान वीर महापार्श्व अंगद के हाथ से मारा गया।

रावण ने राम-सेना के व्यूह को शीघ्रातिशीघ्र छिन्न-भिन्न करने के लिए महाभयंकर तमासास्त्र का प्रयोग किया। उससे वानरों के शरीर जलने लगे। सारी सेना में भगदड़ मच गई।

तब लक्ष्मण ने आगे बढ़कर रावण पर अग्निशिला के समान तीक्ष्ण बाणों से प्रहार किया। रावण सभी बाणों को मार्ग ही में काटकर लक्ष्मण का तिरस्कार करता हुआ सीधे अपने प्रतिद्वन्द्वी राम के सामने जा पहुंचा। दोनों में रोमांचक युद्ध प्रारम्भ हो गया। प्रचण्ड बाणों के टकराने से क्षण-क्षण पर विद्युत्पात-सा होने

लगा। दोनों ओर से समुद्र की लहरों की भांति वाणों की लहरें उमड़ पड़ीं। दिन रहते भी दिशाओं में अन्धकार छा गया। लोकों को रुलाने वाले रावण के ऊपर राम ने अनेक रौद्रास्त्र चलाए, पर वह विचलित नहीं हुआ। उसने घोर आसुरास्त्र मारा; उसे राम ने आग्नेयास्त्र से शान्त कर दिया। तब उसने वज्र-सा अमोघ रौद्रास्त्र छोड़ा। यह भी राम के गान्धर्वास्त्र से निष्फल हो गया। उसके बाद रावण ने प्रचण्ड सौरास्त्र मुक्त किया। उससे नक्षत्रों-जैसे चमकते-दमकते असंख्य अग्नि-चक्र फूट निकले। राम ने उसको भी देखते-देखते शान्त कर दिया।

रावण रथारूढ़ होने के कारण दुर्विजेय हो गया था। लक्ष्मण ने एक बाण से उसके सारथी का सिर और दूसरे से उसका सुदृढ़ महाचाप काट डाला। उसी समय विभीषण ने गदा से उसके घोड़ों को मार गिराया। महापराक्रमी रावण ने रथ से उतरकर विभीषण को मारने के लिए मय दानव द्वारा निर्मित वज्रतुल्य देदीप्यमान एक अमोघ महाशक्ति हाथ में उठाई। लक्ष्मण विभीषण को पीछे करके स्वयं रावण पर बाण-वर्षा करने लगे। क्रोध के आवेश में रावण ने वह शत्रुघातिनी शक्ति उन्हीं पर छोड़ दी। आघात से लक्ष्मण आहत-अचेत होकर रणभूमि में गिर पड़े। राम ने दौड़कर उस घातक महास्त्र को लक्ष्मण की छाती से निकाला। इस बीच में रावण ने उन्हें भी बाणों से व्यथित कर दिया। इसके बाद वह दूसरा रथ लेने चला गया।

लक्ष्मण की दशा मृत जैसी हो गई थी। राम अत्यन्त दुःखी होकर वानर यूथपति सुषेण से बोला—सुषेण! यदि लक्ष्मण मर गए तो मैं अयोध्या का राज्य लेकर क्या करूंगा। स्त्रियां और बन्धु-बान्धव तो जगह-जगह सुलभ हैं, पर मैं वह स्थान नहीं देखता, जहां भाई मिल सके। मैं लौटकर माता सुमित्रा को कौन-सा मुंह दिखाऊंगा। जब लोग मुझसे पूछेंगे कि जो लक्ष्मण तुम्हारे पीछे-पीछे गए थे, वे कहां हैं, तो मैं क्या उत्तर दूंगा...

राम को अत्यन्त व्याकुल देखकर सुषेण ने हनुमान द्वारा उन चमत्कारी औषधियों को फिर मंगवाया, जिनका प्रयोग प्रथम दिन के युद्ध में किया गया था। उन्हें सूंघते ही लक्ष्मण उठ बैठे और थोड़ी ही देर में पहले की तरह स्वस्थ हो गए।

इतने में दूर पर रावण दूसरे दिव्य रथ में आता दिखाई पड़ा। राम धनुष-बाण लेकर उठ खड़े हुए और अपने साथियों से बोले—वीरो! जिस कार्य के लिए यह विराट् आयोजन किया गया था, वह आज अवश्य पूरा हो जाएगा। हम दोनों में से अब एक ही शेष रहेगा। आज या तो मैं रावण को मार डालूंगा अथवा वही मुझे मार डालेगा।

उसी समय सहसा इन्द्र-सारथी मातलि वहां इन्द्र का अत्यन्त सुसज्जित रथ लेकर आ पहुंचा। उसने राम से हाथ जोड़कर निवेदन किया—वीराग्रणी राम! इस महान! लोकोपकारी कार्य में आपकी कठिनाई का अनुभव करके देवराज इन्द्र ने आपके लिए अपना दिव्यतम रथ, धनुष-बाण और शक्ति तथा कवच सहित भेजा है। कृपया इसे स्वीकार करें।

राम उन युद्ध-साधनों से सज्जित होकर इन्द्र के रथ में बैठे। रावण अपने तेज से दिशाओं को आलोकित करता हुआ पहुंचा। दोनों महारथियों में द्वैरथ युद्ध प्रारम्भ हो गया, दोनों ओर से क्षण-क्षण पर दिव्यास्त्रों की बौछार होने लगीं।

महा पराक्रमी रावण ने मातलि को तथा इन्द्र के रथ के घोड़ों को बाणों से बींध डाला और देखते-देखते रथ की पताका भी काटकर गिरा दी। राम उसके अनवरत प्रहारों से ऐसे व्यथित हो गए कि उन्हें धनुष पर बाण चढ़ाने में भी कठिनाई होने लगी। रामचन्द्र को रावण-राहु से ग्रसित देखकर सबको अत्यन्त दुःख हुआ। उसी समय रावण ने उच्च स्वर में 'खड़ा रह राम, खड़ा रह' कहते हुए एक महाभंयकर शूल चलाया। राम किसी भी अस्त्र से उसका निवारण नहीं कर सके। तब उन्होंने इन्द्र की भेजी हुई शक्ति छोड़ी। उसके आघात से रावण का शूल टुकड़े-टुकड़े हो गया।

रावण ने बड़ी शीघ्रता से पुनः प्रहार किया। आकाश में उसके बाणों की सहस्त्रों धाराएं दिखाई पड़ने लगीं। राम भी बुरी तरह घायल हो गए, लेकिन मैदान में डटे ही रहे। उन्होंने दुर्वार्य अस्त्रों से रावण के सिर और हृदय पर आघात किया। रावण का सिर चकराने लगा। वह मूर्च्छित होकर रथ में गिर पड़ा। राम ने तत्क्षण प्रहार बन्द कर दिया।

रावण का सारथी अपने स्वामी के प्राण बचाने के लिए रथ को वहां से दूर भगा ले गया। सचेत होने पर रावण अत्यन्त क्रुद्ध होकर सारथी से बोला—अरे पामर! तूने यह क्या किया। क्या तुझे यह पता नहीं कि मैं युद्ध से कभी पीछे नहीं हटता। तूने तो मेरी बहुत दिनों की कमाई कीर्ति ही नष्ट कर दी! जान पड़ता है कि तुझे शत्रुओं ने कुछ दे-दिलाकर मिला लिया है। मुझे शीघ्र राम के सम्मुख ले चल। युद्ध में शत्रुओं को मारे बिना रावण नहीं लौटेगा।

रावण-वध--सारथि ने शस्त्रास्त्रों से परिपूर्ण रथ को वेग से बढ़ाया। उसे आते देखकर मातलि ने अपने रथ को ऐसी चतुराई से हांका कि रावण का रथ राम की बायीं ओर पड़ गया। राम-रावण सिंहनाद करके द्वैरथ-युद्ध में प्रवृत्त हुए। दोनों में संहारक महास्त्रों के टकराने से क्षण-क्षण पर भीषण नाद और अग्निस्फोट

होने लगा। आकाश के नीचे बाणों का एक दूसरा आकाश ही बन गया। दिशाओं में आग-सी लग गई। राम-रावण का वह संग्राम ऐसा अद्भुत था कि दोनों ओर के सैनिक आश्चर्यचकित होकर उसे देखने लगे। देवता, गन्धर्व और महर्षि आदि भी दूर से उस अभूतपूर्व युद्ध को देखकर परस्पर कहते थे कि आकाश की उपमा समुद्र से और समुद्र की उपमा आकाश से दे सकते है, लेकिन राम-रावण के युद्ध की उपमा राम-रावण के युद्ध से ही दी जा सकती है।

राम-रावण दोनों ही उस दिन अपना सम्पूर्ण बल-विक्रम दिखा रहे थे। दोनों रुधिर से नहाए जैसे लगते थे। उनके बाण ही नहीं, रथ भी बार-बार टकरा जाते थे। रावण की आज्ञा से उसके सारथि ने रथ को राम के सामने भिड़ाकर खड़ा कर दिया। वह निकट से प्रहार करने लगा। राम और मातलि दोनों उसके प्रहारों से क्षत-विक्षत हो गए।

राम-रावण का द्वैरथ-युद्ध पूरे चौबीस घण्टे अविराम गति से होता रहा। राम बारम्बार महान् उद्योग करके भी शत्रु को पीछे नहीं हटा सके। वह बाणों के अतिरिक्त गदा, मूसल, शूल, चक्र, वृक्ष, शिलाखण्ड आदि आयुधों से निरन्तर प्रहार करता रहा था। रावण का रणोन्माद देखकर मातलि राम से बोला—वीरवर राम! आप इस प्रकार असावधान होकर युद्ध क्यों कर रहे हैं? आप ब्रह्मास्त्र का प्रयोग कीजिए; रावण को अन्य किसी अस्त्र से आप नहीं जीत सकते।

तब राम ने भगवान अगस्त्य से प्राप्त सूर्यवत् जाज्वल्यमान, वज्राधिक तीक्ष्ण, विषधर सर्प-तुल्य भयंकर ब्रह्मास्त्र को अभिमंत्रित करके धनुष पर चढ़ाया और रावण को लक्ष्य करके पूरी शक्ति से मुक्त कर दिया। मृत्यु-सा अवार्य वह महास्त्र रावण के लाख प्रयत्न करने पर भी नहीं रुका और उसके हृदय को विदीर्ण करके पृथ्वी में समा गया।

महातेजस्वी रावण टूटे पहाड़ की तरह रथ से पृथ्वी पर गिर पड़ा। जिसके भय से यम और इन्द्र भी कांपते थे, जिसने बलपूर्वक कुबेर का पुष्पक विमान छीन लिया था, जिसका लोहा सभी देव और असुर मानते थे, वह लोक को रुलाने वाला महाप्रतापी लंकेश्वर रावण रणभूमि में सदा के लिए सो गया। उसकी बची हुई सेना हाहाकार करती भाग गई। राम-सेना में विजय-दुन्दुभि बजने लगी। वानरों के जयघोष से आकाश थर्रा उठा। राम ने लंका को जीत लिया। उनका और उनके साथियों का उद्योग सफल हो गया।

रावण-वध से देवताओं और ऋषि-मुनियों को असीम हर्ष हुआ। वे चारों ओर से राम को बधाई देने दौड़ पड़े। सबने बारम्बार उनकी स्मृति करके कहा—महाराज! आप मनुष्य नहीं, विष्णु भगवान् के अवतार हैं।

इस पर राम सहजभाव से बोले—आप लोग जो भी कहें, मैं तो अपने को केवल एक मनुष्य और दशरथ का पुत्र राम ही मानता हूं।

उधर रावण के मरते ही समस्त लंका में घोर रुदन-क्रन्दन मच गया। झुण्ड की झुण्ड स्त्रियां रोती, सिर पीटती बाहर निकल आईं और मृत स्वजनों को ढूंढ़-ढूंढ़कर दारुण विलाप करने लगीं। उनमें रावण की सभी पत्नियां भी थीं।

उस समय विभीषण की आत्मीयता भी जाग उठी। वह रावण के शव के पास बैठकर बोला—भैया! आज मैं तुम्हारी क्या दशा देख रहा हूं! तुम लंका को सूनी करके हमसे सदा के लिए बिछुड़ गए। आज मानो सूर्य पृथ्वी पर गिर पड़ा; धैर्य, सहनशीलता, तपस्या, शूरता का प्रतीक नष्ट हो गया; संसार का प्रकाण्ड विद्वान्, प्रचण्ड सूरमा, प्रतापी राजा और वीरों का आश्रयदाता चल बसा; सुनीतिज्ञों की मर्यादा नष्ट हो गई।

विभीषण को शोक से कातर देख महामना राम उसे सांत्वना देते हुए बोले—विभीषण! तुम्हारे यशस्वी भाई ने अन्त तक पराक्रम दिखाते हुए सच्ची वीरगति पाई है। ऐसी कीर्तिदायी मृत्यु के लिए शोक नहीं करना चाहिए। सदा किसी की विजय ही नहीं होती! वीर या तो शत्रु को मार डालता है अथवा स्वयं वीरगति प्राप्त करता है। दोनों दशाओं में उसकी सराहना ही होती है। रावण को वीरवांछित गति प्राप्त हुई है, अतः उसके लिए शोक करना उचित नहीं है।

विभीषण रावण की विशेषताओं को स्मरण करके राम से बोला—राम! मेरे इस वीर भाई ने अपने बाहु-बल से संसार के समस्त मानियों के मस्तक झुका दिए थे; इसने महादेव के आसन, कैलास पर्वत को भी हिला दिया था। आज तक यह इन्द्रादि से भी नहीं हारा था। यह काल का भी काल था। इसने बहुत दान दिया था, बहुत देव-पूजन, विप्र-पूजन किया। आश्रितों का पालन-पोषण, मित्रों का उपकार और शत्रुओं का मान-मर्दन किया। यह बड़ा तपस्वी, वेद-ज्ञानी, कर्मकाण्डी, नीतिज्ञ और सर्वशस्त्रास्त्रकोविद महारथी था। मैं ऐसे भाई की अत्येष्टि क्रिया करना चाहता हूं, क्योंकि अब मेरे अतिरिक्त उसका कोई सगा-सम्बन्धी शेष नहीं है।

राम ने कहा—विभीषण! वैर तो जीवन तक ही रहता है। अब तो रावण जैसे तुम्हारा भाई है, वैसे ही मेरा भी है। इसके प्रति मेरे मन में कोई दुर्भाव नहीं है। तुम भाई रावण का धूमधाम से दाह-संस्कार करो।

विभीषण फिर भी कुछ सोचकर बोला—राजन! बड़ा भाई होने के नाते यह भले ही पूज्य हो, लेकिन चरित्र से आदर का पात्र नहीं था। मैं ऐसे अधर्मी, क्रूर, स्त्री-चोर का प्रेतकर्म नहीं करूंगा।

राम ने उत्तर दिया–विभीषण! कुछ दोषों के होते हुए भी सुनते हैं, रावण परम ज्ञानी, तपस्वी, महात्मा, बलवीर्यशाली, महातेजस्वी तथा प्रख्यात योद्धा था। उसका उचित सम्मान होना ही चाहिए। तुम वैर-भाव को त्यागकर योग्य रीति से उसका दाह-कर्म करो।

विभीषण ने राम की आज्ञा से राजधानी में जाकर रावण की श्मशान-यात्रा का प्रबन्ध किया। ब्राह्मण लोग स्वर्गीय राक्षसराज के शव को कन्धों पर श्मशान ले गए। वहां उन्होंने रावण को चन्दन-चिता पर रखकर वैदिक विधि से उसका दाह-संस्कार किया। उसके बाद विभीषण राम के पास लौट आया।

युद्ध-समाप्ति के बाद राम ने सुग्रीव को गले से लगा लिया। तदन्तर वे सैन्य-शिविर में गए। वहां सभी यूथपतियों और सैनिकों से मिलकर उन्होंने सबके प्रति हार्दिक कृतज्ञता प्रकट की। उस अवसर पर विभीषण का भी यथोचित सत्कार करके वे लक्ष्मण से बोले–सौम्य, मेरी विजय में विभीषण का बहुत बड़ा हाथ है, अब मैं इन्हें आज ही लंका का राजा बनाना चाहता हूं। तुम मेरी ओर से राजधानी में जाकर इनका राज्याभिषेक करो।

लक्ष्मण विभीषण को लेकर लंका के राजदुर्ग में पधारे। वहां उन्होंने शास्त्रोक्त विधि से उनका राज्याभिषेक किया। सारी लंका राम और विभीषण के जयघोष से निनादित हो उठी।

इधर राम सीता के लिए व्यग्र थे। उन्होंने हनुमान से कहा–सौम्य! शीघ्र लंका जाओ और राजा विभीषण की अनुमति लेकर सीता से मिलो। उसे हमारा कुशल-समाचार बताकर लौट आना।

हनुमान तुरन्त विभीषण के पास गए और उसकी आज्ञा लेकर अशोकवन में पहुंचे। सीता को देखते ही उन्होंने आदरपूर्वक प्रणाम किया; लेकिन वे हर्षातिरेक के कारण एक शब्द भी नहीं बोल सकीं। हनुमान उन्हें संक्षेप में सारा हाल बताकर बोले–देवी? आपके सौभाग्य से महात्मा राम विजयी हुए। उन्होंने रावण को मारकर विभीषण को लंका का राजा बना दिया। अब आप इस प्रकार से अपने ही घर में हैं। राक्षसराज विभीषण भी आपकी सेवा में शीघ्र ही उपस्थित होंगे।

सीता हर्ष से गद्‌गद होकर बोलीं–कपिवर! मुझ से तो कुछ बोला ही नहीं जाता। इस प्रिय संवाद के लिए मैं तुम्हें क्या उपहार दूं? तुमने हमारा बड़ा उपकार किया है।

हनुमान ने हाथ जोड़कर निवेदन दिया–देवी! आपके स्नेहपूर्ण वचन मेरे लिए तीनों लोकों की सम्पदा से भी अधिक मूल्यवान् हैं। मैंने बहुत कुछ पाया।

अब मैं उन राक्षसियों को आपके आगे मार डालना चाहता हूं, जिन्होंने इतने दिनों तक आपको भांति-भांति के कष्ट दिए हैं।

सीता ने कहा—नहीं हनुमान! ऐसा न करो। वे बेचारी दासियां पराधीन थीं। इन्होंने जो कुछ किया, रावण की आज्ञा से किया। उसमें इनका क्या दोष! मैं तो यह मानती हूं कि मुझे अपने ही भाग्य-दोष के कारण यह कष्ट भोगना पड़ा है। अतः इनके ऊपर क्रोध करना अनुचित है। अपराध किससे नहीं होता! यदि इन्होंने अपराध भी किया हो तो हमें उस पर ध्यान न देना चाहिए। साधु को तो भले-बुरे सबके साथ सदा भला व्यवहार करना चाहिए। मुझे इनसे किसी तरह का बदला नहीं लेना है।

इसके बाद हनुमान विदा मांगते हुए बोले—देवि! महात्मा राम के लिए कोई सन्देश हो तो कृपा करके बताइए।

सीता ने कहा—हनुमान! और कुछ नहीं। बस, मैं तो अब शीघ्रातिशीघ्र आर्यपुत्र का दर्शन करना चाहती हूं।

हनुमान उन्हें आश्वासन देकर लौट गए। राम बहुत दिनों बाद सीता का संवाद सुनकर अत्यन्त प्रसन्न हुए। विभीषण राजा होते ही उनके दर्शनार्थ वहां आ गया था। उससे उन्होंने कहा—मित्र विभीषण! सीता को सुन्दर वेश में यहां लाने की शीघ्र व्यवस्था करो।

राम-सीता का पुनर्मिलन—विभीषण तुरन्त राजभवन में गया और वहां स्त्रियों का दल और नाना भांति के वस्त्राभूषण आदि लेकर अशोकवाटिका पहुंचा। सीता का अभिवादन करके उसने उन्हें राम का सन्देश कहा। सीता ने तत्काल स्नान किया, अमूल्य वस्त्राभूषण पहने। उसके बाद विभीषण उन्हें धूमधाम से एक सजी-सजाई पालकी में बैठाकर राम के शिविर की ओर ले गया।

राम सैनिकों की भीड़ में चिन्तामग्न बैठे थे। विभीषण ने सबके सामने सीता को पालकी से बाहर निकालना उचित नहीं समझा, इसलिए वह हाथ में छड़ी लेकर सबको वहां से हटाने लगा। राम इसको नहीं देख सके। वे विभीषण को डांटते हुए बोले—विभीषण! तुम मेरे सैनिकों के साथ ऐसा दुर्व्यवहार क्यों कर रहे हो? ये सब मेरे आत्मीय हैं। इनके आगे सीता को परदा करने की आवश्यकता नहीं है। स्त्रियों का पातिव्रत्य ही उनका सर्वोत्तम आवरण है। सीता से कहो कि पालकी से उतरकर पैदल मेरे सामने आए, मेरे सभी साथी उसको देखना चाहते हैं।

विभीषण ने सीता से यह सन्देश कहा। वे लजाती-सकुचाती पालकी से उतर पड़ीं और धीरे-धीरे राम के पास गईं। राम को बहुत दिनों बाद देखकर

उनका हृदय भर आया। वे एक बार 'आर्यपुत्र' कहकर रोने लगीं। राम कुछ देर तक मौन बैठे रहे। उसके बाद सहसा गंभीर स्वर में बोले—भद्रे! पुरुषार्थ से जो कुछ सम्भव था, मैंने कर दिया। अपमानित होने पर भी जो पुरुष अपने अपकारी से बदला नहीं लेता, वह संसार में अधम माना जाता है। मैंने अपने महाबैरी को पराजित करके तुम्हें उसके बन्धन से छुड़ा लिया। आज मेरी-सुग्रीव की मैत्री, हनुमान का समुद्रोल्लंघन तथा लंकादहन, सेतु-निर्माण, विभीषण की सहायता, हम सबका विजयोद्योग—यह सब सफल हो गया।...सीते! तुम्हें यह भली भांति समझ लेना चाहिए कि मैंने यह महत् कार्य तुम्हारे लिए नहीं, मुख्यतः अपने आत्म-सम्मान और अपने प्रख्यात कुल के गौरव की रक्षा के निमित्त भी किया है। अब मैं तुम्हें पुनः अपनाने में असमर्थ हूं क्योंकि तुम इतने दिनों तक पराये घर में रही हो, रावण की गोद में बैठ चुकी हो और तुम्हारे ऊपर उस कामी की कुदृष्टि पड़ चुकी है। रावण तुम्हारे रूप-लावण्य पर आसक्त था, अतएव उसने तुम्हारे चरित्र को भी दूषित कर दिया हो तो आश्चर्य नहीं! अतएव मैं तुम्हारे लिए अपने यशस्वी कुल को कलंकित नहीं करूंगा। तुम जहां चाहो, जिसके साथ चाहो, जा सकती हो। हमारा-तुम्हारा अब कोई सम्बन्ध नहीं रहा।

इतने दिनों बाद मिलने पर सीता को जिससे अधिकाधिक स्नेह-सहानुभूति की आशा थी, उसी के मुख से ऐसे अपमानजनक और हृदयविदारक वचन सुनकर एक बार तो वे स्तब्ध हो गई, फिर आंसू पोंछकर राम से बोलीं—आर्यपुत्र! आप गंवारों की-सी बातें क्यों करते हैं? रावण मुझे बलपूर्वक पकड़ ले गया था, इसे आप जानते ही हैं। उस दशा में यदि उसके शरीर से मेरे शरीर का स्पर्श हो ही गया तो इसमें मेरा क्या दोष! मैं स्वेच्छा से उसके अंक में नहीं गई थी। यद्यपि मेरा शरीर पराधीन था, लेकिन मन तो उस समय भी आप ही में लगा था। आज मेरे चरित्र पर मिथ्या कलंक लगाकर आपने मुझे जीते-जी मार डाला! यदि मुझे त्यागना ही था तो हनुमान द्वारा पहले ही कहला देते। मैं उसी समय प्राण त्याग देती। तब आपको इतना कष्ट भी न उठाना पड़ता। आज तो आपने मुझे तुच्छ स्त्रियों की श्रेणी में रख दिया है। आपको इसका भी ध्यान नहीं है कि मैं राजा जनक की कन्या और आपकी धर्मपत्नी हूं। आपकी दृष्टि में मेरे शील-सदाचार का कुछ भी मूल्य नहीं है।...

यशस्विनी सीता राम से इतना कहकर लक्ष्मण से बोलीं—लक्ष्मण, तुम मेरे लिए शीघ्र चिता बनाओ; ऐसे दुःख की वही औषधि है। मिथ्यापवाद के साथ

जीवित रहने की अपेक्षा मर जाना ही श्रेयस्कर है। मैं पतिदेव के आगे ही इस तिरस्कृत जीवन का अन्त कर लूंगी।

लक्ष्मण इन बातों से बहुत दुःखी थे। सीता की आज्ञा सुनकर उन्होंने राम की ओर देखा। उनकी भी वैसी ही इच्छा जानकर उन्होंने बिना प्रतिवाद किए चिता बना दी। उस समय तक वहां बहुत-से लोग जमा हो गए थे। सीता राम की परिक्रमा करके प्रज्वलित चिता के समीप गई और उपस्थित ब्राह्मणों का अभिवादन करके बोलीं—सूर्य, चन्द्र, पवन, पृथ्वी, दिशाएं—ये सब मेरे चरित्र के साक्षी हैं। यदि मेरा आचरण शुद्ध हो, यदि मैंने मन-वचन-कर्म से राम के अतिरिक्त अन्य किसी का चिन्तन न किया हो, तो सब लोकों के साक्षी अग्निदेव मेरी रक्षा करें।

यह कहती हुई शुद्धाचारिणी महासती सीता चिता में प्रवेश कर गई। चारों ओर से लोग हाहाकार करके बोल उठे—सीता निर्दोष हैं!—राम की आंखों में आंसू छलछला आए। उनकी अन्तरात्मा भी कह उठी कि सीता सर्वथा शुद्ध है। अग्नि-परीक्षा द्वारा सीता के चरित्र की शुद्धता प्रमाणित हो गई। राम ने तत्काल उठकर सीता को ग्रहण कर लिया और सबके आगे कहा—सीता सब प्रकार से शुद्ध और सदाचारिणी है, इसमें सन्देह नहीं। लेकिन यदि मैं इसे यों ही अपना लेता तो लोक में मेरी वड़ी निन्दा होती।

राम-सीता के पुनर्मिलन से सबको हार्दिक आनन्द हुआ। राम ने मित्रों सहित वह रात वहीं बड़े सुख से व्यतीत की। दूसरे दिन प्रातःकाल विभीषण जब उनसे मिलने आया तो वे पैदल अयोध्या लौटने की तैयारी कर रहे थे। विभीषण ने उनसे अत्यन्त आग्रहपूर्वक लंका में ठहरने का अनुरोध किया, लेकिन वे नहीं माने। वनवास की अवधि समाप्त हो चली थी। राम का मन स्नेही स्वजनों से मिलने के लिए व्यग्र हो उठा था।

विभीषण को आग्रह छोड़ना ही पड़ा। वह स्वयं लंका गया और राम की यात्रा के लिए विश्वकर्मा का बनाया हुआ सुन्दर, सुविशाल पुष्पक विमान ले आया। वह विमान देखने में एक सुसज्जित नगर-सा लगता था। उसमें अनेक मण्डप, आसन तथा झरोखे आदि बने थे। विभीषण उसको राम की सेवा में उपस्थित करके नम्रता से बोला—मानद राम! मेरे योग्य कोई सेवा हो तो कहिए।

राम कुछ सोच-विचारकर बोले—राक्षसेन्द्र! इन योद्धाओं ने हमारी बड़ी सहायता की है। इस दुर्विजय लंका को हम इन्हीं की सहायता से जीत सके हैं। मेरे रहते-रहते तुम इन्हें यथेष्ट पुरस्कार देकर सन्तुष्ट कर सको तो मुझे हार्दिक

प्रसन्नता होगी। इनका ऐसा आदर-सत्कार करो कि ये सदा-सर्वदा तुम्हारे कृतज्ञ बने रहें।

विभीषण ने ढेर के ढेर मणि, रत्न, स्वर्ण और वस्त्र आदि मंगवाकर वानरों को भेंट-उपहार से सन्तुष्ट कर दिया। इसके बाद सीता और लक्ष्मण को साथ लेकर राम पुष्पक विमान मे बैठे और सुग्रीव, विभीषण तथा समस्त यूथपतियों और सैनिकों के प्रति कृतज्ञता प्रकट करके उनसे विदा मांगने लगे।

उस समय सुग्रीव, विभीषण तथा बानर-सेनापतियों ने भी अयोध्या तक जाने की इच्छा प्रकट की। राम ने उन्हें सहर्ष विमान में बैठा लिया। कुबेर का दिव्य विमान हंस जैसे पंखों को फैलाए वेग से अयोध्या की ओर चल पड़ा।

विमान पर से राम ने सीता को वे स्थान दिखाए जहां युद्ध में अगणित वानरों और राक्षसों का संहार हुआ था। समुद्र-तट और सेतु के दृश्य दिखाते हुए वे किष्किन्धा के समीप पहुंचे। दूर से ही उसकी ओर संकेत करके राम बोले—जानकी! उत्तमोत्तम भवनों, उपवनों से शोभित वानरराज सुग्रीव की राजधानी को देखो। यहीं मैंने बालि को मारा था।

सीता ने उसे देखकर राजा सुग्रीव तथा अन्य प्रमुख वीरों की पत्नियों को भी साथ ले चलने का आग्रह किया। राम ने सुग्रीव से परामर्श करके विमान को रोका। सुग्रीव आदि अपनी पत्नियों को ले आए। सबको बैठाकर राम ने विमान को आगे बढ़ाया। स्थान-स्थान पर वे अपने सुपरिचित स्थानों को दिखाते जाते थे। ऋष्यमूक पर्वत के ऊपर पहुंचते ही उन्होंने कहा--सीता! यही वह ऋष्यमूक पर्वत है, जहां मेरी और सुग्रीव की मैत्री हुई थी...यहां मैं तुम्हारी याद करके बहुत रोया था। आगे हरे-भरे कानन के बीच में पम्पा नामक सरोवर है। वहीं तपस्विनी शबरी से मेरी भेंट हुई थी।...दूर पर वह स्थान है जहां मैंने कबन्ध को मारा था।...अब हम वहां पहुंच गए जहां जटायु ने तुम्हारे लिए रावण से युद्ध करके अपने प्राण गंवाए थे।...सामने वह स्थान है, जहां मैंने खर, दूषण और त्रिशिरा को ससैन्य मारा था।...अब हम पंचवटी पहुंच गए।...देखो, हमारी कुटिया अभी तक ज्यों की त्यों खड़ी है।...पास ही गोदावरी दिखाई देती है।...भगवान अगस्त्य का आश्रम देखो।

...सीता! यह देखो, चित्रकूट आ गया। यहीं भाई भरत मुझे मनाने आया था।...दूर पर भारद्वाज ऋषि का आश्रम दिखाई देता है।...और वह रही त्रिपथगा गंगा।...आगे मेरे मित्र निषादराज की राजधानी शृंगवेरपुर है।...बहुत दूर पर मेरे पिता की राजधानी अयोध्या दिखाई पड़ रही है, उसे प्रणाम करो।

अयोध्या का नाम सुनते ही सब उचक-उचककर उसे देखने लगे। ऊंची और धवल अट्टालिकाओं से सुशोभित वह महापुरी दूर से अमरावती जैसी लगती थी।

वनवास के पूरे चौदह वर्ष बाद राम भारद्वाज के आश्रम में पधारे। महर्षि ने उनका स्वागत करते हुए कहा—पधारिए रघुनायक! आज आपको इस रूप में देखकर मुझे बड़ी प्रसन्नता हो रही है। आपका विजय-वृत्तान्त मैं सुन चुका हूं। एक दिन हमारे साथ रहकर कल अयोध्या जाइएगा आपके परिवार में सब सकुशल हैं। भरत जटा-चीर धारण करके नन्दिग्राम में रहते हैं और आपकी पादुकाओं को आगे रखकर वहीं से अयोध्या का शासन चलाते हैं।

राम वहीं रुक गए, उसी दिन वनवास की अवधि पूरी हो रही थी। उन्हें सहसा याद पड़ा कि भरत ने चित्रकूट में कहा था कि यदि आप चौदह वर्ष बीतते ही न लौटे तो मैं अग्नि में जलकर मर जाऊंगा। और भी बहुत कुछ सोचकर वे एकान्त में हनुमान से बोले—कपिवर! मैं चाहता हूं कि तुम अभी नन्दिग्राम चले जाओ; मार्ग में शृंगवेरपुर में मेरे मित्र निषादराज से मिलकर मेरा कुशल समाचार कह देना। वह तुम्हें नन्दिग्राम का ठीक मार्ग बता देगा। वहां पहुंचकर भरत से कहना कि मैं लंका को जीतकर सीता, लक्ष्मण, किष्किन्धापति सुग्रीव और लंकापति विभीषण तथा अन्यान्य महाबली मित्रों के साथ शीघ्र ही अयोध्या आ रहा हूं। उसके बाद आकृति, वाणी तथा चेष्टाओं से उसके मन का भाव ताड़ना। सम्भव है इतने दिनों तक ऐश्वर्य भोगते-भोगते भरत को राज्य से मोह हो गया हो और उन्हें मेरा वहां आना प्रिय न लगे। उस दशा में तुम मुझे तुरन्त लौटकर सूचित कर देना, मैं वह राज्य उन्हीं को दे दूंगा।

हनुमान आकाश-मार्ग से अयोध्या की ओर चल पड़े और मार्ग में निषादराज से मिलते हुए शीघ्र नन्दिग्राम पहुंच गए। वहां जटा-चीरधारी क्षीणकाय भरत राज्य के प्रधान अधिकारियों के बीच में मृगचर्म पर विराजमान थे। हनुमान् ने जाते ही अभिवादन करके उनसे कहा—महानुभाव! आप दिन-रात जिनकी चिन्ता में मग्न रहते हैं, उन्हीं माहत्मा राम का शुभसंवाद लेकर मैं हनुमान् आपकी सेवा में उपस्थित हुआ हूं। वे लंकापति रावण को मारकर सीता, लक्ष्मण, वानरराज सुग्रीव और राक्षेन्द्र विभीषण तथा अन्य बहुत-से वीर मित्रों के साथ शीघ्र यहां पधारेंगे।

इसे सुनते ही भरत हर्ष से विह्वल हो गए। उन्होंने उठकर हनुमान् को हृदय से लगा लिया और उसके कन्धों को पवित्र प्रेमाश्रुओं से भिगोते हुए कहा—अहो!

आज मेरे जीवन का सबसे सुन्दर दिन है। इतने दिनों बाद मुझे मेरे वनवासी स्वामी का सुखद समाचार मिला है। आज मेरा मनोरथ पूरा हो गया। सौम्य! इस प्रिय संवाद के लिए मैं तुम्हें एक लाख गाएं, सौ गांव और पत्नी बनने के लिए सोलह सुन्दरी षोडशी, सर्वविभूषिता कुमारियां भेंट करता हूं।

इसके बाद भरत ने सुग्रीव-मैत्री और रावण-वध आदि का सम्पूर्ण वृत्तान्त सुना। फिर वे शत्रुघ्न से बोले–सौम्य! अयोध्या जाकर पूज्य भाई राम के स्वागत का प्रबन्ध करो, पुरोहितों और ब्राह्मणों को मंगलकृत्य करने का आदेश दो। सारी अयोध्यापुरी को तोरण-बन्दनवारों से सजवा दो और घोषणा करवा दो कि सब लोग अयोध्यापति की अगवानी के लिए शीघ्र आ जाएं, चतुरंगिणी सेना आगे बढ़कर महाराज का स्वागत करेगी।...

अयोध्या में जैसे ही राम के शुभागमन का समाचार पहुंचा वैसे ही सारी महापुरी हर्ष से तरंगित हो गई। घर-द्वार, हाट-मार्ग सजाए जाने लगे। राज्य के मन्त्री, सेनापति, सभी प्रधान कर्मचारी और नागरिक उत्तमोत्तम वाहनों में बैठकर राम के स्वागतार्थ दौड़ पड़े। राजमहल की स्त्रियां भी कौशल्या, सुमित्रा को आगे करके पालकियों में नन्दिग्राम जा पहुंची। अयोध्या की राजचतुरंगिणी ध्वजा फहराती हुई चल पड़ी। भेरी, शंख, मृदंग आदि की ध्वनि से सारा नन्दिग्राम गूंज उठा।

धर्ममूर्ति भरत राम की पादुकाओं को सिर पर रखकर दल-बल सहित आगे बढ़े। पीछे-पीछे सैन्य-दल, राजसमाज और नागरिकों का विशाल समुदाय चला। पुरवासियों के गगनभेदी हर्षनाद, मंगलवाद्यों की ध्वनि तथा हाथी-घोड़ों और रथों के शब्द में मार्ग में कोलाहल मच गया।

राम का स्वदेश-आगमन–कुछ दूर जाने पर आकाश में चन्द्रमा के समान दिव्य विमान आता दिखाई पड़ा। सब एक स्वर में चिल्ला उठे–राम आ गए, राम आ गए।

देखते-देखते पुष्पक विमान पृथ्वी पर आ लगा। भरत दौड़कर उस पर चढ़ गए और राम के चरणों पर गिर पड़े। राम ने उन्हें उठाया, प्रीतिपूर्वक हृदय से लगाया और गोद में बैठा लिया। इसके अनन्तर भरत सीता, लक्ष्मण और अन्य लोगों से मिले। उस समय सुग्रीव तथा उनके सभी यूथपति और विभीषण आदि मानव-रूप में थे। भरत-सुग्रीव का दुबारा आलिंगन करके बोले–वानरराज! मनुष्य उपकार करने से मित्र और अपकार करने से शत्रु बनता है। अब तक हम चार ही भाई थे, अब आप जैसे हितैषी सुहद को पाकर हम चार से पांच हो गए।–विभीषण से भी उन्होंने ऐसे ही स्नेहपूर्ण वचन कहे। भरत के साथ-साथ शत्रुघ्न भी सबसे विमान में ही मिले।

इसके बाद राम-लक्ष्मण-सीता ने नीचे उतरकर माताओं और गुरुओं के चरण छुए। सारी जनता ने बारम्बार जय-जयकार करके उनका अभिवादन किया और एक स्वर से चिल्लाकर कहा–महाबाहु राम! आपका स्वागत है!

राम, सीता और लक्ष्मण पर चारों ओर से लाजा और फूलमालाओं की वर्षा होने लगी। उसी समय भरत ने राम की पादुकाएं उनके चरणों में पहना दीं और हाथ जोड़कर कहा–भैया! अपनी यह धरोहर लीजिए। अब तक इस राज्य को मैं आपकी थाती मानकर संभालता रहा। आपके प्रताप से मैंने राष्ट्र को पहले की अपेक्षा दस-गुणा अधिक धन-वैभव-सम्पन्न बना दिया। अब मैं आपकी वस्तु आपको समर्पित करता हूं।

राम ने गद्‌गद होकर भरत को छाती से लगा लिया। फिर सबको विमान में साथ लेकर वे नन्दिग्राम आए। वहां नीचे उतरते ही उन्होंने पुष्पक को कुबेर के पास भेज दिया। फिर भरताश्रम में आकर राम, लक्ष्मण, भरत ने अपने-अपने बाल कटाए, स्नान किया और मूल्यवान् वस्त्र तथा हार-केयूर-कुण्डल आदि पहने। रानियों ने मिलकर सीता का शृंगार किया। वृद्धा कौशल्या ने अपने हाथों से वानर-स्त्रियों के समस्त शृंगार किए। उस दिन उनका हर्ष समाता ही न था।

इसके अनन्तर राम एक सुसज्जित रथ में सवार हुए। भरत सारथि के स्थान पर बैठे, शत्रुघ्न राजछत्र लेकर खड़े हुए। एक ओर से लक्ष्मण और दूसरी ओर से विभीषण चंवर डुलाने लगे। इस तरह राम पूरे ठाठ से दल-बल सहित अयोध्या की ओर अग्रसर हुए। सुग्रीव और हनुमान आदि दिव्य वस्त्राभूषण पहनकर सुसज्जित गजराजों पर चले। राम के पीछे अपार जनसमूह उनका जयगान करता चल पड़ा।

पूरे चौदह वर्ष बाद राम ने धूमधाम से अपनी राजधानी में प्रवेश किया। सारी नगरी उल्लासमयी थी, दिशाएं हर्षनाद और वाद्यनाद से निरन्तर ध्वनित-प्रतिध्वनित हो रही थीं। राजमार्ग के दोनों ओर अपार जनसमुदाय खड़ा था। अटारियों से लाजा-पुष्पों की वर्षा हो रही थी।

राम का राज्याभिषेक–राम धूमधाम से अपने राजभवन में पहुंचे और बहुत दिनों से बिछुड़े हुए स्नेही जनों से मिले। सुग्रीव-विभीषण आदि राज-अतिथियों को उन्होंने सम्मानपूर्वक सुन्दर भवनों में ठहराया। दूसरे ही दिन शुभ मूहूर्त में वसिष्ठ के हाथ से उनका राज्याभिषेक सम्पन्न हुआ। राम-सीता के साथ अपने पिता के सिंहासन पर बैठे। सारे राज्य में बड़े उत्साह से मंगलोत्सव मनाया गया। जनता अपने हृदय-सम्राट को प्रत्यक्ष कोसल-नरेश के रूप में देखकर फूली नहीं

समाई। राम ने मुक्तहस्त से सबको प्रचुर भेंट-उपहार दिए। सुग्रीव, विभीषण, अंगद, हनुमान्, जाम्बवन्त आदि को उन्होंने इस अवसर पर अमूल्य स्मृति-चिन्ह प्रदान किए। सीता ने भी हनुमान को दिव्य वस्त्र और आभूषण देकर सम्मानित किया। फिर वे हाथ में अपना सुन्दर कण्ठहार लेकर राम का मुंह ताकने लगीं। राम उनके अभिप्राय को जान गए और बोले—सौभाग्यशालिनी! जिस किसी पर तुम सर्वाधिक प्रसन्न हो, उसी को यह दे दो।

सीता ने बड़े हर्ष से वह मणि-रत्न-जटित मुक्ताहार सर्वगुणसम्पन्न हनुमान को दे दिया। हनुमान ने उसको आदरपूर्वक सिर से लगाकर गले में पहन लिया।

सुग्रीव-विभीषण आदि अयोध्या में कुछ दिनों तक बड़े सुख से रहे, फिर वे राम से विदा लेकर अपने-अपने देशों को लौट गए।

राम-राज्य—लोकानुरागी राम बड़े उत्साह से राष्ट्र-रंजन में प्रवृत्त हुए। अपनी विलक्षण योग्यता और कर्मतत्परता से उन्होंने राज्य को थोड़े ही समय में उन्नति के शिखर पर पहुंचा दिया। राम-राज्य एक आदर्श राज्य हो गया। राम स्वयं जैसे संयमी, सदाचारी और कर्त्तव्यपरायण थे, वैसे ही उनके प्रजाजन भी हो गए। सब निरन्तर राम का ध्यान रखते थे और उनका गुणगान करते हुए उन्हीं के चरण-चिन्हों पर चलते थे। राम की प्रसन्नता के लिए विविध वर्ण के लोग नियम-संयम से अपने अपने कर्त्तव्य का पालन करते थे और परस्पर भाई भाई की तरह प्रेम से रहते थे। कोई किसी के साथ ईर्ष्या-द्वेष और किसी प्रकार का दुर्व्यवहार नहीं करता था। सब स्वावलम्बी और परोपकारी थे। रोग-शोक का कहीं नाम भी नहीं था। लोग हृष्ट-पुष्ट और चिन्ता-शोक से मुक्त होकर दीर्घ-जीवन का पूरा आनन्द भोगते थे। किसी की अकाल मृत्यु नहीं होती थी। राज्य में कहीं किसी प्रकार का कलह, उपद्रव या स्वेच्छाचार नहीं होता था। राम ने राष्ट्रीय चरित्र की मर्यादा स्थापित करके सर्वोन्नति का द्वार खोल दिया। उससे राष्ट्र की शक्ति, सम्पदा और सभ्यता की दिन-प्रतिदिन उन्नति ही होती गई। लोग बहुत वर्षों तक राम द्वारा प्रतिष्ठापित सुराज्य का सुख-वैभव भोगते रहे।

राम ने अपने जीवन-काल में अनेक लोकोपयोगी कार्य तथा अश्वमेध यज्ञ आदि किए। इससे उनकी महिमा सम्पूर्ण संसार में व्याप्त हो गई।

परिशिष्ट-1

उपसंहार

रामायण (प्रक्षिप्त भाग) तथा महाभारत के अनुसार राम ने ग्यारह सहस्त्र वर्ष राज्य किया था। किसी शरीरधारी का इतने दिनों तक जीवित रहना असम्भव है। अतएव इस अत्युक्ति में तथ्य इतना ही है कि राम ने बहुत दिनों तक राज्य किया था। उनके उस लम्बे जीवन में बहुत-सी उल्लेखनीय बातें हुई होंगी, पर उनका प्रामाणिक विवरण उपलब्ध नहीं है। रामायण के शुद्ध पाठ में उनके राज्यारोहण तक का ही इतिहास है।

बाद में, किसी ने पुराणों की शैली में उत्तरकाण्ड की रचना करके राम के परलोक-गमन तक का वृत्तान्त लिख डाला है। श्रीमद्भागवत, अध्यात्म रामायण, पद्मपुराण, रघुवंश और उत्तरराम चरित आदि में भी इस विषय की थोड़ी-बहुत सामग्री मिलती है। यहां हम इन ग्रन्थों से राम के शेष जीवन की कुछ महत्त्वपूर्ण घटनाएं देते हैं।

1. **सीता-परित्याग**–सिंहासन पर बैठने के कुछ समय बाद एक दिन राम ने अपने और सीता के बारे में लोकापवाद सुना। कथासरित्सागर में, गुणाढ्य की बृहत्कथा के आधार पर, लिखा है कि वह अपवाद किसी धोबी के मुख से सुना गया था। श्रीमद्भागवत के अनुसार राम एक रात वेश बदल कर घूम रहे थे। उन्होंने किसी को अपनी पत्नी से यह कहते सुना–कुलटा! निकल जा यहां से; मैं राम जैसा स्त्री-कामी नहीं हूं कि पराये घर में रही हुई स्त्री को फिर अपने घर में रख लूं।...

अन्यान्य ग्रन्थों में लिखा है कि राम ने अपने एक गुप्तचर से एक दिन यह पूछा कि जनता हमारे किसी कार्य से असन्तुष्ट तो नहीं है?

गुप्तचर ने निवेदन किया–महाराज! आपकी केवल एक ही बात लोगों को खटकती है; वह यह कि आपने रावण के घर में इतने दिनों तक रही हुई जानकी को पुनः पत्नीवत् ग्रहण कर लिया। लोग आपस में कहते हैं कि अब तो कोई भी व्यक्ति अपनी स्वच्छन्द-विहारिणी भार्या को घर में रहने से नहीं रोक सकता।

राम इस लोकापवाद से भयभीत हो गए। उन्होंने इस पर गम्भीरता से विचार किया और अपने भाइयों को एकान्त में बुलाकर उनसे कहा—मेरी अन्तरात्मा कहती है कि सीता सर्वथा निर्दोष है, लेकिन लोक को इस विषय में कुछ सन्देह है। उनके कारण समाज में मेरी निन्दा हो रही है और लोकादर्श दूषित होने का भय है। अतएव मैं सीता का परित्याग करने जा रहा हूं। तुम लोग इसे बुरा न मानना।

इसके बाद वे अपने परम आज्ञाकारी भाई लक्ष्मण से बोले—लक्ष्मण! तुम्हें मेरे चरणों की शपथ है, तुम कल ही सीता को तपोवन दिखाने के बहाने गंगा पार तमसा के तटवर्ती वन में ले जाओ और महर्षि वाल्मीकि के आश्रम के पास छोड़ आओ...

यह कहते-कहते राम की आंखें सजल हो गईं और वे चुपचाप उठकर महल में चले गए। दूसरे दिन लक्ष्मण सीता को तपोवन-यात्रा के बहाने रथ में लेकर चल पड़े। सीता उस समय गर्भवती थीं। अयोध्या से प्रस्थान करते समय उनका हृदय अनायास धड़कने लगा। लक्ष्मण ऊपर से तो शान्त, किन्तु भीतर ही भीतर अत्यन्त दुःखी थे।

दूसरे दिन रथ गंगा के किनारे पहुंचा। दोनों नाव से उस पार पहुंचे। तमसा के किनारे पहुंचकर लक्ष्मण खड़े हो गए और रोने लगे। सीता को बड़ा आश्चर्य हुआ, उन्होंने इसका कारण पूछा। लक्ष्मण सिर नीचा करके बोले—देवि! आज तो मेरा मर जाना ही अच्छा है, मैं अत्यन्त कठोर कर्म करने जा रहा हूं। महाराज ने लोकापवाद से भयभीत होकर आपका परित्याग कर दिया है। मैं उनकी आज्ञा से आपको वन में छोड़ने आया हूं। पास ही, पिताजी के मित्र महर्षि वाल्मीकि रहते हैं। मुझे विश्वास है कि वे आपकी संभाल करेंगे।...

सीता के सम्बन्ध में जो अपवाद फैला था, लक्ष्मण ने कह सुनाया। सीता को उससे असह्य दुःख हुआ। वे लक्ष्मण से बोलीं—लक्ष्मण! मैंने कौन-सा ऐसा पाप किया था जिसका मुझे यह फल मिल रहा है? ऋषियों को मैं कौन-सा मुंह दिखाऊंगी! लोग जब मुझसे पूछेंगे कि तुम्हारे पति ने तुम्हें घर से क्यों निकाल दिया, तो मैं क्या उत्तर दूंगी?

लक्ष्मण रोते हुए बोले—देवि, मैं पराधीन हूं; इस निष्ठुरता के लिए आप मुझे क्षमा करें।

सीता ने कहा—सौम्य! तुम्हारा या महाराज का कोई दोष नहीं, मेरे ही जन्म-जन्मान्तर के पाप उदय हुए हैं। तुम महाराज की आज्ञा का पालन करो। यहां से लौटकर मेरी पूजनीय सास-माँओं को मेरा प्रणाम कहना और महाराज से कह देना कि मेरे कारण लोक में उनकी निन्दा होती है तो उसे दूर करने के लिए मैं बड़े से बड़ा कष्ट सह लूंगी; मुझे सब तरह से पति का हित करना चाहिए।

लक्ष्मण सीता को वहीं छोड़कर रोते हुए लौट गए। सीता वन में अकेली

बैठकर रोने लगीं। कुछ मुनिकुमारों ने उन्हें देखा और जाकर महर्षि वाल्मीकि को सूचित किया। वाल्मीकि स्वयं सीता के पास आए और उन्हें सान्त्वना देकर अपने आश्रम में ले गए। आश्रम के पास ही कुछ मुनि-पत्नियां रहती थीं। सीता उन्हीं के साथ तपस्विनी की भांति रहने लगीं। महर्षि ने उन्हें पुत्रीवत् अत्यन्त प्रेम से रखा।

कुछ महीनों के बाद सीता के गर्भ से एक साथ दो कुमारों का जन्म हुआ। महर्षि वाल्मीकि ने स्वयं दोनों बालकों के धार्मिक संस्कार किए। एक का नाम उन्होंने लव रखा और दूसरे का कुश। दोनों धीरे-धीरे बड़े होने लगे। उनके कारण सीता का जीवन बहुत कुछ सरस हो गया। जब वे कुछ और बड़े हुए तो महर्षि वाल्मीकि उन्हें विविध विषयों की शिक्षा देने लगे। उन दिनों वे रामायण की रचना कर रहे थे। उसे भी उन्होंने दोनों कुमारों को धीरे-धीरे कण्ठस्थ करा दिया। सीता अपने पुत्रों के सुख से अपना तथा अपने प्रियतम राम का गुणगान सुनकर फूली नहीं समाती थी। उन बालकों को यह पता नहीं था कि वे राम के पुत्र हैं। दोनों अपने को ऋषि-सन्तान मानते थे।

उधर राम ने सीता को घर से तो निकाल दिया, लेकिन उन्हें वे अपने हृदय से नहीं निकाल पाए। उन्होंने दूसरा विवाह नहीं किया। यज्ञ आदि में धर्मपत्नी के स्थान पर वे अपने साथ सीता की स्वर्ण-प्रतिमा रख लेते थे। परित्यक्ता सीता को जब यह ज्ञात हुआ तो उन्होंने इसे अपना अहोभाग्य समझा।

कई वर्ष बाद राम ने अश्वमेध यज्ञ करने का निश्चय किया और अपने भाइयों को सेना-सहित दिग्विजय के लिए भेजा। इस प्रसंग में एक कथा यह है कि जब यज्ञ का घोड़ा घूमता-घूमता वाल्मीकि आश्रम के निकट पहुंचा तो लव-कुश ने उसे पकड़ लिया और सेनापतियों के बहुत कहने पर भी नहीं छोड़ा। उस समय तक दोनों तरुण हो चुके थे और महार्षि वाल्मीकि ने उन्हें धनुर्विद्या का भी अच्छा अभ्यास करा दिया था। राम की चतुरंगिणी सेना में भरत, शत्रुघ्न और लक्ष्मण के अतिरिक्त हनुमान, अंगद, जाम्बवन्त जैसे प्रसिद्ध पराक्रमी वीर भी थे। दोनों तेजस्वी कुमारों ने किसी की परवाह नहीं की।

अन्त में, भयंकर युद्ध छिड़ गया। राम की सारी सेना लव-कुश से परास्त हो गई; बड़े-बड़े शूरवीर आहत होकर रणभूमि में गिर पड़े। महाप्रतापी राम अपनी सेना का पराभव सुनकर स्वयं युद्ध के लिए आए। लव-कुश ने उनका भी सामना किया। राम के पूछने पर उन्होंने माता के नाम से अपना परिचय दिया। राम ने दोनों को हृदय से लगा लिया। सीता उसी समय धरती में समा गई।

मुख्य-मुख्य प्राचीन ग्रन्थों में इससे भिन्न कथा मिलती है। वह इस प्रकार है: दिग्विजय के उपरान्त राम ने अश्वमेध यज्ञ का अनुष्ठान किया। उस समय

तक रामायण-काव्य पूरा हो चुका था। लव-कुश चारों ओर घूम-घूमकर उसका प्रचार कर रहे थे। यज्ञ के अवसर पर महर्षि वाल्मीकि भी शिष्यमण्डली सहित अयोध्या आए और एकान्त में टिक गए। उन्होंने लव-कुश को यह आदेश दिया कि तुम लोग अयोध्या की गलियों में, सड़कों पर, राजभवन के द्वार पर, सभाओं में और यज्ञशाला के आसपास मधुर कण्ठ से रामायण का गान करो और यदि कोई तुम्हारा परिचय पूछे तो केवल इतना ही बताना कि हम वाल्मीकि के शिष्य हैं।

लव-कुश रामायण की कथा गाते हुए घूमने लगे। राम ने भी उनका हृदयहारी गान सुना और उन्हें सभा में बुलाकर सबके सामने गाने का आदेश दिया। दोनों राम के प्रतिबिम्ब जैसे लगते थे। सब उनकी ओर एकटक देखने लगे। उन्होंने राम-समाज में रामायण का ऐसा सुन्दर पाठ किया कि श्रोतागण आनन्द से विह्वल हो गए। राम ने उनका परिचय तथा रामायण-प्रणेता का नाम पूछा। दोनों कुमार बोले—महाराज, हम महर्षि वाल्मीकि के शिष्य हैं; जिस रचना का हमने पाठ किया है, वह उन्हीं की कृति है।

राम कई दिनों तक सम्पूर्ण रामायण का पाठ ध्यान से सुनते रहे। उनके जीवन की अनेक सुखद स्मृतियां सजीव हो गईं। वे स्वयं महर्षि वाल्मीकि से मिलने गए। एक मत यह भी है कि राम ने वाल्मीकि को दूत द्वारा आमन्त्रित किया। वाल्मीकि ने आकर उनसे भेंट की और सीता को पुनः अपनाने का अनुरोध किया। उनके मुख से सीता के चरित्र की प्रशंसा सुनकर राम विनयपूर्वक बोले—मुनिवर! मेरी भी व्यक्तिगत धारणा यही है कि सीता परम सतीसाध्वी है। मैंने उसे स्वेच्छा से नहीं, समाज के भय से छोड़ा है। उचित यह होगा कि वह समाज के समक्ष अपनी निर्दोषिता सिद्ध करे, तब मैं उसे सहर्ष अपना लूंगा।

महर्षि वाल्मीकि ने कहा—ठीक है राम! ऐसा ही होगा। आप नागरिकों की एक सभा बुलाइए। सीता सबके आगे शपथ लेकर अपने को निर्दोष घोषित करेगी।

राम ने दूसरे दिन यज्ञशाला में सभा का आयोजन किया। अयोध्या के नागरिक तथा अनेक ऋषि-मुनि वहां आकर बैठे। उसके बाद महर्षि वाल्मीकि सीता को साथ लेकर सभा में उपस्थित हुए। सीता गेरुआ वस्त्र पहने थीं और लज्जा से सिर झुकाए धीरे-धीरे चल रही थीं। महर्षि ने विराट् सभा में राम को सम्बोधित करके कहा—राजन्! मैं भरी सभा में यह घोषणा करता हूं कि सीता पतिव्रता और सदाचारिणी है; यदि इसमें कुछ भी असत्य हो तो मुझे मेरी तपस्या का फल न मिले; आप इस महासती को सहधर्मिणी के रूप में पुनः ग्रहण कीजिए। इसके गर्भ से उत्पन्न लव और कुश आप ही के आत्मज हैं।...

राम ने उत्तर दिया—मुनिश्रेष्ठ! इस सम्बन्ध में मेरे लिए समाज का निर्णय

ही मान्य होगा। सीता को जो कुछ कहना है, सबके आगे कहे और जनता का विश्वास प्राप्त करे।

सीता उस समय लज्जा-संकोच से भूमि में गड़ी जा रही थीं। लव-कुश को महर्षि वाल्मीकि के हाथों में सौंपकर वे आगे बढ़ीं और सबके आगे शपथ लेकर बोली—मैंने स्वप्न में भी कभी अपने पति राम के अतिरिक्त अन्य किसी पुरुष का चिन्तन नहीं किया है। यदि यह सत्य हो तो धरती माता अब मुझे अपनी गोद में स्थान दे!...

उसी क्षण वहां की धरती फट गई। दुःखिनी सीता सबके देखते-देखते रसातल में चली गई। दर्शकगण सिहर उठे। राम सीता को बचाने के लिए दौड़े, पर वे सदा-सर्वदा के लिए जा चुकी थीं। उनकी उज्ज्वल कीर्ति ही शेष थी। इस घटना से राम के हृदय को जो चोट पहुंची, उसका वर्णन नहीं हो सकता। वे जीवन-भर सीता के लिए रोते रहे।

2. राम की लंका-यात्रा—पद्मपुराण के अनुसार—राम ने एक बार लंका-यात्रा करने का निश्चय किया। भरत ने भी साथ जाने का आग्रह किया। राम ने पुष्पक विमान मंगवाया। दोनों भाई उसी पर बैठकर चले और मार्ग में सुग्रीव को भी साथ लेते हुए लंका पहुंचे।

लंका में राम के पधारते ही चहल-पहल मच गई। लोग उनके दर्शन के लिए दौड़ पड़े, स्थान-स्थान पर हर्षोत्सव मनाए गए। विभीषण के आग्रह-अनुग्रह से राम को वहां कई दिनों तक रुक जाना पड़ा। उस बीच में एक दिन रावण की माता कैकसी ने भी उनके दर्शन की इच्छा प्रकट की। राम को जब विभीषण से उनके आने की सूचना मिली तो वे बोले—भाई तुम्हारी मां मेरी भी मां ही है; मैं स्वयं उनसे मिलने चलता हूं।

राम ने स्वयं जाकर कैकसी को प्रणाम किया और नम्रतापूर्वक कहा—देवी! आप मेरी धर्ममाता हैं, मेरे लिए माता कौशल्या के समान ही पूज्य हैं। आपका दर्शन करके मैं अपने को बहुत भाग्यशाली मानता हूं।

इस प्रकार अपने शील-सद्व्यवहार से वहां के लोक-हृदय को जीतकर राम अयोध्या लौट आए।

3. विभीषण का उद्धार—पद्मपुराण में रामायण के और विभीषण के सम्बन्ध में एक कथा इस प्रकार है :

एक बार राम को यह सूचना मिली कि लंकापति विभीषण द्रविड़ देश में बन्दी बना लिया गया है। वे उसके उद्धार के लिए दौड़ पड़े वहां। विप्रघोष नामक गांव के ब्राह्मणों ने विभीषण को बांध रखा था। राम के वहां पहुंचते ही ब्राह्मणों

ने उनका स्वागत-सत्कार करके कहा—महाराज! इस दुष्ट राक्षस ने एक तपस्वी ब्राह्मण को अकारण पैरों से रौंदकर मार डाला। यह आपका दास कहलाता है, अतः आप ही अब इसको उचित दण्ड दें।

राम बड़े धर्मसंकट में पड़ गए। कुछ देर तक इस विषय में गम्भीरता से विचार करके उन्होंने कहा—सज्जनो! न्यायतः भृत्य के अपराध का दण्ड उसके स्वामी को मिलना चाहिए।* विभीषण के अपराध को मैं अपने ऊपर लेता हूं। आप मुझे जो दण्ड देना चाहें, दे सकते हैं।

ब्राह्मण लोग एक-दूसरे को मुंह ताकने लगे। तब राम ने ऋषियों से इस पाप का प्रायश्चित पूछा और तदनुसार विभीषण से ब्राह्मणों को दान या दण्ड के रूप में तीन सौ साठ गाएं दिला दीं। विभीषण मुक्त हो गया। राम उसको डांटते हुए बोले—विभीषण! तुम मेरे भक्त बनते हो, अतः तुम्हें साधु, सदाचारी और दयालु तो होना ही चाहिए; भविष्य में तुम ऐसा कोई कार्य न करना जिससे मेरे सम्मान पर चोट पहुंचे।

इस कठोर चेतावनी के साथ उन्होंने विभीषण को विदा कर दिया।

4. लक्ष्मण का परित्याग—कौशल्या, सुमित्रा, कैकेयी का स्वर्गवास पहले ही हो चुका था, धीरे-धीरे राम का भी अन्तकाल समीप आ गया। जीवन के अन्तिम दिनों में उन्हें एक और महान् दुःख सहना पड़ा। इसकी कथा इस प्रकार है—

एक दिन एक विलक्षण तपस्वी राम से मिलने आया। कहते हैं, वह स्वयं काल या कालदूत था और उन्हें मृत्यु का सन्देश बताने आया था। उसने राम से एकान्त में गुप्त वार्ता करने की इच्छा प्रकट की। राम ने उसे अपने पास बुलवाया और लक्ष्मण को यह आदेश देकर द्वार पर खड़ा कर दिया कि यदि कोई भीतर आएगा तो उसे मृत्युदण्ड दिया जाएगा।

राम और तपस्वी में बातें हो ही रही थीं कि इतने में द्वार पर कोपमूर्ति दुर्वासा आ पहुंचे। वे राम से तुरन्त मिलने के लिए व्यग्र थे। लक्ष्मण ने उनसे राम का आदेश बताया और कुछ ठहरने की प्रार्थना की, पर वे नहीं माने और शाप देने को तैयार हो गए। लक्ष्मण को विवश होकर भीतर जाना ही पड़ा। उस समय तक राम और तपस्वी की वार्ता समाप्त हो चुकी थी। राम दुर्वासा के आने की सूचना पाकर बाहर निकले और उनका स्वागत करके बोले—ऋषिवर! कहिए, क्या आज्ञा है?

दुर्वासा ने कहा—राजन्! मैं अभी अपना उपवास समाप्त करके उठा हूं; आपके यहां जो भोजन तैयार हो शीघ्र मंगवा दीजिए।

---

* भृत्यापरा धे सर्वत्र स्वामिनोदण्ड इष्यते।

राम ने तत्काल उनके भोजन की व्यवस्था कर दी। दुर्वासा खा-पीकर डकारें लेते हुए लौट गए। उनके जाने के बाद राम ने लक्ष्मण की ओर गम्भीर दृष्टि से देखा, पर कुछ कहा नहीं। लक्ष्मण उनके मन के भाव को ताड़ गए और स्वयं ही अपराधी की भांति बोले—महाराज! मैंने आपकी आज्ञा का उल्लंघन किया है, अतः मुझे आप मृत्युदण्ड दीजिए; मेरे लिए अपना राजधर्म न त्यागिए!

राम ने सोच-विचारकर कहा—लक्ष्मण! सज्जनों के लिए परित्याग और वध दोनों बराबर हैं। (परित्यागो वधो वापि सतामेवोभयं समम्' —उत्तर-काण्ड)। मैं तुम्हारा परित्याग करता हूं। तुम अभी यहां से चले जाओ, जिससे धर्म की हानि न हो।

यह कहकर राम ने अश्रुपूर्ण नेत्रों से अपने परम स्नेही भाई को अन्तिम बार देखा। लक्ष्मण की भी आंखें सजल हो गईं। वे पूज्य भाई के चरण छूकर भवन से बाहर निकले और बिना किसी से गिले चुपचाप सरयू नदी के किनारे चले गए। वहां उन्होंने उसी क्षण प्राण त्याग दिया।

5. महाप्रयाण—लक्ष्मण का मृत्यु-संवाद राम के लिए असह्य हो गया। वे जीवन से विरक्त होकर बोले—भाई लक्ष्मण जिस मार्ग से गया है, मैं भी उसी मार्ग से उसके पीछे-पीछे जाऊंगा। जीवन-भर वह मेरा अनुगामी था, अब मैं उसका अनुगामी बनूंगा।

इसके बाद उन्होंने कोसल राज्य को दो भागों में बांटकर कुश को दक्षिण कोसल का तथा लव को उत्तर कोसल का राजा बना दिया। भाइयों और भतीजों को वे पहले ही दूर-दूर के विभिन्न प्रान्तों में राज्याधिकार दे चुके थे। इस प्रकार राज्य और परिवार की व्यवस्था करके राम महायात्रा के लिए तैयार हो गए। उस समय अगणित स्त्री-पुरुष राजभवन को घेरे खड़े थे। कहते हैं, सुग्रीव, विभीषण तथा हनुमान भी उस अवसर पर वहां पहुंच गए थे।

राम ने विधिपूर्वक धार्मिक कृत्य किए। फिर वे शान्त-भाव से सरयू तट की ओर अग्रसर हुए। विशाल जन-समुदाय चुपचाप उनके पीछे चला। नदी के किनारे पहुंचकर उन्होंने सब से विदा ली। हनुमान और विभीषण भी प्राण-त्याग के लिए आतुर थे, पर राम ने उन्हें रोक दिया। भरत, शत्रुघ्न और सुग्रीव को अनुमति मिल गई।

राम ने सबके आगे सरयू नदी में जल-समाधि ले ली। भरत, शत्रुघ्न और सुग्रीव के साथ सहस्त्रों मनुष्यों ने परलोकगामी राम का अनुगमन किया। जनता निष्प्राण-सी हो गई।

परिशिष्ट-2

भगवान वाल्मीकि

वाल्मीकि को हम केवल प्राचीन महर्षि और आदिकवि के रूप में ही जानते हैं। वे कौन थे, कब हुए थे और कहां के निवासी थे—इन बातों का ठीक-ठाक निर्णय अभी तक नहीं हो पाया। उनके जीवन के सम्बन्ध में जो सामग्री उपलब्ध है, उसे हम यहां संक्षेप में देते हैं:

1. महाभारत तथा कतिपय पुराणों के अनुसार—वाल्मीकि महर्षि प्रचेता की अयोनिज सन्तान थे। उनका प्रारम्भिक नाम था—रत्नाकर। महर्षि प्रचेता ने रत्नाकर को बाल्यावस्था ही में त्याग दिया था। नीच जाति के लोगों के यहां उसका पालन-पोषण हुआ। फलस्वरूप वह कुछ पढ़-लिख नहीं सका और कुसंगति में पड़कर डाकू बन गया।

एक दिन देवर्षि नारद हाथ में वीणा लिए कहीं जा रहे थे। रत्नाकर डाकू उन्हें एकान्त में पकड़कर पीटने लगा।

नारद शान्ति-भाव से बोले—भैया! हमें व्यर्थ क्यों मारते हो? हमारे पास तो बस वीणा और कौपीन है; तुम्हें इनकी आवश्यकता हो तो सहर्ष ले लो।

रत्नाकर उनकी वीणा देखकर बोला—यह किस काम आती है?

नारद ने उत्तर दिया—मैं इसे बजाकर गाता हूं।

रत्नाकर ने फिर कहा—अच्छा, कुछ गाओ।

नारद वीणा बजाकर हरिकीर्तिन करने लगे। उससे रत्नाकर के हृदय की मूर्च्छित सद्वृत्तियां जाग गईं; वह शान्त हो गया। तब नारद ने उससे पूछा—भाई, तुम ऐसा क्रूर कर्म क्यों करते हो?

रत्नाकर बोला—क्या करूं! मेरा परिवार बहुत बड़ा है; मैं ही अकेला कमाने वाला हूं, लूटमार करके किसी तरह अपना और अपने कुटुम्बियों का पालन-पोषण करता हूं।

नारद ने कहा—लेकिन यह तो सोचो कि इस पाप के कारण तुम्हारी कितनी

दुर्गति होगी। तुम जिन लोगों के लिए ऐसा कुकृत्य करते हो, क्या वे तुम्हारे पाप में भी साझीदार होंगे? एक बार उनसे पूछो तो सही!

उस समय तक रत्नाकर का हृदय पूर्ण रूप से शुद्ध नहीं हुआ था। वह नारद को एक पेड़ से बांधकर अपने घर गया। वहां उसने अपने कुटुम्बियों से उक्त प्रश्न का उत्तर पूछा। वे लोग बोले–अपने कर्म का अच्छा-बुरा फल आप भोगिए हमें तो बस भोजन-वस्त्र से प्रयोजन है।

रत्नाकर खिन्न हो गया। उसने वन में जाकर देवर्षि को मुक्त कर दिया और रोते हुए उसने कहा–भगवन्! इस पापी का उद्धार कीजिए।

नारद ने उसे राम-नाम जपने का उपदेश दिया, लेकिन वह पापी राम शब्द का उच्चारण नहीं कर सका। तब देवर्षि ने उसे 'मरा-मरा' का अखण्ड जाप करने को कहा। रत्नाकर ध्यानमग्न होकर 'मरा-जाप' जपने लगा। उसके शरीर पर मिट्टी का ढेर लग गया, पर वह अपने आसन से नहीं उठा। बहुत वर्षों बाद एक दिन उधर ब्रह्मा का शुभागमन हुआ। उन्होंने रत्नाकर को मिट्टी के ढेर से बाहर निकाला और अपने कमण्डलु के जल से उसे शुद्ध एवं चैतन्य किया। वह वल्मीक से निकला था, अतः ब्रह्मा ने उसका नाम वाल्मीकि रख दिया।

2. आध्यात्म रामायण में लिखा है कि राम अपनी वनयात्रा में चित्रकूट के पास महर्षि वाल्मीकि से मिलने गए थे। वाल्मीकि ने उन्हें अपने जीवन का यह वृत्तान्त सुनाया था।

''मैं ब्राह्मण कुल में उत्पन्न हुआ था, लेकिन नीचों की कुसंगति के कारण मेरा आचरण भ्रष्ट हो गया। मैंने नीच जाति की स्त्री से विवाह कर लिया उससे मेरे बहुत-से पुत्र भी हो गए। मैं निर्जन स्थानों में लूटमार करके अपनी तथा स्त्री-बच्चों की जीविका चलाता था।

...एक दिन मुझे वन मे सात तेजस्वी ऋषि जाते दिखाई पड़े। मैं 'ठहरो-ठहरो' कहता हुआ उनकी ओर झपटा। ऋषियों ने मेरा प्रयोजन पूछा। मैंने कहा–तुम लोगों के पास जो कुछ हो, चुपचाप मेरे सामने रख दो, मैं डाकू हूं।

...ऋषियों ने मुझसे पूछा–तुम ऐसा निन्दित कार्य क्यों करते हो?

...मैंने कहा–अपने घरवालों के पालन-पोषण के लिए।

...ऋषियों ने फिर कहा–दस्यु! जिनके लिए तुम यह पाप-संचय करते हो क्या वे भी तुम्हारे साथ उसका फल भोगने के लिए तैयार होंगे? तुम एक बार उनसे यह पूछ लो, फिर जैसी इच्छा हो करो। तुम्हारे लौटने तक हम यहीं खड़े रहेंगे।

...मैंने स्त्री-बच्चों से यह प्रश्न पूछा। प्रत्येक ने यही कहा कि हम तुम्हारा पाप अपने सिर क्यों लें, हमें तो बस तुम्हारी कमाई से मतलब है। इससे मेरे

मन में तत्काल वैराग्य उत्पन्न हो गया। मैं अपने दुष्कर्मों के लिए पछताता हुआ सातों ऋषियों के पास लौटा। उनके दर्शन से मेरा अन्तःकरण शुद्ध हो गया। मैं धनुष-बाण फेंककर उनके चरणों पर गिर पड़ा।

...उन महात्माओं ने मुझसे कहा—उठो, हम तुम्हें कल्याण का मार्ग बताते हैं। जब तक हम लोग यहां दुबारा न लौटें, तुम शुद्ध मन से 'मरा-मरा' का जप करो।

...मुझे यह मन्त्र देकर वे लोग चले गए। मैं बैठकर 'मरा-मरा' जपने लगा। उसमें मेरा चित्त ऐसा रम गया कि मुझे अपने शरीर का भी ज्ञान नहीं रहा। दीर्घकाल तक उसी अवस्था में रहने से मेरे ऊपर दीमकों का घरौंदा (वल्मीक) बन गया। बहुत वर्षों (एक सहस्त्र युग?) बाद सातों ऋषि फिर लौटे। उन्होंने मुझे पुकारा। मैं उस वल्मीक से बाहर निकला। ऋषिगण बोले—मुनिवर! यह तुम्हारा दूसरा जन्म हुआ है। तुम वल्मीक से निकले हो, अतः अब से तुम्हारा नाम वाल्मीकि होगा।

...इस प्रकार 'मरा-मरा' के रूप में आपके नाम का जप करके मैं कुछ का कुछ हो गया।

ये कथाएं संभवतः जनश्रुतियों के आधार पर लिखी गई हैं। इनमें सत्य का अंश कितना है, यह बताना कठिन है। इससे इतना तो स्पष्ट है कि वाल्मीकि का वास्तविक नाम कुछ और था। बाद में, किसी कारण से वे वाल्मीकि नाम से पुकारे जाने लगे। हो सकता है कि वे तुच्छ घराने के रहे हों और मिट्टी के घर या घरौंदे में ही उनका प्रारम्भिक जीवन बीता हो, इससे लोग उन्हें वाल्मीकि कहने लगे हों। वे बड़े घराने के होते तो उनका नाम ऐसा न होता। निम्नवर्ग के लोगों से उनका घनिष्ठ सम्बन्ध अवश्य था। आज भी वे अछूतों के गुरु माने जाते हैं। अपने जीवन में आगे चलकर उन्होंने अपनी साधना से महर्षि का पद प्राप्त कर लिया। उक्त कथाओं से दूसरी बात यह सिद्ध होती है कि वाल्मीकि महाभारत-काल के बहुत पहले हो चुके थे और संभवतः राम के समसामयिक थे। उन्होंने 'मरा-मरा' के रूप से राम-राम जपकर सिद्धि प्राप्त की थी, यह सब बात कोरी कल्पना जान पड़ती है। जिस समय की यह घटना कही जाती है, उस समय तो संभवतः राम का जन्म भी नहीं हुआ था। अतएव इन कथाओं की सत्यता संदिग्ध है।

3. रामायण में स्वयं वाल्मीकि ने अपने सम्बन्ध में कुछ नहीं कहा है। बालकाण्ड के प्रथर्म सर्ग में वाल्मीकि-नारद-संवाद तथा क्रौंच-वध सम्बन्धी जो प्रसंग है, वह स्पष्ट ही किसी दूसरे का लिखा हुआ है। रामायण की सभी प्राचीन प्रतियों में वह पाठ मिलता है। प्राचीन साहित्यकारों ने भी क्रौंच-वध की घटना का उल्लेख किया है। वाल्मीकि-लिखित न होने पर भी वह उनके जीवन की एक ऐतिहासिक घटना जान पड़ती है। उनके हृदय पर उसकी छाप इतनी गहरी पड़ी थी कि वे रामायण

की रचना करते समय भी उसको भूल नहीं सके। रामायण में जहां कहीं भी रुदन-क्रन्दन का प्रसंग आया है, वहां वाल्मीकि को क्रौंची-विलाप की याद आ गई है। यथा—'क्रौञ्चीनामिव नारीणां निनादस्तत्र सुश्रुवे'—(अयोध्याकाण्ड), 'क्रोञ्चीनामिव निस्वनः' (युद्धकाण्ड)। संभवतः रामायण की रचना के उपरान्त किसी विद्वान् ने उस प्रसंग को 'भूमिका' के रूप में मूलग्रंथ के साथ जोड़ दिया है। अब वह रामायण का एक महत्त्वपूर्ण अंग है और पूर्वकाल से ही 'मूल रामायण' के नाम से प्रसिद्ध है।

उक्त प्रसंग के अनुसार वाल्मीकि राम के समकालिक एक महर्षि थे और तमसा नदी के तट पर आश्रम बनाकर रहते थे। वहीं उनके चित्त में किसी आदर्श मानव का लोकरंजक वृत्तान्त लिखने का विचार उठा। उन्होंने इस विषय में एक दिन देवर्षि नारद से बातचीत की। नारद ने उन्हें नर-शिरोमणि राम का ललाम चरित्र सुनाया। वाल्मीकि को एक सुन्दर कथानक और आदर्श चरितनायक मिल गया। तब उन्हें, संभवतः काव्य के उपयुक्त छन्द की चिन्ता हुई। वे मन ही मन इसी विषय का चिन्तन करते हुए स्नानार्थ तमसा नदी के किनारे गए। वहां उन्होंने एक निष्ठुर व्याध के हाथों एक प्रेमासक्त क्रौंच पक्षी की हत्या का दृश्य देखा; साथ ही, क्रौंची का मर्मविदारक क्रन्दन सुना। सहृदय महर्षि की आत्मा कराह उठी। उनके मुख से उनकी अन्तर्वेदना श्लोकरूप में फूट पड़ी।

वाल्मीकि का शोकोद्गार साधारण वाक्य नहीं, श्लोक था। इससे उन्हें उसी छन्द में राम-कथा लिखने की प्रेरणा मिली। ब्रह्मा ने उन्हें वैसे ही छन्दों में राम की मनोहर एवं पवित्र कथा लिखने का आदेश दिया—'कुरु रामकथा पुण्यां श्लोकबद्धां मनोरमाम्।' महर्षि ने बड़े परिश्रम से चौबीस सहस्त्र श्लोकों में आदिकाव्य का निर्माण कर डाला—'रघुवंशस्य चरितं चकार भगवानृषिः।'

जिस समय इस काव्य की रचना हुई, राम अयोध्या में शासन कर रहे थे। वाल्मीकि ने लव-कुश नामक अपने दो शिष्यों को सम्पूर्ण रामायण कण्ठस्थ करा दी। दोनों चारों ओर गा-गाकर उसका प्रचार करने लगे। राम ने भी उनके मुख से वाल्मीकि-रचित अपना पूर्व-चरित सुना और मुक्तकण्ठ से उसकी सराहना की।

बस, रामायण के प्रामाणिक संस्करणों में इसके अतिरिक्त वाल्मीकि के जीवन की अन्य किसी घटना का उल्लेख नहीं है। केवल दाक्षिणात्य पाठ में यह लिखा है कि राम से उनकी चित्रकूट के पास भेंट हुई थी। विद्वानों के मत से यह अंश प्रक्षिप्त है।

रामायण के छः काण्डों के साथ बाद में एक उत्तरकाण्ड भी जोड़ दिया गया है। वह न तो वाल्मीकि की कृति है और न बहुत प्राचीन ही है। उसमें सीता-वनवास के प्रसंग में वाल्मीकि का उल्लेख है। उनके अनुसार लक्ष्मण सीता को तमसा के दक्षिण तट पर अपने पिता दशरथ के मित्र महर्षि वाल्मीकि के

आश्रम के पास छोड़ आए थे। अनाथिनी सीता को महर्षि अपने आश्रम में ले गए। वहीं लव-कुश का जन्म हुआ। महर्षि ने दोनों को बड़े स्नेह से पाला-पोसा और पढ़ा-लिखाकर सब प्रकार से सुयोग्य बना दिया। रामायण की रचना के बाद उन्होंने लव-कुश को ही उसके प्रचार का कार्य सौंपा। दोनों ने राम के अश्वमेध यज्ञ में जाकर रामायण का पाठ किया। उसे सुनकर राम ने उनका परिचय पूछा और सीता को बुलवाया। महर्षि वाल्मीकि स्वयं सीता को लेकर उपस्थित हुए। उन्होंने सर्वसमक्ष सीता के सतीत्व की साक्षी दी। उसी अवसर पर सीता भूमि में प्रवेश कर गई।

यह घटना भी निराधार नहीं है। पूर्वकाल से ही ऐसी जनश्रुति चली आ रही है। प्राचीन ग्रंथकारों ने भी इसके तथ्य को स्वीकार किया है।

4. सारांश यह कि वाल्मीकि पहले जो भी और जैसे भी रहे हों, रामायण की रचना के समय वे महर्षि के रूप में विख्यात थे। उनकी कृति से ही उनके व्यक्तित्व का आभास मिलता है। काव्य में कवि वस्तुतः अपने ही आदर्श रूप का चित्रण करता है। जिस कवि ने राम को अपना चरितनायक चुना और मुक्तकण्ठ से उनका गुणगान किया, वह राम के समान ही महान् रहा होगा। हनुमान् किसी कामी के आराध्य नहीं हो सकते। उसी प्रकार राम किसी तुच्छ हृदय के उपास्य नहीं हो सकते। रामायण से यह सिद्ध होता है कि वाल्मीकि सत्य-न्याय के समर्थक, धर्म के परम उपासक और सच्चे लोकहित-चिन्तक थे। तपस्वी होने के अतिरिक्त वे वेद शास्त्र के एकाधिकारी विद्वान्, रससिद्ध कवीश्वर तथा जगद्गुरु भी थे। 'नानृषिः कुरुते काव्यम्' के अनुसार वे कवि होने के पूर्ण अधिकारी थे। 'श्लोक' के आविष्कार तथा प्रथम प्रबन्धकाव्य की रचना का श्रेय उन्हीं को है। भारतवर्ष के सभी प्राचीन साहित्यकारों ने उन्हें आदिकवि तथा आदर्श कवि स्वीकार किया है। 'मधुमयभणितीनां मार्गदर्शी महर्षिः।' उन्हीं के सम्बन्ध में कहा गया है। वे साहित्य-जगत् के एक अवतारी पुरुष थे।

वाल्मीकि के जीवन के सम्बन्ध में यही मानना चाहिए कि वे राम के समकालिक थे। यदि इसे न भी मानें तो इतना तो निश्चित ही है, वे ईसा से कम से कम पांच सौ वर्ष पूर्व हुए थे। विद्वानों के मत से रामायण की रचना ईसा के पांच सौ वर्ष पहले के किसी युग में हुई थी। महाभारत में वाल्मीकि का उल्लेख है। इससे वे व्यास के पूर्ववर्ती सिद्ध होते हैं। उनके विषय में एक मत यह भी है कि उन्होंने राम-जन्म के बहुत पहले ही रामायण की रचना कर डाली थी। यह कोरी कल्पना है। उपलब्ध प्रमाणों से यही सिद्ध होता है कि वे राम के समकालीन थे।

वाल्मीकि रामायण की सूक्तियां

धर्म–धर्मादर्थः प्रभवति धर्मात्प्रभवते सुखम्।
धर्मेण लभते सर्वं धर्मप्रसारमिदं जगत्॥

—अरण्यकाण्ड

(धर्म से ही धन, सुख तथा सब कुछ प्राप्त होता है। इस संसार में धर्म ही सार वस्तु है।)

सत्य–सत्यमेवेश्वरो लोके सत्ये धर्मः सदाश्रितः।
सत्यमूलानि सर्वाणि सत्यान्नास्ति परं पदम्॥

—अयोध्याकाण्ड

(सत्य ही संसार में ईश्वर है; धर्म भी सत्य के ही आश्रित है; सत्य ही समस्त भव-विभव का मूल है; सत्य से बढ़कर और कुछ नहीं है।)

कर्मफल–यदाचरित कल्याणि! शुभं वा यदि वाऽशुभम्।
तदेव लभते भद्रे! कर्त्ता कर्मजमात्मनः॥

—अयोध्याकाण्ड

(दशरथ कौशल्या से–हे कल्याणि! मनुष्य जैसा भी अच्छा या बुरा कर्म करता है, उसे वैसा ही फल मिलता है। कर्त्ता को अपने कर्म का फल अवश्य भोगना पड़ता है–"जो जस करिअ सो तस फल चाखा।")

अविज्ञान फलं यो हि कर्मत्वेवनुधावति।
स सोचेत्फलवेलायां यथा किंशुकसेवकः॥

—अयोध्याकाण्ड

(जो मनुष्य बिना परिणाम पर विचार किए ही आंख मूंदकर काम करता है वह बाद में—फल प्राप्ति के समय—पलाश वृक्ष की सेवा करने वाले की तरह पछताता है—उसका श्रम सफल नहीं होता।

सफल जीवन—सुजीवं नित्यशस्तस्य यः परैरुपजीव्यते।
राम! तस्य तु दुर्जीवं यः परानुपजीवति॥

—अयोध्याकाण्ड

(जिसके आश्रय में अनेक पुरुष जीते हैं उसी का जीवन सार्थक है; जो दूसरों के सहारे जीता है, उस असमर्थ-परावलम्बी का जीना न जीने के समान है।)

सुख—दुर्लभं हि सदा सुखम्। *—अयोध्याकाण्ड*

(सुख सदा नहीं बना रहता।)

न सुखाल्लभ्यते सुखम्।—सुख से सुख की वृद्धि नहीं होती।

सुदुखं शयितः पूर्वं प्राप्येदं सुखमुत्तमम्।
प्राप्तकालं न जानीते विश्वामित्रो यथा मुनिः॥

—किष्किन्धाकाण्ड

(किसी को जब बहुत दिनों तक अत्यधिक दुःख भोगने के बाद महान् सुख मिलता है तो उसे विश्वामित्र मुनि की भांति समय का ज्ञान नहीं रहता—सुख का अधिक समय भी थोड़ा ही जान पड़ता है।)

उत्साह—उत्साहो बलवानार्य नास्त्युत्साहात्परं बलम्।
सोत्साहस्य हि लोकेषु न किञ्चिदपि दुर्लभम्॥

—किष्किन्धाकाण्ड

(लक्ष्मण राम से—आर्य! उत्साह बड़ा बलवान् होता है; उत्साह से बढ़कर कोई बल नहीं है। उत्साही पुरुष के लिए संसार में कुछ भी दुर्लभ नहीं है।)

अनिर्वेदो हि सततं सर्वार्थेषु प्रवर्तकः।
करोति सफलं जन्तोः कर्म यच्च करोति सः॥

—सुन्दरकाण्ड

(उत्साह ही मनुष्य को सदा सब कार्यों में प्रवृत्त करता है। उत्साह ही जीव के प्रत्येक कार्य को सफल बनाता है।)

शोक–यो विशादं प्रसहते विक्रमे समुपस्थिते।
तेजसा तस्य हीनस्य पुरुषार्थो न सिध्यति।

–किष्किन्धाकाण्ड

(जो मनुष्य पराक्रम दिखाने के अवसर पर विषादग्रस्त होता है, उसका आत्मतेज नष्ट हो जाता है और पुरुषार्थ सिद्ध नहीं होता।)

निरुत्साहस्य दीनस्य शोकपर्याकुलात्मनः।
सर्वार्था व्यवसीदन्ति व्यसनं चाधिगच्छति॥

–युद्धकाण्ड

(उत्साहहीन, दीन और शोकाकुल मनुष्य के सभी काम बिगड़ जाते हैं; वह घोर विपत्ति में फंस जाता है।)

ये शोकमनुवर्त्तन्ते न तेषां विद्यते सुखम्।

–किष्किन्धाकाण्ड

(शोकग्रस्त मनुष्यों को कभी सुख नहीं मिलता।)

शोकः शौर्यापकर्षणः।

–युद्धकाण्ड

(शोक मनुष्य के शौर्य को नष्ट कर देता है।)

क्रोध–वाच्यावाच्यं प्रकुपितो न विजानाति कर्हिचित्।
नाकार्यमस्ति क्रुद्धस्य नावाच्यं विद्यते क्वचित्॥

–सुन्दरकाण्ड

(क्रोध की दशा में मनुष्य को कहने और न कहने योग्य बातों का विवेक नहीं रहता। क्रुद्ध मनुष्य कुछ भी कह सकता है और कुछ भी बक सकता है। उसके लिए कुछ भी अकार्य और अवाच्य नहीं है।)

अपना-पराया–गुणगान् व परजनः स्वजनो निर्गुणोऽपि वा।
निर्गणः स्वजनः श्रेयान् यः परः पर एव सः॥

--युद्धकाण्ड

(पराया मनुष्य भले ही गुणवान् हो तथा स्वजन सर्वथा गुणहीन ही क्यों न हो, लेकिन गुणी परजन से गुणहीन स्वजन ही भला होता है। अपना तो अपना है और पराया पराया ही रहता है।)

मित्रता–उपकारफलं मित्रमपकारोऽरिलक्षणम्।

–किष्किन्धाकाण्ड

(उपकार करना मित्रता का लक्षण है और अपकार करना शत्रुता का।)

सर्वथा सुकरं मित्रं दुष्करं प्रतिपालनम्।

–किष्किन्धाकाण्ड

(मित्रता करना सहज है लेकिन उसको निभाना कठिन है।)

न सुहृद्यो विपन्नार्थं दीनमभ्युपपद्यते।
स बन्धुर्योऽपनीतेषु साहाय्यायोपकल्पते॥

–युद्धकाण्ड

(सुहृद् वही है जो विपत्तिग्रस्त दीन मित्र का साथ दे और सच्चा बन्धु वही है जो अपने कुमार्गगामी बन्धु की भी सहायता करे)।

आढ्यतो वापि दरिद्रो वा दुःखित सुखितोऽपिवा।
निर्दोषश्च सदोषश्च वयस्यः परमा गतिः॥

–किष्किन्धाकाण्ड

(चाहे धनी हो या निर्धन, दुःखी हो या सुखी, निर्दोष हो या सदोष–मित्र ही मनुष्य का सबसे बड़ा सहारा होता है।)

वसेत्सह सपत्नेन क्रुद्धेनाशुविषेण च।
न तु मित्रप्रवादेन संवसेच्छत्रु सेविना॥

–युद्धकाण्ड

(शत्रु और क्रुद्ध महाविषधर सर्प के साथ भले ही रहें, पर ऐसे मनुष्य के साथ कभी न रहें जो ऊपर से तो मित्र कहलाता हो, लेकिन भीतर-भीतर शत्रु का हितसाधक हो।)

राजधर्म–पातकं वा सदोषं वा कर्त्तव्यं रक्षता सदा।
राज्यभारनियुक्तानामेष धर्मः सनातनः॥

—बालकाण्ड

(जिसके कन्धों पर शासन का भार हो उसे व्यक्तिगत पाप और दोष का विचार त्यागकर जिस प्रकार भी हो सके, सदा प्रजा का हित ही करना चाहिए। यही सनातन राजधर्म है।)

लोक-नीति–न चातिप्रणयः कार्यः कर्त्तव्योऽप्रणयश्च ते।
उभयं हि महान् दोसस्तस्मादन्तरदृग्भव॥

—किष्किन्धाकाण्ड

(मृत्यु-पूर्व बालि ने अपने पुत्र अंगद को यह अन्तिम उपदेश दिया था—तुम किसी से अधिक प्रेम या अधिक वैर न करना, क्योंकि दोनों ही अत्यन्त अनिष्टकारक होते हैं; सदा मध्यम मार्ग का ही अवलम्बन करना।)

दण्ड-नीति–गुरोप्यवलिप्तस्य कार्याकार्यमजानतः
उत्पथं प्रतिपन्नस्य कार्य भवति शासनम्॥

—अयोध्याकाण्ड

(यदि गुरु भी प्रमादवश कर्त्तव्य-अकर्त्तव्य का विचार छोड़ दे और कुमार्गगामी हो जाए तो उसे भी दण्ड देना आवश्यक है।)

यानि मिथ्याभिशस्तानां पतन्त्यश्रूणि रावण।
तानि पुत्रपशून्घ्नति प्रीत्यर्थमनुशासतः॥

—अयोध्याकाण्ड

(मिथ्या अपराधा क लिए दण्डित निर्दोष व्यक्तियों के नेत्रों से जो अश्रु गिरते हैं, वे स्वेच्छाचारी शासक का सर्वनाश कर डालते हैं।)

विविध–पौरुषेण तु यो युक्तः स तु शूर इति स्मृतः।

—युद्धकाण्ड

(पुरुषार्थी ही शूरवीर कहलाता है।)

गर्जन्ति न वृथा शूरा निर्जला इव तोयदाः।

—युद्धकाण्ड

(शूर लोग जल-शून्य बादलों की भांति व्यर्थ नहीं गरजते।)

सर्वे चण्डस्य विभ्यति।

—युद्धकाण्ड

(क्रोधी पुरुष से सभी डरते हैं।)

मृदुर्हि परिभूयते।

—अयोध्याकाण्ड

(मृदु पुरुष का अनादर होता है।)

युद्धसिद्धिर्हि चञ्चला।

—सुन्दरकाण्ड

(युद्ध में सफलता अनिश्चित होती है।)

स्वभावो दुरतिक्रमः।

—युद्धकाण्ड

(स्वभाव का अतिक्रमण कठिन है।)

❑❑❑